明太祖平胡录

（外七种）

明清野史丛书 第一辑

李鹏飞 编

［明］陆深 等 著

北京出版集团
文津出版社

图书在版编目（CIP）数据

明太祖平胡录：外七种 ／（明）陆深等著；李鹏飞编 . —北京：文津出版社，2020.2

（明清野史丛书 . 第一辑）

ISBN 978-7-80554-697-1

Ⅰ . ①明… Ⅱ . ①陆… ②李… Ⅲ . ①野史—中国—明代 Ⅳ . ① K248.045

中国版本图书馆 CIP 数据核字（2019）第 168043 号

出版策划：安　东　高立志
责任编辑：乔天一　张　帅
责任营销：猫　娘
责任印制：陈冬梅
封面设计：吉　辰
书名题字：老　莲

明清野史丛书　第一辑

明太祖平胡录（外七种）

MING TAIZU PING HU LU

[明] 陆深 等　著

　　李鹏飞　编

出　　　版：北京出版集团
　　　　　　文津出版社
地　　　址：北京北三环中路 6 号
邮　　　编：100120
网　　　址：www.bph.com.cn
发　　　行：北京出版集团
印　　　刷：河北赛文印刷有限公司
经　　　销：新华书店
开　　　本：889 毫米 ×1194 毫米　1/32
印　　　张：11.625
字　　　数：199 千字
版　　　次：2020 年 2 月第 1 版
印　　　次：2023 年 5 月第 3 次印刷
书　　　号：ISBN 978-7-80554-697-1
定　　　价：58.00 元

质量监督电话：010-58572393
如有印装质量问题，由本社负责调换

出版前言

1925年12月10日、12日、25日，鲁迅在北京的《国民新报副刊》上分三次发表了《这个与那个》（后收入《华盖集》），在第一节《读经与读史》中，鲁迅说：

> 我以为伏案还未功深的朋友，现在正不必埋头来哼线装书。倘其咿唔日久，对于旧书有些上瘾了，那么，倒不如去读史，尤其是宋朝明朝史，而且尤须是野史；或者看杂说。
>
> ……
>
> 野史和杂说自然也免不了有讹传，挟恩怨，但看往事却可以较分明，因为它究竟不像正史那样地装腔作势。

1935年2月，鲁迅在《文学》月刊第四卷第二号上又发表了《病后杂谈》（发表时被删去第二、三、四节，后全文收入《且介亭杂文》），文末也提到野史：

> ……我想在这里趁便拜托我的相识的朋友，

将来我死掉之后，即使在中国还有追悼的可能，也千万不要给我开追悼会或者出什么纪念册。……

现在的意见，我以为倘有购买那些纸墨白布的闲钱，还不如选几部明人、清人或今人的野史或笔记来印印，倒是于大家很有益处的。

鲁迅一向看重野史、笔记之类非"官书"的史籍，盖因官修正史常是"里面也不敢说什么"的，而通过野史的记载，却往往能提供官书有意无意漏略不言的细节，也就是前引文中所说的"看往事却可以较分明"。而明清两代的野史记述了大量官书所不载的人物和事迹，其中还有不少是时人亲见、亲闻，乃至亲历的，其重要性不言可知。这些史料早已为学界所利用，但对大众读者来说，往往还是陌生的。编纂出版《明清野史丛书》，想来还是"于大家很有益处的"。

当然，作为史料，野史杂说也有其不足之处。鲁迅说它"免不了有讹传，挟恩怨"，这在明末清初的一些史料中尤其明显。例如，《蜀碧》等书将明末清初四川人民遭遇的兵燹之灾一概归罪于张献忠，《汴围湿襟录》将决河淹没开封的责任推在李自成头上，《三湘从事录》作者蒙正发粉饰自己和恩主章旷、李元胤的所作所为，敌视由大顺军余部改编而成的"忠贞营"等，经过现当代学者的研究，都证明是不可靠的。由于本系列主要面向大众读者，我们不可能对书中记载一一进行核实和考辩，只能提请读者注意：尽信书，则不如无书。

另外需要说明的是，明清时期的野史，成书之后多通过抄录流传，不但鲁鱼亥豕在所难免，即残损佚亡，也不在少数。我们在编辑本丛书的过程中，尽量依据不同版本进行校勘，纠正了书中一些错字，特别是错误的人名、地名。但是，有一些人物在不同历史记载中的名字、行迹甚至最终下落都有不同，无法强求一致。如南明武将陈邦傅，一些史料写作"陈邦传"，由于没有第一手史料可供确认，在编辑本系列所收野史时，也只能各从其原书写法。至于明显由于避讳改写的字，如改"丘"为"邱"、易"胤"为"允"、书"弘"为"宏"，则径自回改，以存历史原貌。

总目录

明太祖平胡录

［明］陆深 等

目　录

平胡录

呜呼，元政不纲久矣，其乱亡之成，实自顺帝。帝之至元二年丙子，广东朱光卿、河南棒胡首难。光卿，增城人，与其党石昆山、钟大明聚众作乱，国号大金，改元赤符。时惠州民聂秀卿亦称兵，与光卿合。棒胡，陈州人，以烧香惑众，作乱于信阳州，破归德、鹿邑，焚陈州，屯于杏冈。时四川合州人韩法师亦拥众作乱，称南朝赵王。寻皆讨平之。

四年戊寅，漳州南胜县人李志甫作乱，围州城，杀守将掤思监。袁州人周子旺作乱，称周王，改年号。亦败灭。

五年己卯，杞县人范孟杀河南平章廉访官，谋拒黄河作乱，官军讨诛之。

又明年辛巳，改至正元年，冬，湖广、燕南、山东兵皆起，道州人蒋丙、何仁称顺天王，而兵起者至三百余处矣。

至丙戌六年，汀州人罗天麟、陈积万起靖州，徭人吴天保起，杀湖广右丞沙剌班，众至六万。明年丁亥冬，则沿江之兵皆起矣。

戊子八年，台州方国珍始据有土地，元乃以官唉之。

辛卯十一年，是岁徐寿辉称帝于蕲水，国号天完，改元治平。寿辉，罗田人，与倪文俊、邹普胜等以红巾为号，攻城略地，建都设官属。栾城人韩山童以白莲会烧香惑众，倡言弥勒佛下生。颍州人刘福通与杜遵道、罗文素、盛文郁、王显忠、韩咬儿复诡言山童实宋徽宗八世孙，当主中国，同以红巾起事。既而山童就擒，其妻杨氏及子林儿逃，福通等奉之，攻陷州郡，众至十万，而元不能制矣。李二号芝麻李者，又与其党赵均用、彭早住攻陷徐州，据之。

壬辰，定远人郭子兴与其党孙德崖攻拔濠州，据之。至十二月，均用称王，而子兴与德崖屈己事之。

癸巳五月，泰州人张士诚据高邮，称诚王。十二月，郭子兴入滁州，称王。

乙未十五年二月，刘福通以韩林儿称帝，国号宋，改元龙凤，都亳。七月，我太祖高皇帝起兵，自和阳渡江。

丙申正月，徐寿辉据汉阳。二月，张士诚据平江。二月，我师克金陵，改集庆路为应天府。三月，我师克常州。五月，取宁国等路。八月，取扬州。十二月，随州人明玉珍据成都。

戊戌十八年三月，我师取建德路。五月，刘福通奉宋主韩林儿都汴梁路。十二月，我师取婺州。

己亥十九年三月，方国珍以温、台等三郡降于我。秋八月，刘福通以宋主走安丰。九月，我师取衢州、处州。十二月，陈友谅称汉王。

庚子二十年，汉王陈友谅弑天完主徐寿辉，称帝于采石，改元大义，都江州。

辛丑二十一年，我师伐汉，据江州。

壬寅二十二年正月，胡廷瑞以南昌降于我。三月，明玉珍破云南，自称陇蜀王。明年癸卯二十三年春正月，遂称帝于成都，国号夏，改元大统。是岁，张士诚称天祐元年。二月，士诚将吕珍入安丰，杀宋刘福通，我师击走之。七月，汉陈友谅围我洪都，我太祖率师讨之。友谅败死，子理立。张士诚自称吴王。是岁，陈友谅知院蒋必胜、饶升臣等复陷吉安。

甲辰二十四年，我太祖建国号曰吴。是岁，汉主陈理德寿元年。二月，自将伐汉，理降，汉亡。

丙午二十六年三月，夏主明玉珍卒，子昇立。四月，我师取淮安诸路。九月，取湖州诸路。十二月。韩林儿卒，宋亡。

丁未二十七年，我太祖称吴元年。九月，我师伐吴，执张士诚以归，吴亡。十月，我师北伐，定中原。十一月，颁戊申历，方国珍降，我师克燕，元亡。

明年戊申，为我太祖圣神文武钦明启运俊德成功统天大孝高皇帝姓朱氏，国号大明，都金陵，改元洪武元年戊申岁，正月初四日也。

宋

宋主讳林儿，姓韩氏（陶九成记，本李氏子），栾城人也。诡称宋徽宗九世孙，号小明王，都亳，国号宋，改元龙凤元年（实至正元年乙未岁也），伪诏略曰："蕴玉玺于海东，取精兵于日本。贫极江南，富夸塞北。"（初，宋广王走崖山，丞相陈宜中走倭，托此说以动众。壬辰年五月，徙瀛国公子赵完普于沙州，从御史彻彻之请也。时诸处兵起，皆以亡宋为名故也。）又曰："虎贲三千，直捣燕幽之地；龙飞九五，重开大宋之天。"

先是，至正庚寅间，参议贾鲁当承平时，锐欲立名以垂世，首劝丞相脱脱兴屯田、更钞法。明年辛卯夏四月，复劝脱脱求禹故道开黄河，身任其事。濒河起集丁夫二十六万余，河夫多怨。韩山童等挟诈阴凿石人，止开一眼，镌其背曰："莫道石人一只眼，此物一出天下反。"预当河道埋之。掘者得之，相惊而从乱，旬月之间，众至数万人。（一云，先是，河南北童谣云："石人一只眼，挑动黄河天下反。"及鲁治河，果于黄陵冈得石如谣云。）

山童者，林儿之父也。母杨氏。山童祖父以白莲会烧香惑众，谪徙永平。至山童倡言天下大乱，弥勒佛下生，河南及江淮愚民，翕然信之。时颍州人刘福通等与杜遵道、罗文素、盛文郁、王显忠、韩咬儿复倡言山童当为中国主，同起兵以红巾为号。县官捕之急，福通遂反，山童被擒，其妻杨氏与林儿逃之武安。福通据成皋，攻罗山、上蔡、真阳、确山诸县，寻犯武阳、叶县，陷汝宁府及光、息二州，众至十万。

是时，萧县人李二，号芝麻李，亦以烧香聚众，与其党赵均用、彭早住起淮安，攻陷徐州，据之。均用称永义王。早住号老彭，称鲁淮王。八月，也先帖木儿击福通，复上蔡，杀韩咬儿。十二年二月，定远人郭子兴与孙德崖等称元帅，攻拔濠州，据之。八月，元兵破徐州，芝麻李遁，赵均用、彭早住走濠州。十一月，均用据濠州。时徐州破，均用来，与子兴、德崖合力拒守。兵已解，子兴、德崖愿屈己下之，而二人遂为所制。既而，早住死，均用益自专，遂据城称王。

龙凤元年二月，宋主称皇帝。刘福通等自砀山夹河迎林儿至亳，立为皇帝。以其母杨氏为皇太后，杜遵道、盛文郁为丞相，刘福通、罗文素为平章，刘六知枢密院。拆鹿邑县太清宫材建宫阙。遵道等各遣子入侍。时遵道专权，福通杀之，自为丞相，称太保。六月，我太祖起兵，仍称龙凤年号。十二月，宋主走安丰。元将答失八都鲁破福通，复驻汴，又败之于太康，遂围亳。

福通以林儿遁走安丰。

丙申龙凤二年，至正十六年也。三月，我太祖克金陵。

丁酉龙凤三年，至正十七年也。二月，李武、崔德破商州，攻武关，直趋长安，三辅震恐。元将察罕帖木儿与李思齐连兵击败之。三月，毛贵攻破胶、莱诸州。贵，福通将也。八月，刘福通攻破汴梁，遂分兵略地。时关先生、破头潘、冯长舅、沙刘二、王士诚趋晋、冀，白不信、大刀敖、李喜喜趋关中，毛贵据山东，其势大振。冬十月，白不信等破兴元，遂围凤翔，为李察罕所败，与李喜喜皆遁入蜀。

戊戌龙凤四年，至正十八年也。三月，毛贵破济南，杀元右丞董搏霄。初，贵入据济南，立宾兴院，选用故官，分守诸路，又于莱州立屯田三百六十处。时搏霄方驻南皮县，营垒未定，遂死之。搏霄字孟起，儒将也。是月，田丰破济宁，毛贵破蓟州。丰退保东昌，贵略柳林，逼畿甸，元征四方兵入卫。五月，福通攻汴，守将竹真出走，乃自安丰奉林儿居之以为都。六月，关先生、破头潘等分兵二道，一出绛州，一出沁州，逾太行，焚上党，破辽州，晋、冀、云中、雁门、代郡，烽火数千里，遂大掠塞外诸郡而还。十二月，关先生转掠辽阳至高丽，焚毁上都宫阙。

己亥龙凤五年，至正十九年也。夏四月，赵均用杀毛贵，续继祖杀均用。（继祖，贵党也，自辽阳入益都，相为仇杀。）秋八月，察罕帖木儿兵复汴梁，福通复以宋主走安丰。

庚子龙凤六年，至正二十年也。夏五月，陈友谅弑主称帝。

辛丑龙凤七年，至正二十一年也。秋八月，察罕帖木儿兵胜，遣其子扩廓帖木儿捣东平，复为书招丰及王士诚，皆降。

壬寅龙凤八年，至正二十二年也。六月，田丰刺察罕帖木儿杀之。初，丰、诚降，察罕推诚待之，数入其帐中。时以十一骑行至丰垒，遂为士诚所刺，盖夙谋也。冬十一月，扩廓帖木儿讨田丰、王士诚，擒之，取其心以祭父，执陈猱头等二百余人献元京，斩之。

癸卯龙凤九年，至正二十三年也。二月，张士诚将吕珍引兵攻破安丰，杀福通，据其城。太祖闻之，率徐达、常遇春往击之，珍大败。时庐州人左君弼助珍，又击败之，珍、君弼皆走。三月，关先生余兵复攻上都，元将击降之。

甲辰龙凤十年，至正二十四年也。春正月，我太祖建国号曰吴。

乙巳龙凤十一年，至正二十五年也。

丙午龙凤十二年，至正二十六年也。冬十二月，宋主殂。

丁未，我太祖称吴元年，至正之二十七年也。

叶子奇记小明王下有刘太保者，每陷一城，以人为粮食，人既尽，复陷一城，其人至不道若此，岂即福通耶？当时又有刘六者知枢密，亦岂尝为太保耶？

天 完

天完主讳寿辉，姓徐氏，一名贞一，罗田人也。至正十一年辛卯冬十月，僭称皇帝，国号天完，都蕲水，改元治平元年。

先是，浏阳人彭和尚，名翼，号妖彭，能为偈颂，劝人念弥勒佛号。遇夜，燃火炬名香，念偈拜礼，愚民信之。其徒遂众，思欲为乱，未有主也。会寿辉浴于盐塘水中，体有光怪，众皆惊异，遂立为帝，天下应响。

寿辉本湖南人，姿状庞厚，以贩布为业，往来蕲、黄间，然无他才能。姿性宽纵，权在群下，建空名耳。以邹普胜为太师，兵陷饶州，执魏中立；陷信州，执于大本，皆死之。（一云，寿辉与麻城人邹普胜等以妖术阴谋惑众，举兵为乱，亦以红巾为号。《泰和志》分注：辛卯冬，红巾驻扎九江，江西省进兵守御。）

壬辰至正十二年，其治平二年也。春正月，陷汉阳郡。十四日，遣伪将丁普郎、徐明远陷汉阳及兴国府，邹普胜陷武昌，曾法兴陷安陆、沔阳。二月十一日，陷江州，总管李黼死之。黼字子威，汝宁人，泰定丁卯进士及第，与兄子秉昭俱死。三月，欧祥陷袁州，陶九陷瑞州，许甲攻衡州，项普略陷饶州、徽州、信州。（《饶志》作彭翼遣项普略破吉安路。）闰月十三日，蕲、黄红巾自江州直抵庐陵，攻破吉安，乡民罗明远复之。秋七月，袭杭州，董搏霄复之，遂复徽州。九月，陷吴兴、延陵。冬十月，陷江阴，兵自星岭关径抵余杭县。七月初十日入杭州城，四帅项、蔡、杨、苏，一屯明庆寺，一屯北关门妙行寺，称弥勒佛出世，不杀不淫，招民投附者署姓名于簿，府库金帛悉辇以去。先是，寿辉遣项普略引兵掠徽、饶，猝至杭，城中无备，参政樊执敬御贼死之。时搏霄征安丰，攻濠，移兵来会，七战皆捷，焚接待寺，蕲兵多死，伪将潘大翁、梅元等俱降。进克广德、蕲、饶，进逼徽州。贼中有道士能作十二里雾者，擒斩之，首功数万级，徽州遂平。十一月，赵普胜、周驴等据池阳、太平诸郡，号百万。湖广平章政事星吉募兵得三千人，进克铜陵，复池州，又复湖口，解安庆围，克江州，救援不至，中流矢卒。

癸巳至正十三年，其治平三年也。十二月，元卜颜帖木儿及西宁王牙罕沙等合军讨蕲水，获其官属四百余人，诛之。

乙未至正十五年，其治平五年，又龙凤元年也。春正月，倪文俊复破沔阳。初，威顺王令其子报恩奴，同元帅阿思监水陆并进，以讨文俊。至汉川，水浅，文俊以火筏攻之，报恩奴败死。三月，破襄阳。五月，文俊复破中兴路，元帅朵儿只班死之。六月，我太祖起兵取太平。

丙申至正十六年，其治平六年，又龙凤二年也。春正月，寿辉据汉阳。

丁酉至正十七年，其治平七年，又龙凤三年也。九月，陈友谅杀倪文俊。初，文俊专恣，谋杀寿辉不果，奔黄州，友谅乘衅袭杀之，遂并其军，自称平章。十二月，明玉珍据成都。玉珍为文俊守蜀，文俊死，玉珍遂自据之，蜀中郡县皆附。

戊戌至正十八年，其治平八年，又龙凤四年也。春正月，友谅破安庆，左丞余阙死之。阙，字廷心，进士及第，城破，自到清水塘死，妻妾子女及甥皆死。夏四月，友谅破龙兴。

己亥至正十九年，其治平九年，又龙凤五年也。六月，友谅遣其党王奉国攻信州，屡为援兵伯颜不花的斤所败。友谅弟友德攻城益急，奉国穴地梯城陷之，的斤战死。的斤，鲜于枢之甥也。十二月，天完主徙都江州，友谅自称汉王。初，寿辉闻友谅得龙兴，欲徙都之，友谅不从。寿辉因引兵发汉阳，至江州，友谅设伏城西而迎之。寿辉既入，伏发，尽杀其部属，以江州为都居之，遂自称汉王，立府设官，寿辉虚位而已。

庚子至正二十年，其治平十年，又龙凤六年也。夏五月，友谅弑天完主于采石。先是，友谅率舟师犯太平，挟寿辉以行。及太平失利，急谋僭窃，乃于采石舟中佯使人诣寿辉前白事，令壮士持铁挝自后击之，碎其首死。（一云，寿辉既称帝，湖、江、浙三省城池多陷没，开莲台省于蕲春，然不能制其下。陈友谅既杀倪文俊，遂率兵攻金陵，谋篡其位，乃勒死于采石。）

是年五月，陈友谅既弑寿辉，改大义元年。则天启天定，岂友谅已不用治平矣？

汉

汉主讳友谅，姓陈氏，沔阳人也。称皇帝于采石，国号汉，都江州，改元大义元年。是岁，庚子元至正二十年，其天完治平十年，宋龙凤六年也。友谅始起为县贴书，兄弟四五人，相从为盗而好兵，初居倪文俊部下。时寿辉虽号为帝，权皆在文俊。文俊颇骄恣，待其下无恩，友谅与其党袭杀之。其党复谋杀友谅，事泄见杀。于是大权悉归于友谅矣，伪封汉王。欲举兵收金陵，至采石，称帝而后下。乃以五通庙为行殿，仍以邹普胜为太师，张必先为丞相，群下立江岸幕次行礼，值大雨至略无仪节。既而攻金陵，大败而归，营江州为都。

辛丑至正二十一年，其宋龙凤七年，汉大义二年也。秋八月，我太祖伐汉，友谅自龙江败还，张定边复陷安庆。我太祖令诸将帅舟师乘风溯流而上，遂复安庆，长驱向江州。分舟帅为两翼夹击，大破之。友谅挈妻子夜奔武昌，其相胡廷瑞以龙兴来降，乃改为洪都府。王溥以建昌，吴宏以饶州，欧普祥以袁州，各率众来见，陈州陈龙，吉安孙本立、曾万中皆来降。

壬寅至正二十二年，其宋龙凤八年，汉大义三年也。三月，明玉珍破云南；夏五月，据蜀自王。初，玉珍闻友谅弑逆，乃整兵守夔关，不与相通。复立庙以祀寿辉，自称陇蜀王。

癸卯至正二十三年，其宋龙凤九年，汉大义四年，蜀天统元年也。春正月，玉珍称帝，改元天统。秋七月，汉主友谅围洪都，我太祖征之，友谅败死，子理即位。

甲辰至正二十四年，其宋龙凤十年，汉德寿元年，蜀天统二年也。春正月，我太祖建国号曰吴，自将伐汉。汉主理降。汉亡。

呜呼！金元之际，尚忍言哉！秦谚有之：楚虽三户，亡秦必楚。予未尝不陨泣于斯。夫王者，天下之义主也。苟无富贵之心而有康济之绩，斯舜禹之事已类，不类不问可也。故曰：舜，东夷之人也。文王，西夷之人也。又曰：行一不义，杀一不辜而得天下，不为也。金元之际，尚忍言哉！宋室不竞，金人乘之。以彼悍坚，拉此柔脆，宜有余力矣。元之戕金，战伐弥苦，弓马戈矛之间，生民之幸不为糜烂者，几何哉！渡江之师，一惟勇力是恃，孰不怜之。殆庚申君之覆灭也，岭表首祸，犹假大金，卒以妖民托宋亡之。天命真人，神武不杀，克成混一之功，亦微有资于龙凤云者，是可以观人心之向往矣。语云：枯鸡冗蚿，岂徒以血气然哉耶！因伪僭以录驱除，抑以颂圣人之兴，非偶然尔。

平汉录

　　史氏曰：胡元乱华，天地晦塞，譬诸禽兽，人得而驱之也。友谅奋臂蓬湖，提戈荆楚，遂能屡破坚城，卒僭尊位，可谓勇矣。然既戕主帅，复弑天完，凶戾罕侪，残虐无厌。人谓项籍矫杀冠军，阴弑义帝，大抵同矣。及天命有归，真人首出，谅不能委身江汉，输款阙廷，而乃犯我龙江，窥我洪都，盛兵东下，志意骄悍，此何异荥阳之围也。卒之授首鄱阳，鲸鲵尽殪，何暇乌江之刎乎？驱爵于林，驱鱼于渊，盖圣王之鸇獭尔。余因据国史书之。又，明玉珍，或云沔人，史云随人，故不书。

　　陈友谅，沔阳人。本姓谢，祖千一，赘于陈，遂从其姓。父普才，黄蓬渔子也。友谅幼岐嶷，比长，膂力过人，优于武艺。尝为县吏，不乐，会罗田徐寿辉与倪文俊兵起，慨然往从之，为文俊簿书掾，寻亦领兵为元帅。及文俊专恣，心不能平。元至正丁酉九月，文俊谋杀寿辉不果，奔黄州。友谅因乘衅袭杀之，遂并其军，自称平章。

　　戊戌，友谅攻安庆，守臣余阙固守，倚小孤为藩蔽，命义兵元帅胡伯颜统水军戍守。友谅自上流直捣山下，伯颜与战四日夜，不胜奔还。友谅进薄城下，阙遣兵扼之。俄而绕兵攻西门，友谅兵乘东门，既登城，阙简死士奋击，败之。友谅恚甚，乃并军树栅，起飞楼来攻。阙兵分捍敌，昼夜不得息。友谅兵四面蚁集，城陷，阙死之。

夏四月，破龙兴路，复破瑞州。五月，友谅遣康泰、赵琮、邓克明等攻邵武，又遣别将吉安路，进破抚州。八月，破建昌路。九月，破赣州。十一月，破汀州。

己亥三月，遣兵略衢州，后遣兵破襄阳路。六月，复遣其党王奉国攻信州。元江东廉访使伯颜不花的斤自衢往援，破走其兵。后数日，又攻之，复大破之。友谅弟友德植木栅攻城益急，又遣使来说降，的斤数其罪而斩之。王奉国遂穴地梯城，昼夜攻之。逾月城陷，的斤死之。十二月，陷杉关。

初，徐寿辉闻友谅破龙兴，欲徙都之。友谅忌其来不利己，不从。至是，寿辉固引兵发汉阳，南下江州。友谅阳出迎，而伏兵于城西。寿辉既入，门闭伏发，尽杀其部属，惟存寿辉，以江州为都居之。遂自称汉王，立王府，置官属，事权一归友谅，寿辉拥虚位而已。

庚子四月，友谅以寿辉自枞阳攻池州。张德胜率我师往援，至则守将赵忠被执，城已陷矣。乃设伏败之，斩首万级，生擒三千余，遂复池州。

五月，汉王友谅以重兵犯太平，城陷，杀其守将花云，遂直犯龙江。太祖大怒，命诸大将共谋，击之于石炭山，杀伤相当。冯胜率敢死士直冲其中坚，大破之，友谅仅以身免。追至采石，复与大战，友谅复败而遁，遂复太平。

初，友谅犯太平，挟寿辉以行。及太平陷，急谋僭窃，乃于采石舟中，佯使人诣寿辉前白事，令壮士持铁锤自后击之，碎其首。寿辉死，友谅遂以采石五通庙为行殿，称皇帝，国号汉，改元大义。仍以邹普胜为太师，张必先为丞相。群下立江岸幕次行礼，值大雨至，略无仪节。

既而，复还江州，遣人约张士诚侵建康。太祖以康茂才与友谅旧，召使画策。茂才曰："吾家有老阍，旧尝事谅，令赍书伪降，约为内应，必信无疑。"友谅得书，果大喜，问曰："康公安在？"曰："见守江东桥。"曰："桥何如？"曰："木桥也。"乃遣使还，谓曰："归语康公，吾即至，至则呼老康为号。"归具以告，乃命李善长易江东桥以铁石，通宵治之。友谅至，见非木桥，乃惊疑，连呼老康，无应之者，始知阍者谬己。茂才乃合诸将奋击，大破之，降其将张志雄、梁铋、喻国兴、刘世衍等，缚其士卒二万。友谅奔还。

寻遣其将张定边陷安庆府。太祖乃令诸将曰："友谅贼杀其主，僭称大号，侵我太平，犯我建康，今又以兵陷我安庆，观其所为，不灭不已。尔等其厉士卒以从。"徐达进曰："师直为壮。今我直而彼曲，焉有不克！"献计者或谋以城降，或以钟山有王气，欲奔据之，或以决死一战，而走未晚也。刘基独张目不言，太祖乃召基入内。基曰："先斩主降议及奔钟山者，乃可破贼耳。"太祖曰："先生计将安出？"基曰："如臣之计，莫若倾府库，开至诚，以固士心。且天道后举者胜，宜伏兵伺隙击之。取威制敌，以成王业，在此时也。"太祖遂用基策，督诸帅率舟师乘风溯流而上，遂克安庆，长驱向江州。距其都五里许，友谅始知之，谓神兵自天而降。大破之。友谅挈妻子夜奔武昌，我师遂入九江，获马二千匹，粮十余万石。既而，友谅相胡廷瑞见江州已破，遣使诣军中请降，平章祝宗以南昌降。

壬寅春正月，太祖命宗从徐达征武昌，宗中道叛回，据南昌，四月始定乱。太祖曰："得南昌，是去陈氏一臂。"因命大都督朱文正统元帅赵德胜等往镇其地。时友谅据湖广，张士诚据浙西，皆未下。众以为苏、湖地肥饶，欲先取之。基曰："士诚，自守虏耳。友谅居上流，且名号不正，宜先伐之。陈氏既灭，取张氏如囊中物尔。"太祖曰："友谅剽而轻，其志骄；士诚狡而懦，其器小。志骄则好生事，器小则无远图。若先攻士诚，友谅必空国而来，是我疲于应敌，事有难为。先攻友谅，士诚必不能逾姑苏一步，以为之援。朕所以取二寇者，固自有先后也。"

会友谅忿其疆场日蹙，乃作大舰来攻洪都。自为必胜之计，载其家属百官，空国而来，以兵围城，其气甚盛，号六十万。兵戴竹盾御矢石，用云梯等攻具，百道攻城。文正城上发炮石、擂木、火箭，无不破之。敌昼夜环攻，友谅亲督促之，意必拔。文正主画军中，分布诸将，随方应敌，剪获甚众。友谅复以所获吉安守将刘齐、朱华，临江同知赵天祐徇城下，文正略不为动。已而德胜中流矢死，被围日久，音问不通，文正遣千户张子明告急于建康。敌攻城益急，文正遣舍命王诣友谅营诈约日出降。友谅信之，缓其攻。及期，城上旗帜一新，至暮不出，友谅乃缚舍命王于城下杀之。文正坚守以待援至。

初，子明取东湖小渔舟，夜从水关潜出，越石头口，夜行昼止，半月始达建康。见太祖，具言其故。上问："友谅兵势何如？"子明对曰："友谅兵虽盛，战斗死者亦不少。今江水日涸，贼之巨舰将不利用，又师久乏粮，若援兵至，必可破也。"太祖曰："归语文正，但坚守一月，吾当自取之。"子明还至湖口，为友谅所执。友谅使呼文正出降，子明至城下呼曰："大军且至，固守以待。"文正闻之，守益坚，敌不能破。

七月丙戌，太祖亲率诸将，发舟师二十万，进次湖口。自友谅围洪都，至是，凡八十有五日，闻援兵至，即解围，东出鄱阳湖，以逆我师。丁亥，遇于康郎山。戊子，我师分为十二屯，徐达、常遇春等诸将击败其前军，俞通海复乘风发火炮，焚寇舟二十余艘，军威大振。友谅骁将张定边奋前欲战，常遇春射却之。廖永忠即以飞舸追定边，定边走，身被百余矢，士卒多死伤。己丑，诸军接战至晡，东风益烈，以七舟载苇荻，置火药其中，乘风纵火，焚其水寨舟数百艘。火炽十里之间，烟焰弥天，湖水尽赤。友谅弟友仁、友贵及平章陈普略等皆焚死，溺万余人，贼锋尽挫。

庚寅，永忠、通海等以六舟深入鏖战。敌联大舰拥蔽，悉捻刀以死拒。我师望六舟无所见，意已陷没；有顷，六舟飘飘而出，势若游龙。我师见之，勇气愈倍，合战益力，呼声动天地，敌兵大败，友谅夺气。辛卯，张定边欲挟之退保鞋山，为我师所扼，不得出，敛舟自守，不敢战。是夕，我师渡浅，泊于左蠡，与友谅相持者三日。

八月八日，我舟入江，驻南湖嘴，水陆结营。刘基期以金木相犯日决胜负，敌舟不敢出，粮且尽。壬戌，友谅计穷，冒死突出，欲由禁江口奔还武昌。太祖麾诸将邀击之，舟联向北，随流而下，自辰至酉，力战不已。友谅是日中流矢，贯睛及颅而死，擒其太子善。友谅自称帝至死，仅四年，年四十四。其平章陈荣、姚天祥已下，悉以楼船军马五万来降。定边乘夜以小舟载友谅尸，及其子理径武昌，复立理为帝，改元德寿，我师复围之。

甲辰春正月，太祖建国号吴。二月，以武昌围久不下，乃亲往视师，督诸将击之，擒其元帅张必先。既而，遣罗复仁入城，谕陈理使降，遂率其太尉张定边诣军门降。凡府库悉令理自取。城中民多饥困，命给粟赈之。于是，湖广、江西诸郡相继皆降。乃封友谅父普才承恩侯，理顺德侯，友谅弟友富归仁伯，友直怀恩伯。弟友仁追封康山王，命有司塑像岁祀焉。后普才徙滁，理徙高丽。

附录

平江汉颂

宋　濂

天命皇上为亿兆生民主，旌麾所向，悉臣悉庭。初以军旅之师，兴濠泗间，遂抚淮南、平江东，攻浙东西，下之。版图所入，方数千里，定都江左，发政施仁。戴白之叟、垂髫之童涵泳至化，皥皥熙熙，如承平时。于时，陈友谅据有江汉之地，僭居大号，贼杀其主。修蒙冲，虐驱烝黎，如蹈水火。不自度力，又集蜂蚁之众，直窥豫章，三月不解。皇赫斯怒，乃召群臣于庭，而告之曰："陈虏不道，敢屡予侮。昔者荡摇我边方，侵轶我姑孰，伺侦（耻庆切，候也。）我金陵，赖尔一二臣邻之力，攻而败之。予亦亲覆其穴巢，中宵窜走，假息武昌。予不忍追歼之，冀其悔祸，以自逭于天刑。癸卯之夏，乃复围我豫章，是其凶德无厌，自取殄灭。此天亡之时。天之明威，予不敢不顺。唯尔熊罴之臣、不二心之士，尚弼予以成厥功。"群臣曰"都。"于是，右丞臣达，参知政事臣遇春，帐前亲兵指挥使臣国胜，同知枢密院事臣永忠、臣通海，备厥戎器，简厥师徒以俟。七月癸酉，上躬擐甲胄，祃（师祭也。）蠡龙江，帅楼船数百，蔽江而上。陈虏大詟，解围而逃。丁亥，与我师遇鄱阳湖之康郎山。戊子，上分舟师为二十屯。命达、遇春、永忠突入虏阵，呼声动天地，矢锋雨集，炮声雷鋗，波涛起立，飞火照耀，百里之内，水色尽赤。焚溺死者，动二三万，流尸如蚁，满望无际。己丑，焚伪平章舟，刘戮余二千。辛卯，复酣战。虏将张定边，素号枭猛，上亲御之，将士皆死战。历一二时，遇春等左右夹击，杀士卒无算。张中矢百余而退，潜保鞵山，不敢吐气。我师亦据湖口，扼彼喉衿，列栅南北江岸，置火筏中流，水陆严戒以候。其八月，虏食尽，遣舟五百艘，掠粮都昌，又为我大将所获。壬戌，虏计穷，冒死突出，将上趋九江，上命诸将一时俱合。其大战如戊子，自辰达酉，督战益急，友谅中飞矢毙于舟中。癸亥，降其众五万。上命释之，不戮一人，凯歌而旋，舳舻相衔，旌旗飞翻，不疾不徐，委蛇而来，万姓欢迎，俯伏道左，山川草木，皆有喜色。告庙饮至，行赏论功，赐遇春田若干，永忠田若干，其余将士赍金缯有差。

臣稽：在昔曹操治水军八十万来攻孙权，而周瑜、黄盖败之于赤壁。苻坚发长安戎卒六十余万、骑二十七万以侵晋，而谢玄、谢石败之于淝水。然赤壁不过一焚而走，淝水亦不过军乱而奔。初未尝大战也。而史臣具书之，以为千古美谈。矧今湖口之捷，血战累日，天地为之晦冥，日月为之无光，山河为之震荡，其神功骏烈，炳耀鉴鍧，与天无极，较之二国，未足多让。而歌咏不作，非甚阙典欤？臣谨备著其事，撰为词颂一通。以流鸿绩于无穷，以俟太史氏之采录云。其词曰：

　　天眷有德，实为哲皇，肆其神，略以靖寇攘。义旆东指，罔敢弗恭，风烈虎啸，云游龙骧。长淮既归，江左攸属，浙之东西，树候置牧，乃建国家，以奠南服，以攘中原，以控西蜀。蠢尔小丑，敢仇大邦，集其兜凶顽，锋猬斧螗。轻涉我疆，以跳以踉，亦既剪刈，僵骸覆江。洊齐六军，直倾其穴，释而勿诛，俾自惩刷。盍胡不然，复豕而咥，翘其虫臂，当吾车辙。皇明震怒，历告在廷，是决不悛，命将往征。尔选舟师，尔整甲兵，漕尔糗粮，各罄尔诚。摇光在申，夷则之月，祃牙江滨，皇秉巨钺。以誓以戒，以速其发，纪律精明，飙火奋激。旗旐扬扬，艂（江汉切。）艘将将，矛戈洸洸，铠胄明明。载怒载厉，载飞载扬，雄威所吞，已无荆湘。既与虏逢，大呼冲击，药腾藜驳，星流火戟。虐焰电奔，巨轰雷劈，杀气冥蒙，不辨咫尺。矢锋所贯，什伍联联，纵横交纽，命陨弗颠。攒桅凑帆，笋束猬编，流尸塞川，舟行弗前。虏魄既褫，扶创而逸，聚于湖奥，仅存喘息。我方植栅，江之南北，火筏在流，掩蔽如翼。越历四旬，飞走途穷，将冒万死，以绝其冲。我师见之，千舻如龙，似兔之走，而鹰之从。酣战六时，由辰达酉，仆姑（矢名也。）一发，殪此酋首，贯睛及颅，仆若枯柳。大憝既除，余不能丑，递相告言，我诚不振。我革我顽，我归至仁，谁谓培塿，可高嶙峋。再拜稽首，来降来臣，皇曰俞哉，汝俘予受。宥汝弗刈，予汝父母。汝冻予衣，汝饥予哺，昔何昏迷，今始撤蔀。奏凯而旋，骑吹郁摇，形于乐歌，节以镯铙。饮至于庙，颁赏于朝，帛堆其家，肉登其庖。都人聚观，举手加额，或叹或谣，有声啧啧。干戈相寻，匪一朝夕，自今升平，可坐而荚。惟皇神武，动则克之，群策尽屈，四方式之。惟皇宽慈，降则释之，义声动荡，畴能敌之。惟皇明断，遇事即决，洞见千里，不隔一发。所以四征，成此骏烈，小大毕朝，孰敢肆孽。在昔赤壁，泊乎合淝，事以幸集，尚传策书。况兹之功，俊伟赫熹，揆古无让，可无咏诗。臣虽微贱，文字是职，对扬皇休，并献臣臆。三代以还，用仁兴国，皇宜遵行，永作民极。

广信府同知邹　潘
推官方　重校正
临江府推官袁长驭校正
上饶县学教谕余学申对读
湖州府后学吴仕旦覆订

平吴录

元乘中国之弱，入主天下。迨其季世，政益大坏，岁饥民穷，四方兵起，延至江淮，殆无完郡。

至正十三年癸巳正月，张士诚起自泰州。士诚小字九四，泰之白驹场民。有弟三人，曰士义、士德、士信，并以贩盐为业。士诚颇有膂力，重迟寡言，市盐诸富豪易之，多肆凌侮，或负其值不偿。有弓兵丘义者，尤屡窘辱之，士诚不胜忿，即与诸弟及壮士李伯升等十八人杀义，并素所凌侮者，更纵火焚其居，延烧数百家。自度不可已，乃谋起兵。入旁近场，招集少年。行至丁溪，为大姓刘子仁所扼，多被杀伤，士义中矢死。于是，士诚愤怒，必欲灭子仁，子仁众溃入海。士诚兵势始振，从者万余人。

三月，乘胜攻陷泰州，淮南行省告变。元以万户告身招之，不受。五月，行省复遣知府李齐谕降，亦不听，齐且被留。久之，会其党自相戕，始纵之归。未几，复杀参政赵琏，遂陷兴化，结寨德胜湖。他日，行省以左丞偰哲笃镇高邮，出齐守甓社湖。俄有数贼呼噪入城，省宪官皆遁，齐还，城门已闭，士诚遂据高邮。

元知不能制，诏赦其罪，使至，不得入。士诚绐言：
"请李知府来，乃受命。"行省强齐往，至则下齐于
狱。齐辩说百端，竟不能降，且使齐跪，齐叱曰："吾
膝如铁，岂为汝屈！"士诚椎碎其膝而刳之，人皆多齐
之节。六月，元命淮南行省平章政事福寿击之。

十四年甲午正月，士诚自称诚王，国号大周，建元
天祐。六月，攻扬州，元丞相达识帖睦尔率兵御之，皆
溃。寻陷盱眙及泗州。九月，元命右丞相脱脱督诸军击
之，兵至高邮，战于城外，大败其众。遂分兵西平六
合，贼势大蹙。脱脱初以被谗出领兵，俄有诏削其官
爵，安置淮安。士诚乘隙击之，元兵大败，其势复振。

十五年乙未，士诚据高邮。

十六年丙申二月，士诚以淮东大饥，谓"惟吴中富
庶，可以建国"。乃留兵守高邮，由通州渡江，入福山
港。时福山有曹氏富甲县中，众肆攘掠，一夕而空，遂
陷常熟。兵入娄、齐二门，镇将脱寅率兵御之，郡人杨
椿力战而死。

椿，字子寿，本蜀人，宋少师栋之后。有文艺，尚
气节，为脱寅馆客。因署参谋，分守娄门，独挺身御
寇，铍交于胸，骂不绝口，死之。明日，其妻王氏哭往
军中觅尸，为贼所执，不屈，贼义而释之。其尸竟逆水
抵张香桥柱，而得敛葬于虎丘之华李垱。椿既死，忽神
附王氏语曰："后五日，吾将取尔与男女去。"时男颖

十五岁，女满奴九岁，皆无病，及期，妻与男女果同一日死，人皆异之。又，椿有门人陈普，兵至其门，使拜，不屈，且索妇女，普骂之，亦被数创死。普，字季周，能诗。脱寅畏贼，避匿于娄门十八营丛篠中，为乱兵所杀。当是时，吴中全盛，甲仗钱谷如山，守臣贡师泰辈弃之，相率遁去。

士诚既入郡城，即承天寺为府，推其佛像，踞坐大殿，复射三矢于栋上。改平江府为隆平府，立枢密院，以所亲信徐义、徐志坚，与亲军李伯昇制军事，幕官韩谦、钱辅及王敬夫、蔡彦文、叶德新三人为参军，遣兵陷湖州、松江、常州诸路。

初，元犹冀士诚降，遣集贤待制乌马儿、孙扬持诏往谕，士诚反拘之一室，迫使降，扬诟斥不绝口。及是，徙吴中，扬与士诚部将张茂先谋复高邮，语泄，并被杀。

七月，士诚攻杭州，破之，丞相达识帖睦尔遁，平章左丞答纳失里战死。初，达识等屡败于贼，或以为苗军可用，遂自宝庆招土官杨完者至，有军十万，自嘉兴引其党及万户普贤奴击败士诚，达识乃还。然苗军性残忍，所过淫虐，人愈苦之。

于是，我太祖高皇帝龙潜濠城，有安天下之志。先二岁，自和州渡江驻金陵，与士诚接境，数交兵。是月，士诚以太祖初克镇江，遣舟师来攻，徐达与战于龙潭，破之，焚其舟，杀溺甚众，遂乘胜攻常州，未下。达营于甘露镇，太祖遣人谕之曰："士诚起于盐徒，术务经纪，诈出多端，久必有变，邻必有间。倘有说客，须沮其诈术，困其营垒。"达等乃益督兵，攻围其城。未几，有郑金院者，率甲士七千，叛入城中，反来攻营。常遇春引兵东垒，击之，大破其众，复攻围。

十七年丁酉三月，达攻常州益急，进薄城下。士诚遣其弟士德以数万众来援。达遣元帅王玉伏兵以待，士德败走。玉令男虎子追之，士德遇坎堕马被擒。太祖闻之，喜曰："士德有智勇，为其兄谋主，今为我擒，张氏之成败可知矣。"士德母痛失其子，令士诚奉书请和。愿岁输粮十万石，布万匹，及金银等物，永为盟信。太祖初许之，后再复书，数其开衅召兵之罪，且谓："纳我逋逃之人，拘我通好之使，予之兴师，亦岂得已？既已许给军粮，中更爽约。今若果能再坚前盟，给粮五十万石，归我使者，则常州之师即罢，而争端永绝矣。"士诚得书不报，士德乃潜与士诚书，俾降于元为助，遂不食而死。至是，达等下其城。

初，士诚将史椿守淮安，见士诚不足事，及诸将骄侈，而左丞徐义更加谗毁，遣人赍书诣建康，愿归顺，事觉被杀。于是，士诚复出兵寇嘉兴，屡为杨完者所败，乃以书请降，词多不逊。完者欲纳之，达识以其反复，不许。完者固劝，乃承制假江浙廉访使周伯琦参知政事，招谕之。士诚始要王爵，达识不许。请爵为三公，曰："三公非有司所定。"亦不许。完者又力劝。达识外虽拒之，实幸其降，又恐忤完者意。八月，遂授士诚太尉，士德淮南平章，士信同知行枢密院事，其党皆授官有差。而元以达识有招安功，亦加太尉。伯琦被留于吴，士诚为造第宅于乘鱼桥北，厚其廪给。伯琦日与诸文士以文墨流连，因亦忘归。士诚既受封，始迁入府治，虽奉元正朔，而钱谷甲兵自据如故。

十八年戊戌，太祖命元帅费子贤、总管张德守安吉，筑城固守。士诚出兵来攻，副将廖永安与战于太湖，乘舟深入，后军不继，为所获。士诚欲降之，永安不屈，遂拘囚之。太祖念其守义，遥封楚国公，后竟囚死。

十九年己亥，元自中原既乱，江南海漕久不通，京师屡饥。至是，因河南始平，九月，乃遣兵部尚书伯颜帖木儿等以御酒、龙衣赐士诚，来征漕贡。伯颜等至杭州，传诏命方国珍具舟以运，而达识总督其事。既而，士诚虑国珍载粟不入京师，国珍又恐士诚掣其舟，乘虚袭己，互相猜疑。伯颜往来开谕，粮得入京者仅十一万石，自是，岁以为常。

初，士诚之臣服于元也，其参军俞思齐实劝之。既而，士诚听谀臣之言，不漕贡，独思齐语曰："向为贼不贡犹可，今为臣可乎？"士诚怒，抵案仆地而入。思齐知事不可为，即弃官称疾而隐。会稽杨维祯为作《骨鲠臣传》云。思齐，字中季，泰州人。

二十年庚子，士诚辟土益广，南自绍兴，北至济宁，上下二千余里。濠为太祖发迹之地，亦遣其将李济据之。太祖欲取士诚，谋于刘基，基曰："方今陈友谅据上游，名号不正，兵力且强，宜先取之。友谅既平，取士诚如探囊中物尔。"太祖用其言，故置之。

二十一年辛丑、二十二年壬寅，士诚俱据姑苏。二十三年癸卯二月，士诚遣其将吕珍入安丰，攻宋刘福通等，据其城。太祖率徐达、常遇春亲援之，珍解围去。福通奉韩林儿弃安丰，退居滁州，士诚兵复入安丰。时庐州左君弼出兵助珍，亦击败而去。

七月，士诚忌杨完者，欲图之；而达识亦厌完者骄肆不可制，乃阴与定计，举兵围之。完者及其弟伯颜皆自杀，士诚遂遣兵据杭州。朝廷因以其弟士信为江浙行省平章政事，而方面大权悉归张氏，达识徒拥虚名而已。至是，士诚乃令其部属自颂功德，求王爵。达识恐逆其意被害，乃请于朝，至再三，不报。士诚遂自立为吴王，治宫室，立官属。其母曹氏，颇有智识，尊为太妃。于是，元遣户部侍郎孛罗帖木儿复征漕贡于士诚，士诚以违其封王之请，遂不与，海运始绝。

二十四年甲辰八月，士诚逐达识。时右丞答兰帖木儿、郎中真保二人受士诚金帛，谄事之，数媒蘖达识之短。至是，士信使面数之，勒其自陈老病去职。二人又言丞相非士信不可，即逼取符印，迁于嘉兴幽之，而士信自为丞相。士诚又讽行台请实授王爵，御史大夫普花帖木儿不从。即使人至绍兴索其印，普花封其印置诸库曰："我头可断，印不可与。"又迫之登舟，曰："可死，不可辱也。"从容沐浴更衣，与妻子诀，赋诗二章，乃仰药死。临死，掷杯地上，曰："我死矣，逆贼当踵我亡灭也。"后数日，达识闻之叹曰："大夫且死，吾不死何为！"遂命左右以药酒进，饮之而死。初，普花为福建平章，境内皆为诸豪所据，不能有所施设。及迁南台，又逼于士诚而死，人皆惜之。士信既自为丞相，愚妄不识大体，建第宅东城下，号丞相府，居民趋附之者，辄得富贵。

二十五年乙巳，太祖以士诚兵屡犯我境，卒欲取之。十月，下令曰：

　　王者征伐，应天顺人，所以平祸乱而安生民也。张士诚假元之命，叛服不常。天将假手于我，是用行师，以致天讨。况士诚启衅多端，袭我安丰，寇我诸暨，连兵构祸，罪不可逭。今命大军致讨，止于罪首，在彼军民，无恐无畏，无加逃窜，无废农业。已敕大将军约束官军，无致掳掠，违者以军律论罪。布告中外，体于至怀。

乃命中书左相国徐达，平章常遇春、胡廷瑞，同知枢密院冯国胜，左丞华高等，率马步舟师，水陆并进，先取淮东诸郡县，剪士诚羽翼。

达出兵江口，太祖遣使谕以北方声息，且曰："军旅重事，尤宜加慎。如获张士诚将校，遣来吾自处之。"达既趋泰州，浚河通舟师，驻军于海安坝上，进围泰州。士诚援兵自湖北来，达击败之，获其元帅王成等四百余人。已而李院判兵复自淮安来，常遇春又击败之，擒其万户吴聚等百余人。因遣人谕降，城中其金院严再兴、副使夏思忠、院判张士俊等拒守不下。

闰十月，江阴水寨守将康茂才报："士诚以舟师四百艘，出大江次范蔡港，别以小舟于江中孤山，往来出没无常，疑有他谋，请为之备。"太祖遣使谕达曰："近得康茂才报，吾度此寇非有攻江阴直趋上流之计，不过设诈疑我，使我陆寨之兵，还备水寨。我兵力既分，彼时弃我水军，疾趋陆寨，捣吾之虚，此寇一计也，尔宜备之。又闻常遇春深入，使我军去泰州既远，彼必潜师以趋海安或泰州，令我大军势分，首尾冲决，不及救援，此又寇一计也。兵法，制人而不制于人，尔宜审虑。使至，即令遇春驻师海安，慎守新城，坐以待寇。彼若远来趋敌，吾以逸待劳，可一战而克。泰兴以南，并有江寇舟，亦宜设法备之。"后四日，又谕达曰："寇兵初驻范蔡港，吾度其有诈。今观望犹豫，不敢即出上流，其为诈益明。然寇计不过欲分我势，非有决然攻战之谋。宜遣廖永忠还兵水寨，大军勿轻动。此寇徘徊江上，自老其师，乘其怠慢，此月必克泰州。泰州既克，江北瓦解，不战自溃，但宜谨备之尔。"是月，太祖亲至江阴康茂才水寨，又以手书谕达等曰："初，予闻尔等与寇相去甚迩，为是驰至此，恐有缓急，相为策应。及至，乃知不然。今遣陈经历去，汝有所言，即疾驰来报，予驻师以待。"

后太祖还建康，达等遂克泰州，虏其将严再兴等，遣人献俘，命人悉安置潭、辰二州，仍各赐衣一袭，妇女亦皆赐衣履、针线、布帛。初，众自以抗拒，必不免，及得赐，又妻子完聚，咸感悦，拜呼万岁而去。

泰州平，达遣黄旗千户刘杰分兵徇兴化，进攻高邮。士诚守将李清战败，闭城固守，杰攻之不下。有陈元帅者来援清，杰击败之。

十一月，达进兵攻高邮。太祖恐达深入敌境，不能策应诸将遣使，即命同知冯国胜率所部节制高邮诸将，俾达还军泰州，围取淮安、濠、泗，谕达曰："为将之道，贵于持重，进师攻取，宜加审察。近闻提兵远出，深入重地，此甚不可也。若常平章独提偏师，备寇江上，即有缓急，谁当为之应援者？宜还师泰州，兼总冯国胜所部，留兵万五千人，以取未下州郡。尔居中节制，见可而进，协和诸将，一乃心力，以成大勋。毋或轻动，以失事机。"

时李济据濠州，名为张氏守，而观望未决。太祖曰："濠为吾家乡，而吾失之，是有国而无家也。"命右相国李善长以书招之，济得书不报。是月，士诚兵寇宜兴，命达令国胜围高邮，遇春守海安，遣别将守泰州，而自以精兵援宜兴。达遂率兵渡江，击败士诚兵于宜兴城下，获三千余人。十二月，士诚兵寇安吉，守将费子贤击却之。达自宜兴还兵攻高邮，其守将俞同佥坚守不下。时士诚遣其左丞徐义入淮援高邮，义怨士诚，以为陷己死地，屯昆山之太仓，三月不进。

二十六年丙午正月，士诚以舟师驻君山，又出兵自马驮沙溯流窥江阴。守将以闻，太祖亲督水军及马步军往救之。比至镇江，寇已焚瓜州、掠西津而遁，乃命康茂才等出大江追之，别命一军伏于江阴之山麓。翌日，茂才追至浮子门，遇寇舟五百余艘遮海口，乘潮来薄我师。茂才督诸军力战，大败之。后十日，达遣使请以指挥孙兴守海口，常遇春督水军以为高邮声援。既可之，复敕达曰："尔所请策皆善。前报彼军事势，轻重不一。及俞平章请军甚急，盖因其未尝独将，料度未至如此。安丰、竹昌粮尽将遁，此不足虑，士诚兵多，有渡江者，宜且收兵驻泰州。彼若来攻海安，击之。"又谕达曰："士诚由高邮啸聚，以有吴越。高邮盖其巢穴也，大军破之，彼必来救。今闻徐义兵已入海来援，王保保亦将兵南来。吾料王保保马步必假道天长，徐义舟师或由射阳湖，或出瓠子角，或出宝应，以趋高邮。二兵苟合，不可不备。通州有士诚从子，号火眼张者，乃疑兵，必不敢出。夫军之胜败，在主将贤否。王保保虽拥重兵，然千里远来，其势必弊。徐义刚愎自用，军无纪律。以我节制之师，当之可以必胜，尔但秣马厉兵俟之。"已而王保保知有备，竟不至。

三月，达自泰州进兵取高邮、兴化及淮安，遂拔高邮。先是，达援宜兴，令冯国胜统兵围高邮。士诚将俞同金诈遣人来降，约推女墙为应。国胜信之，夜遣康泰率兵千人入城，城上急下板闭之，皆被杀。太祖闻之怒，即诏国胜回，挞之，令其步至高邮。于是，达自宜兴还，益督兵往攻。国胜愤甚，令军士齐登城，一鼓破之，戮俞同金等，俘其将卒二千二百。命以所俘将士悉遣戍沔阳、辰州，仍给衣粮，有妻子者赐夏布五匹，无者半之。时俘至，将士家属多失实，既分别发遣，乃责问达等，仍遣国胜即军中搜问，凡虏人妇女者，皆以军法治之。高邮既下，复令乘胜取淮安。

四月，达兵至淮安，闻徐义军在马骡港，夜往袭之，义泛海去，俘其院判钱富善及卒三千。舟师进薄城下，其左丞梅思祖，副枢唐英、萧成，籍军马府库出降。达宿兵城上，民皆按堵，命指挥蔡仙、华云龙守其城，遂进兵兴化。先是，太祖命图淮东山川地形要害以进，览之，见瓠子角为兴化要地，令达以兵绝其险隘。至是，遂取之，淮地悉平。复遣龚希鲁潜往濠州，说李济并萧把都，把都亦以城降，遂议进兵浙西。

太祖召中书省及大都督府臣，谓曰："张氏据姑苏，数侵扰吾近地，为吾境内之寇，不可不讨。"于是，命诸将简阅士卒，择日启行。八月，以伐张氏，祭告大江之神曰：

> 惟神奉天明命，主宰大江，鉴察无私，代天行令。予生于濠梁，乃庶民也，曩因兵变，遂列于行伍，继为总戎。岁月以来，军民既众，土宇益辟，乃正王位，建国曰吴，立业江南。拓土广疆，灭强暴之国，恤民养军，除贪污之政，于兹十有一年矣。今姑苏张士诚，据我东南之境，数来生衅。伏闻：古今以来，民欲安，圣人一；民欲愁，伯者多。予之与张，不可多事于民，并立以荣其身，以决雌雄，以安黎庶。然而剖判在乎天，用事在乎人，其深渊巨峰，淤浅河湖，人力一时不能为者。兹欲奖率舟师，由毗陵之境，委曲通道，进入太湖，与张氏决战，告神鉴知。

乃命中书左相国徐达为大将军，平章常遇春为副将军，率师二十四万以行。

太祖御戟门，集将佐，谕之曰："古人立大功于天地间者，必因其时以行其志，如伊尹佐汤以伐桀，吕望佐武王以翦商，皆得其时，而志在于天下苍生也。自大乱以来，豪杰并起，所在割据，称名号者不可胜数。江南群雄，西有陈友谅，东有张士诚，皆连地千里，拥众数十万。吾介乎二人之间，相与抗者十余年。观二人所为，其志岂在于民，不过贪富贵，聚渊薮，劫夺寇攘而已。友谅败灭，独张士诚据有浙西，北连两淮之地。赖诸将连岁征讨，克取两淮，今惟浙西、姑苏诸郡未下，故命卿等讨之。卿等戒率士卒，毋肆掳掠，毋妄杀戮，毋发丘垄，毋毁庐舍。闻士诚母葬姑苏城外，慎无侵毁其墓。汝等毋忘吾言！诸将帅务在辑睦，勿纵左右欺凌军士。凡为将之功，必资士卒，善抚恤之。"诸将皆再拜受命，遂为戒约军中事，命人给一纸。

既又召达、遇春于西苑，谕之曰："今师行，苟张氏全城归命，不劳吾师，吾必全之；若用师，城破之日，全其将士，抚其人民，毋妄杀戮，有可用者，即选用之。"达等既受命，将发，又问诸将曰："尔等此行，用师孰先？"遇春对曰："逐枭者必覆其巢，去鼠者必塞其穴，此行当直捣姑苏。姑苏既破，其余诸郡可不劳而下矣。"太祖曰："不然。士诚起盐徒，与张天骐、潘元明等皆强梗之徒，相为手足。士诚苟至穷蹙，天骐辈惧俱毙，必并力救之。今不先分其势，而遽攻姑苏，若天骐出湖州，元明出杭州，援兵四合，难以取胜。若出兵先攻湖州，使其疲于奔命。羽翼既疲，然后进取姑苏，取之必矣。"遇春犹执前议，太祖作色曰："湖州失利，吾自任之；若先攻姑苏而失利，吾不汝贷也！"遇春不复敢言。已而太祖屏左右，谓达、遇春曰："吾欲遣指挥熊天瑞从行，俾为吾反间。天瑞之降，非其本意，心常怏怏。适来之谋，戒诸将勿令天瑞知之，但云直捣姑苏。天瑞知之，必叛从张氏，以输此言，堕吾计矣。"

于是，达等率诸军发龙江，至太湖，遇春击败士诚兵于诚州港口，擒其将尹义、陈旺，遂次洞庭，进至湖州之毗山，又击败其将石清、汪海。张士信驻军湖上，不敢战而退。熊天瑞果叛去。

师至湖州之三里桥，士诚兵分三路来拒，参政黄宝当南路，院判陶子实当中军，右丞相张天骐自当北路，同金唐杰为后继。达进攻之日，有术者言："今日不宜战。"遇春怒曰："两军相当，不战何待？"于是，达遣遇春攻宝，王弼攻天骐，达自中路攻子实，别遣骁将王国宝率长枪军直扼其城。宝败走，欲入城，城下吊桥已断，不得入，复还，力战被擒，并获其元帅胡贵以下官二百余人。天骐、子实皆不敢战，敛兵而退。士诚又遣司徒李伯昇来援，由荻港潜入城，被围，伯昇及天骐闭门拒守。达遣国宝攻其南门，自以大军继之。其同金余得全、院判张德义及陶子实出战，复败走。士诚又遣平章宋暹、王晟，同金戴茂、吕珍，院判李茂，及其第五子号五太子者，率兵六万来援，号三十万，屯城东之旧馆，筑五寨自固。达与遇春、汤和等分兵营于东阡镇南姑苏桥，连筑十垒，以绝旧馆之援。李茂、唐杰、李成俱不敌，皆遁去。士诚婿潘元绍时驻兵于乌镇之东，为吕珍等声援，乘夜击之，亦遁。遂填塞河港，绝其粮道。士诚知事急，乃亲率兵来援，达等与战于皂林之野，又败之，虏其戴元帅及甲士三千余人。九月，士诚复遣其同金徐志坚，以轻舟去东阡镇觇我师，欲攻姑苏桥。遇春遇之，与战，会大风雨，天甚晦，遇春令勇士乘划船数百突击之，擒志坚，得兵二千余人。

是月，太祖又命朱文忠率师攻杭州，谕之曰："徐达等取姑苏，张氏必集兵以拒。今命尔往杭州，是掣制之也。我师或冲其东，或击其西，使彼疲于应战，其中必有自溃者。尔往，宜慎方略！"

士诚自志坚败，甚惧，遣其右丞徐义至旧馆觇形势，将还报，遇春以兵扼其归路。义不得出，乃阴遣人约士信出兵，与旧馆兵合力来战，士诚又遣赤龙船亲兵援之，义始得脱。潘元绍率赤龙船兵屯于平梁，复别乘小舟潜至乌镇，欲援旧馆。遇春由别港追袭至平望，纵火焚其赤龙船，军资器械，一时俱尽，众军散走。自是，旧馆兵援绝，馈饷不继，多出降者。

十月，达以所获将士徇于湖州城下，城中大震。遇春兵攻乌镇，徐义、潘元绍及其院判拒战，不胜退走。遇春追至升山，遂攻破其平章王晟陆寨，余军奔入旧馆之东壁，其同金戴茂乞降。是夕，晟亦降。

是月，朱文忠率指挥朱亮祖、耿天璧攻桐庐，降其将戴元帅。复遣袁洪、孙虎略富阳，擒其同金李天禄，遂合兵攻余杭。

达复攻弁山水寨，顾时引数舟绕士诚兵船，船上人俯视而笑。时觉甚懈，率壮士数人，跃入其船，大呼奋击，余舟竞进薄之。士诚五太子盛兵来援，遇春稍却。薛显率舟师直前奋击，众大败，五太子及朱暹、吕珍以旧馆降，得兵六万人。遇春谓显曰："今日之战，将军之力居多，吾固不如也。"五太子者，士诚养子，本姓梁，短小精悍，能平地跃起丈余，又善泅水。暹、珍俱善战，士诚倚之。至是皆降，士诚为之夺气。

十一月，旧馆捷至，父老进贺。太祖曰："此民之福也。自此东南可定，转输之劳，亦可少苏矣。父老，汝谕百姓，各力生业，无作非义，庶可共享太平。"皆拜而出。

旧馆既降，达遣冯国胜以降将徇湖州城下，语李伯昇出降。伯昇在城上对曰："张太尉养我厚，我不忍背之。"抽刀欲自杀，为左右抱持，得不死。左右语之曰："援绝势孤，久困城中，不如降。"伯昇俯首不能言。其左丞张天骐、总管陈昧以城降，伯昇遂亦降。于是，达引兵向姑苏，至南浔，元帅王胜降。进至吴江，围其城，参政李福、知州杨彝降。

是月，朱文忠攻余杭，下之。初，枢密院判谢再兴为都督朱文正之妻父，分守诸暨，与士诚连境。士诚令吕珍离城数十里，筑一堰，水发，诸暨被浸。再兴屡遣人潜决之，太祖嘉其功，以其次女嫁徐达。俄诏回听宣谕，别遣参军李梦庚代守，而令再兴还受节制。再兴耻无权势，出怨言，且曰："嫁女不令吾知，何异给配？"以诸暨全城军马叛投绍兴。先是，再兴弟谢五、谢三共守余杭，文忠遣人语谢五曰："尔兄以李梦庚小隙，归于张氏，非尔谋也。尔乃国之戚臣，若降，可保不死，仍享富贵。"谢五答曰："我误计。若保我不死，我即降。"文忠许之，乃与弟、侄五人出降。

文忠遂进兵杭州，未至，平章潘元明惧，遣员外郎方彝诣军门，请纳款。文忠曰："吾兵适至，此胜负未分，而即约降，无乃计太早乎？"对曰："此城百万生灵所系，今天兵如雷震，当者无不摧破。若军至城下，虽欲降，恐无及，故使彝先来请命。"文忠留之宿。明日，遣还报，而驻兵以待，元明即日以款状来曰：

婴城固守，乃受任之当为；归款救民，亦济时之急务。窃复自念，起身草野，叨位省枢，非心慕乎荣华，乃志存乎匡定。岂意邦国殄瘁，王师见加，事虽贵于见机，民实同于归义。念是邦生灵百余万，比年物故十二三，今既入于职方，愿溥覃乎天泽。谨将杭州土地、人民，及诸司军马钱粮之数以献。

文忠至杭州，元明及同佥李胜，奉士诚所授行省及枢密院浙西、江东两道廉访司印，并执蒋英、刘震出降，伏谒道左。以女乐导引，文忠叱去之。进元明等，宣上命慰谕之。禁戢士卒，城中晏然。凡得兵二万，粮二十一万石，马六百匹。执元平章丑的、长寿等，与蒋英、刘震，皆送建康，并遣元明以下入朝。

既而，绍兴守臣同佥李思忠、总管卫良佐以城降，命驸马王恭等守之。左丞华云龙率兵攻嘉兴，守将宋刚以城降，及海宁州亦降。

达军至姑苏南鲇鱼口，击守将窦义，走之，康茂才至尹山桥遇敌军，又击败之，焚其战舰千余及聚积甚众。达遂进兵围其城。达军葑门，遇春军虎丘，郭子兴军娄门，华云龙军胥门，汤和军阊门，王弼军盘门，张兴祖军西门，康茂才军北门，耿秉文军城东北，仇成军城西南，何文辉军城西，城四面筑长围困之。又架木塔，与城中浮图对。筑台三层，下瞰城中，名曰敌楼。每层施弓弩大铳于上。又设襄阳炮以击之，城中震恐。

有杨茂者，无锡莫天祐部将也，善浮水，天祐潜令入城，与士诚相闻，逻卒获之于阊门水栅旁，送达军，达释而用之。时城坚不可破，天祐又阻兵无锡，为士诚声援，达因纵茂，出入往来，得其中彼此所遗蜡丸书，由是悉知士诚、天祐虚实，而攻围之计益备。达时督兵攻娄门，士诚出兵拒战，武德卫指挥茅成左胁中叉死。成，定远人，后赠东海郡公。

元平章丑的、长寿等至建康，太祖命有司给廪饩，归于元。而诛蒋英于市，以英尝刺杀胡大海，叛投士诚。命悬大海画像，刺英血祭之，乃复诛谢五等。朱文忠以为前保其不死，今复杀之，何以示信，且恐后无降者。太祖曰："谢再兴是我至亲，尚投张氏，情可恕乎？"兄弟悉磔于市。以潘元明全城归附，仍受平章，官属皆仍旧职，从朱文忠节制。

吴元年丁未夏，太祖以士诚被围，谕以书曰：

　　盖闻成汤放桀，武王伐纣，汉祖灭秦，历代帝王之兴，兵势相加，乃为常事。当王莽之亡，隋之失国，豪杰乘时蜂起，图王业，据土地，及其定也，必归于一。天命所在，岂容纷然？虽有智者，事业弗成，亦当革心畏天顺人，以全身保族，若汉之窦融、宋之钱俶是也。自古皆然，非今独异。尔能顺附，其福有余，毋为困守孤城，危其兵民，自取灭亡，为天下笑。

书至，士诚不降。

六月，士诚欲突围决战，觇城左方，见军阵严整，不敢犯。乃遣徐义、潘元绍潜出西门掩袭，转至阊门，将奔常遇春营。遇春觉其至，分兵北濠，截其归路，遣兵与战，良久未决。士诚复遣参政黄哈剌把都，率兵千余人助之。又自出兵山塘为援。塘路狭塞，不可进，麾令稍却。遇春抚王弼背曰："军中皆称尔为猛将，能为我取乎？"弼应曰："诺。"即驰铁骑挥双刀往击之，敌众少却。遇春因率众乘之，士诚兵大败，人马溺死沙盆潭甚众。其有勇胜军，号"十条龙"，皆仓夫善战者，士诚每厚赐之，令被银铠锦衣，将其众出入阵中，人不能测，一时俱溺死万里桥下。已而仓夫复有应募者，亦战死。其妻某氏，得其尸，以绵裹骨，抱而投水以死。

是日，士诚马惊堕水，几不救，肩舆入城，计匆匆无所出。降将李伯昇知其势迫，欲说令归命，乃遣客诣士诚门告急。士诚召之入，曰："尔欲何言？"客曰："吾乃为公兴亡祸福之计，愿公安意听之。"士诚曰："何如？"客曰："公知天数乎？昔项羽暗呜叱咤，百战百胜，卒败北垓下，天下归于汉祖。何则？此天数也。公初以十八人入高邮，元兵百万围之，此时如虎落阱中，死在旦夕。一旦元兵溃乱，公遂提孤军乘势攻击，东据三吴，有地千里，甲士数十万，南面称孤，此项羽之势也。诚能于此时不忘高邮之危，苦心劳志，收召豪杰，度其才能，任以职事，抚人民，练师旅，御将帅，有功者赏，败军者戮，使号令严明，百姓乐附，何特可保三吴，天下可取也。"士诚曰："足下此时不言，今复何及。"客曰："吾此时虽有言，亦不得闻也。何则？公之子弟亲戚将帅，罗列中外，美衣玉食，歌妓舞女，旦夕酣宴，身被天下至美，口甘天下至味，犹未餍足。提兵者自以为韩、白，谋画者自以为萧、曹，傲然视天下，不复有人，当此之时，公深居于内，败一阵不知，失一地不闻，纵之亦不问，故沦至今日。"士诚曰："吾亦甚恨无及。然则今当何如？"客曰："吾有一策，恐公不能从也。"士诚曰："不过死尔。"客曰："使死有益于国家，有利于子孙，死固当然，徒自苦尔。且公不闻陈友谅乎？跨有荆、楚，兵甲百万，与江左之兵，战于姑孰，鏖于鄱阳湖。友谅举火欲烧江左之船，天乃反风而焚之，友谅兵败身丧，何则？天命所在，人力无如之何。且今攻我益急，公恃湖州援，湖州失；嘉兴援，嘉兴失；杭州援，杭州又失。今独守此尺寸之城，誓以死拒，然窃虑势极患生，猝有变从中起者。公此时欲死不得，生无所归，故吾窃以为莫如顺天之命，自求多福，令一介之使，疾驰金陵，称公所以归义救民之意。公开城门，幅巾待命，亦不失为万户侯，况尝许以窦融、钱俶之故事耶！且公之地，譬如博者，得人之物而复失之，何损！"士诚俯首沉虑，良久曰："足下且休，待吾熟思之。"然卒狐疑，莫能决也。

他日，士诚复率兵突出胥门，战锋甚锐，遇春御之，兵少却。士信方在城楼上督战，忽大呼曰："军士疲矣，且止且止！"遂鸣金收兵。遇春因乘胜奋击，大破之，进至城下，攻之益急，复筑垒逼其城，自是，士诚不复得出矣。

士信张幕城上，踞银椅，与参政谢节等会食，左右方进桃，未及尝，忽战炮碎其首而死。潘元绍出战归，见事急，召其妾七人谓曰："我受国重寄，脱有不测，宿诚若等宜自引决，毋为人耻。"最少一妾段氏跪请即死，遂入室自缢，六人者亦皆相继缢死。元绍敛其尸焚之，以骸骨瘗后园。浔阳张羽为七姬权厝志，以表其烈云。

九月，姑苏城围既久，熊天瑞教城中作飞炮以击，多所中伤。城中木石俱尽，至拆祠庙民居为炮具。达令军中架木若屋状，承以竹笆，军伏其下，载以攻城，矢石不得伤。至是，达督将士破葑门。遇春亦破阊门新寨，遂率众度桥，进薄城下。其枢密唐杰登城拒战。士诚驻军中，内令参政谢节、周仁，立栅以补外城。杰知不敌，投兵降。周仁、徐义、潘元绍及钱参政皆降。晡时，士诚军大溃，诸将遂蚁附登城，城遂破，时八月辛巳也。

是日，士诚犹使副枢刘毅收余兵，尚二三万，亲率之战于万寿寺东街，复败，毅降。士诚仓惶归，从者仅数骑。初，士诚见兵败，谓其妻刘氏曰："我败，且死矣，若曹何为？"刘氏曰："君勿忧，妾必不负君。"乃积薪齐云楼下，及城破，驱其群妾、侍女登楼，促其自尽，令养子成保纵火焚之，遂缢死。士诚独坐室中，左右皆散。达遣李伯昇至士诚所谕意。时日已暮，士诚拒户自经，伯昇决户，令降将赵世雄抱解之，气绝复苏。达又令潘元绍以理晓之，反复数四，士诚瞑目不言。昇出葑门，至舟中，不食。及至龙江，坚卧不肯起。及昇至中书省，相国李善长问之，不语。已而士诚言不逊，善长怒骂之。太祖欲全其生，竟自经死，赐棺以葬之，年四十七。有二子，皆幼，城将破，其妻刘氏以白金遗乳媪，令负之而逃，不知所终。

凡获其官属李行素、徐义，左丞饶介，右丞潘元绍，参政马玉麟、谢节、王原恭、董绥、陈恭，同金高礼，内使陈基，及诸将校，杭、湖、嘉兴、松江等府官吏家属，及外郡流寓之人，凡二十余万，并元宗室神保大王、黑汉等，皆来建康。熊天瑞伏诛。先时，有单大舍者，为扬州青军单居仁之子，领兵守宜兴，亦叛投士诚，太祖令居仁招之，不来，及是，生擒至，太祖命居仁自处，居仁曰："此不忠不孝之人，当碎其肉。"亦诛之。

始改平江路为苏州府，以何质知府事。

太祖以城始克，虑通州惊溃，命泰州指挥孙兴往取之。比至，而达兵已至，其守将张右丞，即士诚从子，所谓火眼张者，先以城降。已而无锡莫天祐亦以城降。初，天祐附士诚，达屡遣使谕降，俱被杀，至是，胡廷瑞等攻其城，州人张翼知事急，说使降之，于是，吴地悉平。

师还，论功行赏，封李善长为宣国公，徐达信国公，遇春鄂国公。达彩缎表里十一匹，遇春十匹，胡廷瑞、冯国胜各九匹，汤和、曹良臣各八匹，廖永忠、华高、康茂才七匹，薛显、赵庸、张兴祖、梅思祖各六匹，指挥人五匹，千户人四匹，百户人三匹，军人米一石、盐十斤。

史官曰：张氏据吴建国，偃然自王，其事势若甚易者，何哉？盖当四方扰攘，民心之皇皇，无所依归，能保障之者，亦可得以苟安也。惟当时以游谈之人，济之以脆软之卒，上下逸豫，遂忘远图，终然以天兵一临，兽伏鸟散，三吴故疆，竟归真主。使张氏如钱俶之见机待命，不劳血战，亦足以庇其子孙，何至国蹙城破，身为俘囚，如刘铱耶？虽然，倔强激烈，负气而死，其兄弟妻孥，亦不受辱，较之李重光之柔懦，则过之矣。故尝以所闻故老之语，及士大夫所记，参以史书所载，为《录》以藏之，后世必有考焉。

平夏录

元政不纲，群雄鼎沸，盖天命圣人，必先以驱除云尔。

蜀有明氏（一曰旻氏），讳玉珍（一曰字玉珍），随州玉沙村人也。家世务农。玉珍身长八尺，目重瞳子。乡间有讼，皆往质焉。至正辛卯岁，汝、颍兵起，玉珍乃团结里中人屯于青山，众推为屯长。（一曰为巡司弓兵牌子头，随倪蛮子为盗。蛮子即文俊也。）

明年壬辰，徐寿辉亦起于蕲、黄。癸巳冬十一月，寿辉僭大号，都汉阳，遣使招玉珍。玉珍归汉阳，授元帅，益兵俾镇沔阳，与元将哈林秃连战湖中，飞矢中其右目，人呼为旻眼子。沔阳连岁饥。乙未春（一曰夏），玉珍将斗船五十艘上夔府哨粮。时夷陵皆属汉，参政姜珏守之。玉珍至巫峡，贸粮皆满。

丙申冬，辰州人杨汉者，元义兵元帅也，以精兵五千屯平西寨。时行省右丞相完者都镇重庆，招兵。丁酉春三月，汉以兵屯江北，完者都诱汉来谒，席间杀之。欲并其军，麾下惧且怒，乃虏船下流，适遇玉珍于巫峡，诉其事，且言："重庆一城，并有左丞相哈林秃、右丞相完者都，两不相下，郡无厚兵，可攻也。"
玉珍犹豫未决，万户戴寿等曰："鸟困投林，人困投
人。且公在沔阳，为民也，远来觅粮，亦为民也。若分
船为二，以其半载粮还沔阳，以其半因汉兵攻重庆，事
济则为之，不济则归无损也。"玉珍从之。道路俄见斗
船，远迩骚然，完者都夜遁果州，生获哈林秃。父老迎玉
珍入城，玉珍禁侵掠，城中按堵如故，四外降者络绎不
绝，乃献哈林秃于汉阳。是岁秋，寿辉以玉珍为陇蜀省
右丞。

戊戌春二月，完者都来自果州，屯嘉定之大佛寺
（一名凌云），规复重庆。玉珍使义弟明二御之。明二
者，黄陂人也，智勇过人，玉珍宠爱之，妻以弟妇，称
为明二（一曰三奴），后复姓名曰万胜。明二攻嘉定，夜
遣军人陈夜眼，缘城劫乌牛山，城破，惟大佛未下，相
持越半载。玉珍亲率兵继之，旬日内溃，入之。

赵资者，行省参政也，与完者都、平章朗革歹同守
嘉定。明二陷嘉定时，完者都、朗革歹先遁，惟资守大
佛。明二执资妻于江岸以招资，资嘻曰："痴妇！不死
何为？汝不见平章妇乎？"平章妇者，朗革歹妻也，城
陷时，赴水死。语毕，以绝弩射杀妻，复欲射其子，为
众所拥，不得射。已而大佛陷，资亦遁。三人者会于龙
州，谋兴复，为游兵执至重庆。玉珍欲用之，馆之治平
寺，使人谕意。三人曰："国破家亡，祈一速死尔。"

玉珍犹欲生之，时传赵参政兵将至，三人者同斩于市（即大十字街）。蜀人亦谓之三忠。玉珍乃以礼葬之。

初，玉珍攻完者都时，道出泸州，暮宿于河下。宣使刘泽民曰："此间有刘祯者，字维周，官为大名路经历，前元进士也。能文章政事，避青巾李喜乱，入居深山，盍往见焉？"玉珍曰："可与俱来。"泽民曰："此可就见，不可屈致也。"明日，遂往见之，相与讲论，玉珍喜曰："吾得一孔明也。"邀至舟，与议国事，即舟中拜为理问官。

己亥，遣使贡于汉阳。时友谅矫命，使会兵建康。明年庚子春，友谅弑寿辉自立，玉珍曰："陈友谅、倪文俊同在徐朝为臣子，今弑逆，予当讨之。"遂令莫仁寿领兵守夔关，绝不与通，为寿辉立庙城南。众推玉珍为陇蜀王。

辛丑夏四月，以刘祯为参谋，朝夕侍讲，祯屏人从容曰："西蜀形胜之地，东有瞿塘，北有剑门，沃野千里，自遭青巾之虐，民物凋耗。明公抚养，民幸苏息，人心之归，则天命可知。且陈友谅弑主自立，明公必不肯听命也，若不称大号以系人心，恐军士俱四方之人，或思其乡土而去，明公孰与守取乎？"弗听。明日，祯又言，玉珍乃咨谋于众，以壬寅年春三月戊辰，即位于重庆（《纲目》书"三月，明玉珍破云南，夏五月，自称陇蜀王"），国号大夏，改元天统。仿周制设六卿，即日以戴寿为冢宰，万胜为司马，张文炳为司空，向大亨、莫仁寿为司寇，吴友仁、邹兴为司徒，刘祯为宗伯。置翰林院，以牟图南为承旨，史天章为学士。立妻彭氏为皇后，子昇为皇太子，朝夕受学。内设国子监，教公卿子弟；外设提举司，教授生徒。府置刺史，州曰太守，县曰县令。去释、老二教，止奉弥勒。夏，定赋税，十取其一，农家无力役之征。秋，廷试进士，赐董重璧等八人及第，余出身有差。置雅乐，立郊社之祭。冬，命司马万胜领兵攻刺踏坎，普颜达史平章走之。

天统二年癸卯春，命司马万胜攻云南，由界首入，司寇邹兴由建昌入，指挥芝麻李由八番入。胜兵不满万，皆以一当十。二月八日抵云南，梁王孛罗（一名把都）及云南行省廉访司官先二日走，屯兵金马山（一曰皆走楚威）。邹、李不至，遣使四出告谕招安，降者日至。即遣侍中杨源表闻，获其象以献。表曰：

> 圣德孔昭，诞受维新之命；王师所至，宜无不服之邦。大军既发于三巴，逾月遂平乎六诏。穷祇交贺，远迩同欢。恭惟皇帝陛下，勇智如汤，文明协舜。慨念中华之贵，反为左衽之流；矧在位之贪残，致生民之困悴。恭行天罚，遂平定乎多方；礼顺人情，即进登于五位。忝兹南诏，邻比西戎，藩公挟便宜行事之文，专任憸人，恣其饕餮；守宰

无恒心爱民之意，肆为虐政，害彼黔黎。下诏扬庭，出师讨罪，初临乌撒，蛮酋纳款以供输，继次马隆，敌众望风而奔溃。遂由驿路，踏入滇池，士民冒雨以争降，官吏叩头而请罪，一毫不染，万室皆安。胜愧以庸才，钦承威命，凡此大勋之集，断非小器之能，皆圣人大庇之洪休，抑诸将效劳于忠力。深入不毛，臣愧偶同于诸葛；诞敷文命，帝德齐美于有虞。

此邹兴所撰也。

夏四月，梁王下王傅官大都领兵回哨援之，胜败于关滩。时招安元帅姬安礼被执至行邸，问兵多寡，曰："八千。"于是，大都命集于大理。是役也，胜以孤军不可深入，士多战伤，乃留建水元帅府聂千户守之，遂引还重庆。

天统三年甲辰，司马万胜兵攻兴元，围城三日，不克而还。命司寇邹兴攻巴州，克之，留兵镇守。是年，更立中书省枢密院，戴寿为左丞相，万胜为右丞相，向大亨、张文炳为都察院，邹兴为平章，俾镇成都，吴友仁镇保宁，莫仁寿镇夔门，俱为平章。窦英、姜珏为参政，镇播州夷陵。荆玉、商希孟俱为宣慰，镇永宁黔南。

天统四年乙巳，万胜取兴元。时有刘谌者，江西人，为仁寿教官，文章清古，能作成后进。玉珍入蜀，弃官隐居泸州，子弟多从之游。玉珍屡征不就。卒，弟子葬之小市厢。是年冬，我太祖高皇帝遣使通聘曰："胡人本处沙塞，今反居中原，是冠履颠倒。足下应时而起，居地上流。区区有长江之险，相为唇齿，协心同力，并复中原，惟足下图之！"玉珍遣参政江俨答聘。

天统五年丙午春，玉珍卒，年三十六。昇袭位，才十岁，改元开熙，尊母彭氏为皇太后。万胜与张文炳有隙，文炳使玉珍义子明昭矫彭氏旨召胜杀之，使刘祯代为丞相。胜有开国功，死非其罪，人多不服。吴友仁移檄兴兵，昇命戴寿讨之，友仁遗书曰："不诛昭，国必不安。昭若朝诛，吾当夕至。"寿乃奏诛昭，友仁入朝谢罪。是年，昇遣使来贡，太祖命侍御史蔡哲报聘，因挟一史同往，潜图其山川险易。

己酉，大明洪武二年也。朝廷遣使入蜀，求大木，昇亦遣使来贡。使还，上赐玺书答之曰：

朕历观古之有蜀者，如公孙述、刘备、李特、王建、孟知祥辈，皆能乘机进取，而善守之道未闻。今足下据此，必图所以善守可也。朕连年出师，所向皆捷，诸将用命，故能成功。远劳致礼，益见厚意。因使者还，姑以此复。

是年冬十月，太祖遣湖广行省平章杨璟诏谕昇。璟至蜀，谕昇祸福，使同入觐。昇牵于群议，不能决。璟还，复以书晓，其略曰：

> 足下以幼冲之资，袭先人之业，不咨至计，而听群下之议，以为瞿塘、剑阁之险，一夫负戈，万人无如之何，此皆不达时变，以误足下。何则？昔之据蜀，最盛莫如刘备，诸葛孔明佐之，训练士卒，财用不足，取之南蛮，然犹朝不谋夕，仅能自保。今足下疆埸，南不过播州，北不越汉中，以此准彼，相去万万，而欲以陲绝一隅之地，延顷刻之命，可谓智乎？我圣上以足下先人通好之故，不忍加师，数遣使谕意。又以足下年幼，未历事变，恐惑于狂瞽之说，失远大之利，故复遣璟面谕祸福。深仁厚德，所以待明氏者至矣，足下可不深念之乎？且向者乱雄如陈友谅、张士诚，窃据吴楚，造舟塞江河，积粮过山岳，强将劲兵，自谓莫敌；然鄱阳一战，友谅授首，旋师东讨，张氏面缚。此非人力，实天命也。足下视此，以为何如？祸福利害，了然可观；逆顺之图，在足下审之而已。

昇不能从。

洪武三年庚戌夏四月，大将军徐达遣裨将金兴旺、张龙，由凤翔入连云栈，合兵攻兴元。兴元守将刘思忠、知院金庆祥迎降。达留兴旺、龙镇守。七月，吴友仁寇兴元，兴旺击却之。明日，友仁复来攻，兴旺与战，面中流矢，拔矢复战，斩首数百。时城中守兵才三千，友仁兵三万。兴旺遣使间道走宝鸡取援兵，友仁乃围城，决壕填堑急攻。兴旺婴城拒守，发炮擂石，敌兵多死。时徐达在西安得报，即率师还屯益门镇，先令傅友德率兵三千，径趋黑龙江，夜袭木槽关，攻斗山皆下。遂令军中人持一炬，然于山上。友仁见列炬起，大惊，乘夜遁去。是年，又遣使假道攻云南，戴寿不奉命。又遣蔡参政诏谕，昇不从。

四年辛亥春正月丁亥，上亲祀上下神祇，告伐明昇。命中山侯汤和为征西将军，江夏侯周德兴为左副将军，德庆侯廖永忠为右副将军，暨营阳侯杨璟、都督佥事叶昇，率京卫荆湘舟师，由瞿塘趋重庆。颍川侯傅友德为征虏前将军，济宁侯顾时为左副将军，暨都督佥事何文辉等，率河南、陕西步骑，由秦陇趋成都。谕和等肃部伍，严纪律，怀降附，禁杀掠，以王全斌事为戒。戊子，命宋国公冯胜往陕西修城池，卫国公邓愈往襄阳练军马、运粮饷，以给征蜀将士。

闰三月，杨璟兵次夔州大溪口。先是，蜀人自谓瞿塘天险，遣莫仁寿守之，以铁索横断关口；闻王师临境，又遣戴寿、邹兴、飞天张益兵。为固守计，于铁索外北倚羊角山，南倚南城寨，凿两崖壁，引缆为飞桥三，平以木板，置炮以拒我师。璟等攻之弗克。

是月，傅友德攻蜀阶州，克之。先是，友德陛辞，上密语之曰："蜀闻吾兵至，必悉其精锐，东守瞿塘，北阻金牛以拒我。若出其不意，直捣阶、文，门户既隳，腹心自溃。兵贵神速，但患尔等不勇耳。"友德受命，驰至陕，集诸道兵，扬言出金牛，潜使人觇，知青川杲阳空虚；阶、文虽有兵垒，而守备单弱。遂引兵趋陈仓，选精兵五千为前锋，攀缘山谷，昼夜兼行，大军继之，直抵阶州。蜀守将平章丁世真率众来拒，友德击败之，生擒其将双刀王等十八人，真遁去，遂克阶州。

进至文州，距城三十里，蜀人断白龙江桥，以阻我师。友德督兵修桥以渡江，至五里关，丁世真等复集众拒险。都督同知汪兴祖跃马直前，中飞石死。友德怒，奋兵急攻破之，世真仅以数骑遁去，遂拔文州。

五月己未，友德兵至汉江，不得渡，乃令军中造船百余艘。己卯，船成，将进兵，欲以军事达汤和，而山川悬隔；适江水涨，乃以木牌数千，书克阶、文、绵州月日，投汉江顺流下。六月壬午，友德拔汉州。

初，夏人闻王师至，命戴寿、吴友仁等悉众守瞿塘，以扼三峡之险。及闻阶、文破，寿乃留邹兴、飞天张守瞿塘，而自与友仁还援汉州，以保成都，未至，而友德舟师已逼汉州，向大亨悉兵战于成都，友德选骁骑击败之。既而，寿等兵至，友德令诸将曰："彼远来，闻向大亨败，众已汹汹，可一战克也。"乃迎击寿兵，大败之，遂拔汉州。寿与大亨走成都，临江侯陈德追击，又败之，获其卒三千、马三百。友仁走古城，友德乃以顾时守汉州，自将击古城，又大败其众，擒杀二千余人。友仁遁还保宁。

丙戌，上闻汤和等驻兵大溪口，欲候水平进师，恐其逗遛失事，赐玺书促之。廖永忠闻命，率所部先进。和犹迟疑未决，及得木牌于江，乃自盐山伐木开道，由纸坊溪以趋夔州。永忠兵至旧夔州，邹兴等出兵拒战，永忠分军为前后阵，前军既接，后军为两翼旁击之，兴等大败。明日，复并兵攻之，杀溺死者甚众。

辛卯，永忠进兵瞿塘关，山峻水急，而蜀人铁索飞桥，横据关口，舟不得进，遂遣壮士数百，舁小舟逾山度关，出其上流。人持糗粮，带水筒，以济饥渴；衣青莎衣，以像草木色，鱼贯出崖石间，蜀人不之觉也。度其已至，乃率精锐出墨叶渡，夜分两道，一攻陆寨，一攻水寨。船头皆铁裹，置火器而前。黎明，蜀人尽锐来拒，永忠已破其陆寨矣。俄而将士舁舟出上流者，扬旗鼓噪齐下，蜀人方大骇，下流舟师亦进，发火炮、火筒夹击，大破之。邹兴中火箭死，飞桥铁索皆断，擒其将蒋达等八十余人，斩首千余，溺死无算，飞天张、铁头张等皆遁去。永忠入夔州。

明日，汤和兵至。永忠乃与和分道并进，和率步骑，永忠率舟师，约会于重庆。丙申，傅友德进兵成都，夏守金州九龙山寨平章俞思中率官属军民二千三百余人诣友德降。是日，永忠舟师抵重庆，次铜锣峡，昇等大惧。或劝昇奔成都，昇母彭氏泣曰："今势成破竹，兵民皆已胆落，岂能效力？驱之拒守，死伤徒多，终亦不免，不如早降。"昇遂遣使诣永忠军纳款，永忠以汤和未至，辞不受。癸卯，汤和至，会永忠兵驻朝天门外。是日，昇面缚衔璧，与母彭氏及右丞刘仁等诣军门降。和受璧，永忠解缚，抚慰之，下令将士不得侵掠。抚谕戴寿、向大亨等家，令其子弟持书往成都招谕。遣指挥万德送昇等并降表于京师。

七月庚申，友德兵围成都，戴寿、向大亨等出城拒战，以象载甲士列于阵前。友德命前锋以弩矢火器冲之，象中矢还走，反躁寿兵，死者甚众。友德亦中流矢。会寿等得家书，闻昇已降，而室家并完，皆无斗志，乃籍仓库，遣子纳款，友德许之。翌日，寿等率其属诣军门降，友德按兵自东门入，得士马三万。壬戌，友德分兵徇州县之未附者。崇庆知州尹善清拒战，友德击斩之，判官王柱华率军民降，夏亡。

初，保宁城中有韩氏女，年十七，遭明氏兵乱，虑为所掠，乃伪为男服，混处民间。既而，果被虏，居兵伍中七年，人莫知其为女子也。后从玉珍兵掠云南，还遇其叔父，赎归成都，以适尹氏。人皆异之，称为韩贞女。

　　乙丑，明昇等至京师，上命礼官定受降礼。礼部按孟昶入宋故事，拟令昇等于午门外进表，待罪听宣制。释罪赐冠服，引入丹墀，听宣谕。上曰："明昇与孟昶不同，昶专制国政，所为奢纵。昇年幼，事由臣下，宜免其叩头伏地、上表请罪之礼。"是日，昇及其官属相见，百官称贺，制授昇为归义侯，赐冠带衣服及居第于京师。八月庚子，汤和遣周德兴会傅友德攻克保宁，执吴友仁，械送京师，蜀地悉平。

北平录

洪武元年秋七月，征虏大将军徐达、副将军常遇春会诸将于临清，率马步舟师进至通州。元主闻报大惧，集三宫后妃、太子，同议避兵北行，诏淮王帖木儿不花监国，庆童为左丞相，同守京城。夜半，开建德门出奔上都。达等至齐化门外，一鼓而克全城。

时上都恃红萝山为藩，红萝山恃上都为援，皆不设备。常遇春使人觇知之，即以锐骑衔枚，具刍粮，昼夜兼行。八月，破红萝山及上都，元主遂遁去沙漠，驻应昌府。冬十月，捷至，诏改上都为北平府。

二年，故元将扩廓帖木儿以兵犯兰州。时元臣拥兵者，皆次第降附，惟扩廓帖木儿乘大军之还，复乌合其众，时为西北边患。自以家世封王，故又名王保保。

三年春正月，复命徐达为征虏大将军，李文忠为左副将军，冯国胜为右副将军，及邓愈、汤和等征沙漠。上问诸将曰："元主迟留塞外，王保保近以孤军犯我兰州，其志欲侥幸尺寸之利，不灭不已。今命卿等出师，则当何先？"诸将皆曰："王保保之寇边者，以元主犹在也。若以师直取元主，则保保之势，可不战而降也。"上曰："王保保方以兵临边，今舍彼而取元主，是忘近而趋远，失缓急之宜，非计之善者。吾意欲分兵为二道：一令大将军自潼关出兰州，捣定西以取王保保；一令左副将军出居庸，入沙漠，以追元主。使其彼此自救，不暇应援。况元主远居沙漠，不意吾师之至，取之必矣。事有一举两得者，此是也。"诸将皆悦服受命。

夏四月，徐达等兵至兰州，王保保时已引去。达等乃追至定西，大败其众，斩首无算，王保保遂弃城走漠北。

五月，李文忠等兵至应昌，元主前一月已殂，其太子爱猷识理达腊仅以数骑北奔，去乃获其皇孙买的里八剌及其后妃、宝册等物，悉送京师。六月捷至，中书省上言，宜献俘太庙。上以帝王之后，有所不忍，止令其具本俗服见。

至日，上服皮弁，御奉天殿，百官具朝服侍班，侍仪使引见，行五拜礼，见皇太子行四拜礼。后妃朝坤宁宫，命妇具冠服侍班。礼毕，俱赐以中国冠服，并给第宅廪饩，封买的里八剌为崇礼侯，诰曰：

> 昔帝王之有天下，必封前代之子孙，使作宾王家，其来尚矣。元失其政，四海纷争。朕以武功，削平群雄，混一区宇，为天下主。而买的里八

剌实为元之宗孙。比者遣将北征，尔祖已殂，既克应昌，尔乃来归。朕念帝王之后，爰稽古制锡以侯封，尔其夙夜恭慎，称朕优礼之意。

以元主不战而奔，克顺天命，今殂，特谥曰顺帝。且以其后妃不能耐暑，况北狄但知食肉饮酪，敕中书省臣，务使其饮食居第适宜。若其欲归，当遣还沙漠。

冬十一月，徐达、李文忠师还至龙江，上亲出，劳于江上。达等奉车驾还宫。越明日，乃率诸将各上平沙漠表。达表曰：

乾坤宣五德之运，历数在于一人；帝王开万世之基，功业超于百代。干戈载戢，文轨既同。钦惟皇帝陛下，圣神合德，文武成能，天命所归，人心攸戴。拯黎民于涂炭，沛霖雨于焦枯。奋六师而江汉奠安，扬九伐而荆吴底定。旋收淮甸，遂略中原。齐鲁十二之山河，兼旬俱下；幽蓟百年之腥秽，一旦廓清。既驱毡裘之群，遂复衣冠之治。何我师之奏凯，而彼孽之再萌。撫凶鞠顽，敢寇攘于边鄙；乘间抵隙，乃贼害于忠良。蜂虿之毒，岂可复遗？熊罴之师，恶容不举？臣等是用祇承明诏，恭行天诛，爰以今年四月之中，师至定西之北。逼虏营而筑垒，出峪口以陈兵。将校怀敌忾之心，士

卒愤超乘之勇。霆驱电掣，渠魁弃甲而遁逃；兽骇
禽惊，房众望风而降附。吐蕃、枹罕之列障，无不
土崩；忙忽、高昌之群酋，悉皆面缚。山川为之辉
震，草木为之昭苏。壶浆之迎，无思不服；幅员之
广，有德必归。臣等仰遵庙算之成，聿获大勋之
集。治平有象，适遭千载之期；功德难名，愿祝万
年之寿。

文忠表曰：

乾坤大一统，群生荷覆载之恩；日月丽中天，
万国仰照临之德。诞敷文教，而治具毕张；维扬武
威，而妖氛顿息。臣民忻戴，海宇腾欢。钦惟皇帝
陛下，卓冠群伦，茂膺景运。皇图启祚，粤申命之
自天；历数在躬，遂化家而为国。拯生民之垫溺，
救乱世之劻勷。大钧播而品物亨，皇极建而彝伦
叙。凡有血气，莫不尊亲；惟彼残胡，敢行肆毒。
窃乘间隙，侵犯边陲，赫怒皇心，用加天讨，爰声
罪而致伐，乃鞠旅以陈师。臣文忠赋质庸愚，托属
外戚，忝受副将之寄，惭无赞画之能。拜命阙庭，
俾率熊罴之众；总戎行阵，誓空胡马之群。前度关
而兴和之将即降，后出塞而驼山之兵旋衄。进开平
乘破竹之势，克应昌奋覆巢之威。皇孙后妃，两宫

之贵人俱获，玉玺金册，历代之重器全收。皇风远
被于遐荒，胡运竟终于此日。凡兹勋庸之建，岂因
臣下之能！兹盖伏遇皇帝陛下，广运如天，宏谟盖
世，明见万里之外，遂成千载之功。东日窟而西月
氏，莫非王土；南炎荒而北瀚海，共惟帝臣。一统
天下，万年悠久。

是日，礼成，达等退自西阶，皇太子、亲王及文武百官
各上表贺。

次日，上躬诣郊庙，大告武成，命大都督府兵部录
上诸将功绩，吏部定勋爵，户部备赏物，礼部定礼仪，
翰林院撰制诰，以封功臣。

又次日，上御奉天殿，皇太子、亲王侍，丞相率文
武百官列于丹陛左右。上召诸将谕之，略曰：

汝等其听！朕今日定封行赏，非出己私，皆
仿古先帝王之典。筹之二年，以征讨未暇，故至今
日。思昔创业之初，天下扰乱，群雄并起。当时有
心于建功立业者，往往无法以驭下，故皆无成。朕
本无意天下，今日成此大业，有非人力之所致，是
皆天地神明之眷祐。然自起兵以来，诸将从朕被坚
执锐，以征讨四方，战胜攻取，其功何可忘哉？是
用报以爵赏。其新附将帅之有功者亦如之。其次第

皆朕所自定，至公而无私。如左丞相李善长，虽无汗马之劳，然事朕最久，供给军食，未尝乏阙。右丞相徐达，朕起兵时即从，征讨四方，摧强抚顺，劳绩居多。此二人者，已列公爵，宜进封大国，以示褒嘉。余悉据功定封。《书》云："德懋懋官，功懋懋赏。"今日所定，如爵不称德，赏不酬劳，卿等宜廷论之，无有后言。

诸将皆顿首悦服，遂颁行爵赏。封公者六人：宣国公李善长，授开国辅运推诚守正文臣，特进光禄大夫、左柱国、太师、中书左丞相，进封韩国公，食禄四千石；信国公徐达，授开国辅运推诚宣力武臣，特进光禄大夫、左柱国、太傅、中书右丞相，进封魏国公，食禄五千石，绮帛各百匹；开平王常遇春子常茂封郑国公，冯国胜封宋国公，李文忠封曹国公，邓愈封卫国公，俱授开国辅运推诚宣力武臣，特进荣禄大夫、右柱国，并食禄三千石，绮帛八十匹。

封侯者二十八人：汤和封中山侯，唐胜宗封延安侯，陆仲亨封吉安侯，周德兴封江夏侯，华云龙封淮安侯，顾时封济宁侯，耿炳文封长兴侯，陈德封临江侯，郭子兴封巩昌侯，王志原封六安侯，郑遇春封荥阳侯，费聚封平凉侯，吴良封江阴侯，吴祯封靖海侯，赵庸封南雄侯，廖永忠封德庆侯，俞通源封南安侯，华高封广德侯，杨璟封营阳侯，康铎封蕲春侯，朱亮祖封永嘉侯，傅友德封颍川侯，胡均美封豫章侯，韩政封东平侯，黄彬封宜春侯，曹良臣封宣宁侯，梅思祖封汝南侯，陆聚封河南侯，俱授开国辅运推诚宣力武臣，荣禄大夫、柱国，其食禄及绮帛各有差，并赐诰命铁券。乃诏天下曰：

> 曩者有元失驭，海宇纷争。朕自布衣，奋身行伍，睹群雄之无力，遂率众渡江，抚太平，定建业，选将练兵，征讨四方者几二十年。荷皇天宗社之眷，山川百神之助，诸将效谋，六军用命，遂致华夏清宁，蕃夷臣服，一统之业，属予一人。今者班师振旅，定功封爵，朕重念诸将士委身暴露艰苦之状，欲加重赏，则天下守镇之兵，及京师护卫之士，不下百万，而民之资力有限，是用计仓库之所储，度民力之所具，均其等第，崇爵禄，颁金帛，以劳将臣。仍稽古制定勋爵，俾其子孙世袭。军士则各赏银十两，钱六千文。朕之此言，通于天地。昭布中外，咸使闻知。

乃大宴诸功臣。宴罢，因曰："创业之际，朕与卿等劳心苦力，艰难多矣。今天下已定，朕日理万机，不敢斯须自逸。诚思天下大业，以艰难得之，必当以艰难守之。卿等今皆安享爵位，优游富贵，不可忘艰难之时。人之常情，每谨于忧患，而忽于宴安。然不知忧患之来，常始于宴安也。明者能烛于未形，昧者犹蔽于已著。事未形，犹可图之；患已著，则无及矣。大抵人处富贵，欲不可纵，欲纵则奢；情不可佚，情佚则淫。奢淫之至，忧危乘之。今日与卿等宴饮极欢，恐天下定而忘其艰难，故相戒勉也。"

明日，魏国公徐达率诸将诣阙谢。上退御华盖殿，赐达等侍坐，从容燕语曰："今成一统之业，皆汝诸将功劳。"达等稽首曰："臣等起自畎亩，际风云之会，每奉成算，出师致讨，其次第如指诸掌，及其成功，不差毫厘。此天赐陛下圣智，非臣等能与也。"上曰："曩者四方纷乱，群雄竞起。朕与卿等，初起乡土，本图自全，非有意于天下。及渡江以来，观群雄所为，强者不能自责，剽者喜于战斗，而皆无救人之心，徒为生民之患。其张士诚、陈友谅尤为巨蠹。士诚恃其财富，则侈而无节；友谅恃其兵强，则暴而无恩。朕独无所恃，惟不嗜杀，布信义，守勤俭，所恃者卿等一心，共济艰危，故来者如归。尝与二寇相持，人有劝朕先击士诚，以为士诚切近，友谅稍远，若先击友谅，则士诚必乘我后，此亦一计。然不知友谅剽而轻，士诚狡而懦；友谅之志骄，士诚之器小。志骄则好生事，器小则无远图，故友谅有鄱阳之侵，与战宜速，吾知士诚必不能逾姑苏一步以为之援也。向若先攻士诚，则姑苏之城，并力坚守，友谅必空国而来，我将撤姑苏之师以御之，是我疲于应敌，事有难易，此朕之所以取二寇，固自有先后也。二寇既除，兵力有余，鼓行中原，宜无不如志。或劝朕荡平群寇，始取元都，若等又欲直捣元都，兼举陇蜀，皆未合朕意。朕所以命卿等先取山东，次及河洛者，先声既震，幽蓟自倾。且朕亲驻大梁，潼关之兵者，知张思道、李思齐、王保保皆百战之余，未肯遽降，急之非北走元都，则西走陇蜀，并力一隅，未易定也。故出其不意，反旆而北，元众胆落，不战而奔。然后西征张、李二人，望绝势穷，故不劳而克，惟王保保犹力战以拒朕师。向使若等未下元都，而先与之角力，彼人望未绝，困兽犹斗，声势相闻，胜负未可知也，事势与友谅、士诚又正相反。至于闽广，传檄而定。区区巴蜀，恃其险远，此特余事耳。若等可以少解甲胄之劳矣。"于是达等皆顿首谢。

上又尝命廷臣试言"元之所以亡，与朕之所以兴"。诚意伯刘基进曰："自古夷狄未有能制中国者。而元以胡人入主华夏几百年，腥膻之俗，天实厌之；况末主荒淫，法度隳坏，民困于贪残，恶得而不亡？陛下应天顺人，神武不杀，救民于水火，所向无敌，恶得而不兴？"上曰："当元之季，君宴安于上，臣跋扈于下，国用不经，征敛日促；水旱灾荒，频年不绝。天怒人怨，盗贼蜂起，群雄角逐，窃据州郡。朕初起兵，欲图自全，及兵力日盛，乃东征西讨，削除渠魁，开拓疆宇，当时天下已非元氏矣。向使元君克畏天命，不自逸豫，其臣各尽乃职，孰敢骄横天下。豪杰焉能乘隙而起？朕取天下于群雄，不在元氏之手。今获其遗胤，朔漠清宁，自非天之降福，何以致此？《诗》云：'商之孙子，其丽不亿。上帝既命，侯于周服。'天命如此，其可畏哉！"

武宗外纪

［清］毛奇龄

武宗外纪

《武宗外纪》者，仿《汉武外传》而为之也。夫《汉武外传》与"本纪"不同，是故外之。今所纪皆《实录》中事，而亦以为外？曰：以予观于同馆之为史者，其为武宗纪，不忍斥言人主之过，凡《实录》所载诸可鉴事，皆轶而不录。夫史以垂鉴，不讳好恶，而乃以恶恶之短，致本身所行事而皆轶之，是本也，而外之矣。因题曰"外纪"。然而不比次以成文者，曰：以实事而比次之，即"本纪"也，岂敢复为"本纪"哉。因错杂记之，亦曰身受史职，庶以比当日之记注云尔。

武宗者，孝宗之嫡子也，母张皇后，以弘治四年九月二十四日，梦白龙据腹，生武宗，白者，西方色，兵象，故生而好武。

前此三朝所立储皆非嫡，而武宗独后出，且所生辰支为申、酉、戌、亥，连若贯珠，粹质比冰玉，神采焕发，自少举止非常，两岁即册立为皇太子，孝宗爱之。

初，武成中卫军卒郑旺女名王女儿，幼鬻之高通政家，被选入内，有年矣。至是，旺阴结内使刘山求自通，山绐云："周太后宫郑金莲，即若女也，东宫实所生，而后攘之。汝知之乎？"既而语浸播，上闻大怒，立磔山于市，旺亦论死，寻赦免。后浮言籍籍，有京城王玺者，藏旺为居货，蜚语惶惑，竟言皇太子非后生者，然其事终不实，下刑部鞫治，各正法云。

皇太子出阁，诸儒臣更番进讲读，晨起坐讲席，辄移时，至午又然。每讲，容色庄谨，端目若领会，未尝少肆，讲官退必张拱致敬，作揖送状；次日掩卷，诵所授书甚习。不数日，翰林春坊之与讲读者，皆识其姓名，或偶以他故不至，必顾问左右曰："某先生今日安在耶？"当辍朝之日，学士有误束花带入者，顾之，私谓左右曰："倘在朝班，必以失仪为御史所纠矣。"其类如此。

孝宗数幸春坊问所业，太子率宫僚趋走迎送，娴于礼节；每问亲安视膳，恭而有愉色，所至游幸必陪侍，有所见，必随事启迪；为学之暇，或闻其颇好骑射，以为克诘戎兵，亦安不忘危之意，勿之禁也。

十五岁即位，明年改元，行大婚礼。宣制，选中军都督府都督同知夏儒长女册为后。随遣礼部上册妃仪，册沈氏为贤妃，吴氏为德妃。上一切行礼，册后受贺，曲中仪法，观者称之。

故事，宫中六局官有尚寝者，司上寝处事，而文书房内官每记上幸宿所在，及所幸宫嫔年月，以俟稽考。上悉令除却，省记注，挈去尚寝诸所司事，遂遍游宫中，日率小黄门为角抵蹴鞠之戏，随所驻，辄饮宿不返。其入中宫及东西两宫，月不过四五日。

尝游宝和店，令内侍出所储摊门，身衣估人衣，首戴瓜拉，自宝和至宝延凡六店，历与贸易持簿算，喧询不相下，别令作市正调和之，拥至廊下家。廊下家者，中官住永巷卖酒家也。筝、琴、琵琶嘈嘈然，坐当垆妇于其中，杂出牵衣，蜂簇而入。漫茶之顷，周历诸家。凡市戏、跳猿、骗马、斗鸡、逐犬，所至环集。且实宫人于勾栏，扮演侑酒，醉即宿其处，如是累日。

乃大起营建，兴造太素殿及天鹅房船坞诸工，又别构院御，筑宫殿数层，而造密室于两厢，勾连栉列，名曰豹房。初，日幸其处，既则歇宿，比大内，令内侍环值，名豹房祗候。群小见幸者，皆集于此。

有言锦衣卫都督同知于永擅阴道秘术，遂召入豹房与语，大悦。永，色目人，进言回回女晳润而瑳璨，大胜中土。时都督吕佐亦色目人，永矫旨索佐家回女善西域舞者，得十二人以进，歌舞达昼夜。顾犹以为不足，乃讽上请召诸侯伯中故色目籍家妇人入内，驾言教舞，而择其美者留之不令出。一日，永侍饮观舞，酒酣呼永，使即家召其女来，时有言永女殊色，故以召。永诈匿其女，饰邻人白回子女充名以入，上以为真也，悦之。永畏其泄，阳为风痹，固乞去，以其子承袭指挥。诸色目家虽切齿，然无敢发者。

回回进女你儿干。

上称豹房曰新宅，日召教坊乐工入新宅承应。久之，乐工诉言乐户在外府多有，今独居京者承应，不均。乃敕礼部移文，取河间诸府乐户精技业者，送教坊承应。于是，有司遣官押送诸伶人，日以百计，皆乘传给食，及到京，留其技精者给与口粮，敕工部相地结房室，大小有差。

教坊司左司乐臧贤以疾求退，有旨勉起供职，未几，即升为奉銮以宠之。

上于佛经梵语无不通晓，乃升大隆善寺禅师星吉班丹为国师，左觉义罗竹班卓为禅师，剌麻乱竹为左觉义，伦竹坚参为都纲；大慈恩寺佛子乳奴、领占舍剌札俱为法王，剌麻舍列星吉、佛子也失短竹为禅师，大能仁寺剌麻领占播为都纲。以后累有升授，如迁官然。

七年，杨一清疏曰："龙舆尝幸豹房，驻宿不去，至后苑训练戎兵，鼓炮之声，震骇城市。"

上夜微行至教坊司，观诸乐所用器物。

上自即位后，每岁宫中张灯为乐，所费以数万计，库贮黄蜡不足，复令所司买补之。至九年，宁王宸濠献新样四时灯数百，穷极奇巧，临献，复令所遣人亲入宫悬挂。其灯制不一，多着柱附壁，以取新异。上复于庭轩间，依栏设毡幕，而贮火药于其中，偶勿戒，遂延烧宫殿，自二漏至明，乾清以内皆灰烬矣。当火势盛时，上犹往豹房省视，回顾光焰烘烘然，笑曰："是一棚大烟火也。"

西宫大答应宫人有愿祝发为尼者，上作剃度师，亲为说法，置番经厂中。

敕陕西进上用铺花毡帐房一百六十二间，令镇巡等官，太监廖堂、都御史陈寿依式赶造。凡重门、堂庑、庖厨、溷逼，及户牖、椿橛、影壁、围幕、地衣之类皆具，且有坛内、游幸、出哨、赶声息诸名号。凡一年乃成。自后，上出郊祀皆御帐房，不复宿斋宫矣。

保安寺大德法王绰吉我些儿，本乌思藏使也，上留之，得幸。至是，欲遣其徒领占绰节儿、绰供扎失为正副使，还居乌思藏，比大乘法王例入贡，且为两人请国师诰命，及入番熬设广茶。下礼部议，尚书刘春执不可，且谓沮坏茶法，骚扰行路，大不便，但令给诰敕去。是时，上诵习番经，心皈其教，尝被番僧服，演法内厂，绰吉我些儿并左右侍，作沙门弟子。至是，乘传归，辎重相属，所过烦费，行道避之，无贵贱称国师焉。

大护国保安寺大觉义班丹伦竹为其师祖大善法王星吉班丹乞祭葬，礼部执奏无例，上特许之，令工部给葬银二千两。

先是，乌思藏有西竺胡僧，能言人三世事者，国人谓之活佛。上久欲召之，未能也。至是，命司设监太监刘允往乌思藏，赍送番供，以珠琲为幡幢，黄金为七供，赐法王金印、袈裟，及其徒，馈赐以巨万计。乃议仿永乐、宣德年差邓成、侯显旧例，统锦衣卫官一百三十三员，应付廪给、口粮、马匹、车辆、船只，及过番物件，共给长芦、两淮课盐七万余引以应用，水衡度支为之一空。

有旨令居庸关太监李嵩等擒致虎豹生者。

上初好武，特设东西两官厅于禁中，比之团营，后江彬、许泰皆以边将得幸入豹房。乃立内教场，别为都署。东官厅以太监张忠领之，西以许泰领之。有神周者，尝以罪坐谪，今以附泰复官，得进用。未几，益以刘晖。四人者，皆赐国姓为义子，名四镇兵，又名外四家兵，而以江彬兼统之。彬故称朱彬，为总管。上乃自领阉人善骑射者为一营，谓之中军。晨夕下操，呼噪火炮之声，达于九门；浴铁文组，照耀宫墙间，上亲阅之，其名曰过锦，言度眼如锦也。时诸军悉衣黄罩甲，中外化之，虽金绯锦绮，亦必加罩甲于上，市井细民，无不效其制，号时世妆。两厅诸领军，则于遮阳帽上拖靛染天鹅翎，以为贵饰，大者拖三英，次二英，尚书王琼得赐一英，冠以下教场，矜殊遇焉。其后巡狩所经，虽督饷侍郎、巡抚、都御史，无不衣罩甲见上者。

初，江彬密言后军都督府右都督马昂有女弟美艳，时已适毕指挥，有娠矣。上令中使迎取之，至豹房。弱颜丽质，顾善骑射，解胡乐，能道达语，遂大幸。马氏一门，无大小皆赐蟒衣，内廷大珰皆呼昂为舅，赐第太平仓东，熏灼动京师。言官交章谏，皆不纳。及十一年十月，上每从数骑过昂饮，是日，饮酣，召昂妾，昂以妾病辞。上怒而起，昂惧，乃请罢，而马氏宠衰。

十二年，上祀南郊毕，即往南海子纵猎，文武大臣扈从者不许入。及晡，始传旨诸大臣先还，候于承天门。夜半，驾始入，御奉天殿，群臣行庆成礼。乃以所获獐麇鹿兔赐府部大臣、翰林、科道官，而于是有巡行之事。

七月，上私幸南海子，西行经畏吾村大佛寺，以临西山。八月朔，上微服从德胜门出，幸昌平州。阁臣以下皆追至沙河，疏请还宫，不纳。科道交章谏，亦不报。九月，遂驻跸宣府。时江彬，宣府人，欲挟上自恣，遂诱为西北之行。既幸宣府，遂营建镇国府第，上居之乐，遂忘归。每夜行，见高屋大房即驰入，或索饮，或搜其妇女，居民苦之，至有阴赂彬求免者。后军士樵苏不继，至毁民房屋以供爨，市肆萧然，白昼户闭。

先是，上在阳和时，西部五万骑营玉林，将入寇，上命诸将分布诸要地：大同总兵官王勋，副总兵张輗，游击将军陈钰、孙镇，军大同城；辽东参将萧滓，军聚落堡；宣府游击时春，军天城；副总兵陶杰，参将杨玉，延绥参将杭雄，军阳和；副总兵朱峦，军平卤；游击周政，军威远。时九月戊戌也。至十月，寇分道南下，营于孙天堡诸处，勋、钺、钰、镇率所部御之。上命春、滓往为之援，政、峦及大同右卫参将麻循、平卤城参将高时，尾其后；又急调宣府总兵朱振，参将左钦、都勋、庞隆，游击靳英，俱会阳和；参将江桓、张昇，为之策应。越数日，勋遇寇于绣女村，督军步战，寇南循应州而去。明日，钺、钰、镇与勋复遇寇于应州城北五里寨，战数十合，杀伤颇相当。薄暮，寇傍东山去，既而，分兵围勋等。比晓，天大雾，围解。勋等入应州城，峦及守备左卫城都指挥徐辅兵至。明日，勋等出城，遇寇涧子村，大战，时滓、春、政、时、循等兵亦至，寇复以别骑迎敌，我军不得合；上乃率内外提督监督太监张永、魏彬、张忠，都督朱彬及振、杰、玉、钦、勋、英、雄、隆，参将郑骠等兵，自阳和来援。众殊死战，寇稍却，诸军乃合。会日暮，即其地为营，乘舆止焉。明日，寇来攻，上复督诸将御之，自辰迄酉，战至百余合，寇退。明日，引而西，上与诸将且战且追，至平卤、朔州等边，上复进兵，会大风黑雾，昼晦，我军亦疲困，遂还。勋及巡抚佥都御史胡瓒以捷闻于朝。是役也，杀虏首十六级，而我军死者五十二人，重伤者五百六十三人，乘舆几陷。

无何，边寇复犯暖泉沟、泥河儿，上率兵驻老王沟，寇退，还，驻跸大同左卫城。既而，寇复入玉林城西及答儿庄、三家川、青山诸处，上命大同诸将各按伏防御，而令巡抚胡瓒、镇守太监马锡严为之备；时内阁大臣及九卿至居庸关请驾，有禁，不得出关而返。

是年冬，立春，上迎春于宣府，备百戏，别饰大车数十辆，杂坐僧人妇女于其中。每辆数十人，合至数百，乃如僧数，悬球于车盖，而敞僧头以当之。车既驰，则头与球触，上视大笑，以为乐。

十三年正月，车驾将还京，礼部具迎驾仪，令京朝官各朝服迎候；而传旨用曳襒、大帽、鸾带，且赐文武群臣大红纻丝罗纱各一，其彩绣一品斗牛，二品飞鱼，三品蟒，四品麒麟，五、六、七品虎彪。翰林、科道不限品级者皆与焉，惟部曹五品以下不得与。其与者，裁制一夕皆就。及明，各服以迎驾，于是，科道争谏，不纳。诘旦，上还自宣府。是日，文武群臣皆曳襒、大帽、鸾带迎驾于得胜门外。中官预传上意，具彩幛数十，彩联数千，皆金织字。序词惟称威武大将军，不敢及尊号；众官列名于下，亦不敢称臣。乃备羊酒、白金、彩币，手红梵夹子称贺。上戎服乘赤马佩剑来，边骑攒拥，遥见火球起戈矛间，烟直上，乃知驾至，群臣齐伏道左叩头。上下马，坐御幄间，大学士杨廷和奉觞，梁储注酒，蒋冕捧果槅，毛纪擎金花二，称贺。上饮毕，顾云："朕在榆河，亲斩虏首一级，亦知之乎？"廷和等顿首谢。上遂驰马，由东华门入，宿于豹房。时大雨雪，百官迎驾者，仆马相失，曳走泥淖中，夜半得入城，有几殆者。

上御奉天门，陈示应州等处所获达寇刀械衣器，令群臣纵观。

是日，复幸南海子，寻还，赐文武群臣银牌于左顺门：一品重二十两，二品、三品十两，镂文其上，曰"庆功"，五彩饰之，贯以朱组；四品、五品及都给事中五两，左右给事中、御史四两，镂文其上曰"赏功"，贯以青组。赐毕，各被以红簪花，次第出。先是，群臣具彩幛贺仪，其出银以品级为差，故所赐银如其数。翰林官无贺，不与赐。

乃复幸宣府，众谏不纳，会慈圣康寿太皇太后崩，上还自宣府。

十三年四月，上幸昌平，诣诸陵，祭告毕，遂幸密云。时民间竞传欲括女子、敛财物，以充进奉，所至遁匿。独永平知府毛思义下令，以为大丧未举，车驾必不出此，必奸徒矫诈，藉以惑人者，百姓各安业。非有府部抚按官文书，妄称驾至扰民者，悉捕治之。上闻大怒，执思义送诏狱，令法司从重拟罪，当赎杖还职。得旨，降三级，为云南安宁知州。

上驻跸大喜峰口，招来朵颜三卫夷人花当把儿孙等，纳质至关，宴劳毕，还京。

初，上幸河西务，指挥黄勋以供应为名，科扰侵盗，巡按御史刘士元按之。勋逃至行在，因嬖幸潜士元："闻驾至，令民间尽嫁其女，藏匿妇人。"遂命裸缚士元，面讯之，时野次无杖，取生柳杖四十，几死，囚系于军，驰入京，并执知县曹俊等十余人，下诏狱。

太皇太后发纼时，上亲奉梓宫，率百官衰经，徒步送至德胜门外，皇亲、群臣、命妇各祭如仪。临祭，上戎服驰马观之。

遣太监萧敬传旨辽东、宣府、大同、延绥、陕西、宁夏、甘肃，特命总督军务威武大将军总兵官朱寿统率六军，或攻或守，即写敕与他。威武将军者，上自称也。是日，左顺门群臣泣谏不纳，既又敕谕加镇国公爵，以报其劳。

上复北幸。黎明，由东安门出，群臣知而送者五十二人。上度居庸关，历怀来、保安诸城堡，遂驻跸宣府。初，江彬劝上于宣府治行在，越岁乃成，糜费不可计，复辇豹房所储诸珍宝，及巡游所收妇女，实其中，上甚乐焉，每称曰"家里"。还京后，数数念之不置。彬亦欲专宠，俾诸幸臣不得近，数导上出，及再度居庸关，仍戒守者毋令京朝官出关。盖上厌大内，初以豹房为家，至是，更以宣府为家矣。

上驻跸大同，立券买总兵叶椿第为总督府居之。夺都指挥杨俊所置店二所，改为酒坊，且为之榜曰"官食"，亦立券买，而皆不予值，曰"官家房"。

凡车驾所至，近侍先掠良家女以充幸御，至数十车。在道日有死者，左右不敢闻，且令有司饩廪之，别具女衣、首饰为赏赉费。远近骚动，所经多逃亡，上不知也。

乃封右都督朱彬为平虏伯，左都督朱泰为安边伯，各食禄千石，世世承袭。彬、泰善伺上意，既诱上再巡边，与寇遇，幸不覆军。上欲自耀武功，乃假重两人，亲为定爵名，驰敕下吏部封之，两人亦自以为功，偃然受焉。

上至绥德州，幸总兵官戴钦第，寻纳钦女。

初，上驻偏头时，大索女乐于太原。偶于众妓中，遥见色姣而善讴者，拔取之。询其籍，本乐户刘良之女，晋府乐工杨腾妻也。赐与之饮，试其技，大悦。后自榆林还，再召之，遂载以归。至是，随行在，宠冠诸女，称美人，饮食起居必与偕。左右或触上怒，阴求之，辄一笑而解，江彬诸近侍皆呼之曰"刘娘娘"云。

上自宣府抵西陲，往返数千里，乘马，腰弓矢，冲风戴雪，备历险厄，有司具辇以随，亦不御。至是，还宣府，阉寺从人皆疲惫弗支，而上不以为劳也。

十四年二月，上自宣府还，文武群臣具彩幛、银币、羊酒迎于德胜门外，如前仪。是日，先驻跸外教场，亲简阅所获首虏衣仗，然后入，乃赐内阁及五府、六部、都察院、通政司、大理寺堂上官，各衙门正官及科道官银牌、花红有差。

上南郊，乘马由大明门出，法驾卤簿皆先行，惟从骑率百余人。礼毕，幸南海子。夜分还，御奉天殿，行庆成礼。

上嗜饮，尝以杯杓随。左右欲乘其醉以自便，复预备瓶罂。故所至辄醉，醒即复进，以为常。

忽降手敕谕吏部，镇国公朱寿，宜加太师；又传旨礼部，总督军务威武大将军总兵官、太师、镇国公朱寿，令往南北两直隶、山东泰安州等处公干，兼尊奉圣像，供献香帛，祈福安民；又谕工部，今南行巡狩，宜急修黄马快船以备用。

修迎翠、昭和、崇智、光霁诸殿。是时，乾清、坤宁大工未完，工部执奏当暂停，不听。

上决意南狩，群臣忧惶无所出，翰林院修撰舒芬、武选郎黄巩、车驾员外郎陆震等，皆抗疏极谏，于是，医士徐鏊以《医经》养生之理谏，诸部相继谏。乃下巩、震诏狱，而令芬等一百七人罚跪阙五日，每日自卯迄酉，设官校巡视，讫则令各堂上官领回，日满以闻。时有金吾卫都指挥佥事张英，自跪端门外，卫士诘之，答曰："至尊若出，则京城百万生灵何所依赖。且英当随驾，自分遇变必死。与其死于外，孰若死此。"遂自割其胸，卫士夺刃，得不殊。下狱鞫治，法司承彬指，以妄言拟斩，诏杖之六十，遂死。闻者哀之。

大理寺寺正等官周叙等十人，自以职在平狱，请停止诸臣留驾之罪，且上疏极留。上怒，下诏狱掠治，复降旨：叙等十人并黄巩、陆震、夏良胜、万潮、陈九川、徐鳌俱荷桎梏，罚跪阙五日，日满以闻。既而，诸行人司官余瓒等二十人、工部主事林文辂等三人，又上疏极谏，俱下诏狱掠治，并罚跪五日，如前例。一时朝廷如狴犴，囚徒满前，观者辄泣下。

乃杖郎中孙凤等一百七人于午门外，各三十，以凤及陆俸、张衍、姜龙、舒芬为倡首，特调外任，永不用，余各夺俸六月。杖时，中官以斥己，各奋怒予重杖，呼号之声，彻于中禁。刑部主事刘校、照磨刘旺死焉。又杖黄巩、陆震、夏良胜、万潮、周叙、林大辂、徐鳌等各五十，为民，鳌谪戍瘴地，余三十人各杖四十，降二级。旬日间，陆震、余瓒、何遵、林公辅等相继死，共十有一人。

宸濠反。传旨：宸濠悖逆天道，谋为不法，杀巡抚等官。传闻已至湖口，将犯南京，即令总督军务威武大将军总兵官、后军都督府、太师、镇国公朱寿，亲统各镇边兵征剿，以侍郎王宪率户、兵二部属各一人随征，以张忠提督军务，朱泰挂威武副将军印，朱晖挂平贼将军印，俱充总兵官，假以节制，其平虏伯朱彬、左都督朱周随驾南征。

命礼部上大驾亲征祭告礼仪，上服皮弁，乘革辂，备六军，祭告天、地、太庙、大社，及祃禡军牙、六纛之神，乃亲征颁诏，发驾京师。

是日，赣抚王守仁已擒濠，捷闻，匿不使下。

驾至保定府，驻跸，张宴于府堂，巡抚都御史伍符与巡按御史、管粮道主事皆侍宴行酒。上问符，知其善饮，与为藏阄之戏。符偶胜，上不悦，故投手中阄于地，令符拾之，罚符饮数瓢，颓然，上复大笑。

既而，至临清，山东诸镇巡官皆从。越三日，传令进宴，宴具草略，上视之，笑曰："慢我何甚！"竟不怒。都御史王珝献觞步缓，上目之。神周因怵珝，谓上意不测。明日复宴，都御史龚宏趋进，自言姓名，恐上误以为珝也。江彬从旁厉声叱之，冀并罪两人，上不为动。时太监黎鉴家人有以科敛得罪者，鉴惧，悉所有以献，既复取偿于有司，珝不可，鉴以头触之，遂相斗格。鉴泣诉上前，上曰："必汝有求不遂耳，巡抚何敢辄辱汝也。"鉴语塞而退。上巡幸所至，有容德，且不为左右所诳如此。

初，上之南征也，移刘美人居通州，约上先行而后迎美人以从。临行，美人脱一簪，请上佩之，且令迎者执为信。过芦沟，上驰马失簪，大索数日，不得，去。

及至临清，上遣迎美人。美人曰："非信，不敢行。"上乃独乘舸，晨夜疾行，至张家湾亲迎之，并载而南。当发临清时，内外从官无知者，既而始觉，然追不能及。及还，遇湖广参议林文缵，入其舟，夺一妾行。

九月乙卯，值万寿圣节，文武百官各遥贺于奉天门外。是日，过德州，不泊而行，诸从臣亦于舟次望拜之。上复至临清，数日始南行。

十一月，过济宁，又过徐州。上御龙舟，自济宁顺流而下，至淮安清江浦，幸监仓太监张杨第。时巡游所至，捕得鱼鸟，悉分赐左右，凡受一脔一毛者，各献金帛为谢。至是，渔清江浦累日。

南京、山东、河南、淮扬等处文武官，皆以迎送车驾，戎服徒行道路间，无复贵贱。彬不时传旨号召，有所征索，旗牌官考缚郡县长吏，不异奴隶。通判胡琮惧而自经；南京守备、成国公朱辅见彬即长跪；总兵、镇远侯顾仕隆稍不为绌，彬怒，数窘之。彬又遣官校四出，至民家，矫旨索鹰犬珍宝古器，民惴惴不敢致诘，或稍拂之，辄捽以去，近淮三四百里间，无得免者。

冬至，文武群臣行遥贺礼。是日，上在清江浦，扈从及抚、按等官，各称贺于太监张杨第中。

上至淮安府，屏侍卫，徒步入城，幸总兵官顾仕隆第，命羁管朱宁于临清。

上至宝应，渔于氾光湖。（氾光，《集》作范光，误，今改，后仿此。）

十二月朔，至扬州。前此，太监吴经先驾至扬州，选民居壮丽者，改为提督府，将驻跸焉。且矫上意，刷处女、寡妇，民间汹汹，有女家掠寡男配偶，一夕殆尽，乘夜夺门出逃匿，门者不能止。知府蒋瑶诣经恳免，经大怒曰："汝小官敢尔，汝头不愁去颈耶？"瑶不为动，徐曰："小官抗上意，分应死。但百姓者，朝廷之百姓，倘激生他变，恐将来责有所归。故以告，非敢抗也。"经怒稍解，挥使去。经乃密觇寡妇及倡优家，夜半遣数骑促开城，传呼驾至，令通衢燃烛光如昼。经乃率官校径入所知家，捽诸妇出，有匿者，破垣毁屋，必搜得乃已，无一脱者，哭声震远近。寻以诸妇分寄尼寺住，有愤恚不食死者，瑶觅其家人收殓去。自是，诸妇家相通，多以金赎免，惟贫者悉收入，送总督府。

上自以数骑猎扬州城西，遂幸上方寺，自此数出猎，大扰，赖刘姬谏而止。独遣兵神周矫旨，至泰州搜取鹰犬，城中骚然。乃括居民百余人充猎手，东循草场，大猎三日，仅得獐、兔数只。复欲猎海滨，值道潦不果。上欲于南京行郊祀礼，以缓班师之期，大学士梁储、蒋冕累疏谏，乃止。

所至禁民间畜猪，数百里内，屠杀殆尽，田家有产者，悉投诸水。是岁，凡祀牲，有司辄以羊代之。

渔于仪真之新闸，因视大江，命江彬摄祭。明日，幸民黄昌本家。阅太监张雄及守备马炅所选妓，以其半送舟中。渡江至南京，祭南京太庙，如常仪。

工部奏，浣衣局所养妇女甚夥，岁用柴炭至十六万斤，今再请增给，许之，以是时巡幸所过，其阅选妇女多留浣衣局故也。

十五年，正月，立春，上迎春于南京，备诸戏剧。魏国公徐俌、尚书乔宇等复称贺于行在所。

上挟刘姬遍幸诸佛寺，敕绣大幡幢盖及佛幔经幰等，遍刺"威武大将军镇国公某与夫人刘氏施用"。

二月，驾宿牛首山，诸军夜惊，左右皆不知上所在，大扰，久之乃定。或谓江彬蓄不测，故尔尔。

时有物如猪头，堕于上前，其色绿。又拘留妇人之所，满壁累累，一若有人头挂于上者。

八月，江西俘濠至，上令设广场，戎服，树大纛，环以诸军，释囚，去桎梏，伐鼓鸣金而擒之，然后复置械受俘，诏班师。是夕，祭龙江，驻跸仪真，命都督李琼祭旗纛之神。上渔于江。次日，至瓜州，避雨民家。是夜，宿望江楼。遂自瓜州济江，登金山，复南渡镇江，幸致仕大学士杨一清第。次日再幸，入书室，命一清检诸书进御，因问："《文献通考》是佳书？"一清对曰："有事实，有议论，诚如皇言。"问："几何册？"对曰："六十册。"问："此间书更有多于此者乎？"对曰："《册府元龟》较多，凡一百二册。"命俱取以进。又明日，饮一清第，乐作，上索笔制诗十章赐一清，命一清和之。一清呈诗，上览毕，为易数字。是日，一清有所献，上大悦。

自镇江还，再宿望江楼。至扬州，遣朱彬祭旗纛之神于蕃釐观。

抚、按等官设庆功宴，其仪用金银牌各二，轴一，旗帐一，彩联百匹，其余折值以进。

复渔氾光湖。镇守太监邱得索进贡物不得，以铁絚系知府蒋瑶，窘辱备至，数日乃得释。

过淮安，都御史丛兰、总兵官顾仕隆等呈进贺功金牌，并花红、彩幛。上戎服簪花，鼓骑入城。时有司预治故尚书金濂第，以俟临幸，上乃止濂第。重阳节，竞进菊花。

经山阳县学，入视廊庑诸肖像，移时，复入教官舍，取《资治通鉴》出。

还至清江，复幸太监张杨第。逾三日，自泛小舟，渔于积水池，舟覆，溺焉。左右大恐，争入水掖之而出，自是，遂不豫。

十二月，上将还京，先命礼部上献俘礼仪。上常服御奉天门，钟声止，请上乘舆，作乐，登午门楼，升座。乐止，鸣鞭讫，文武百官朝贺，遂献俘，献讫退。

乃奏提督赞画机密军务兼提督官校办事、后军都督府、平虏伯朱彬等随驾南征，奉总督军务威武大将军总兵官、后军都督府、太师、镇国公朱寿指挥方略，将宸濠等、逆党申宗远等十五人并家属擒捕，乞明正其罪。上批：着论功行赏毕，即将宗远等献俘于阙下，会鞫以闻。

初，上北还，每令濠舟与御舟衔尾而行，尝欲放之湖，以待自擒，众谏乃止。至是，处置如真镤例，令自尽扬灰。

上还京，文武百官迎于正阳桥。是日，大耀军容，俘诸从逆者及家属数千人，陈辇道东西。陆完、钱宁等亦皆裸体反接，以白帜标姓名于首；其所俘首级，亦标白帜悬于竿，凡数里不绝。上戎服乘马立正阳门下，阅视良久，乃入。

乃以凯旋，诣南郊，再拜，呕血于地，不能终礼，遂大渐。

天水冰山录

［明］无名氏

序

甚矣哉，全躯保妻子之臣，不可以大受也。在昔，明世宗称中兴英主，介溪翁适丁厥会，既得君专政，何难正其心术，乘云雷而布经纶，为中兴良相。胡乃不图安社稷，但计肥身家，遂至党同伐异，误国殃民，备极十罪五奸之奇。时京师畏翁威，仅道路以目；而辽远如边徼军民，早已束薧人者三，取唐之李林甫，宋之秦桧，配翁鼎峙，为射的而中之以泄忿。则夫末路抄屠，用伸王章于不爽，非翁自作之孽也邪？

夫纵欲必求多藏，多藏必召厚亡，此从来相因至理。试观偃月堂（林甫家堂名），格天阁（桧家阁名），积储终归乌有，翁盍援以为鉴，而顾复踵其后尘乎？噫，亦误矣！

方翁之初登仕版也，绝不阿逆阉，亦不附议礼。其读书钤山，曾浼先进王文恪公为堂铭，缘铭中有"作求惟德，世蕃以昌"二语，遂以世蕃名其子。是则翁之始愿，实欲依贤哲以成功名。假令世宗随材器使，仅限翁官于史馆，差堪以文章羽仪明盛。无如稍迁少宗伯，便希窃主权。时吾郡陆子余先生。即首发其奸，却全不省悟，辄以政柄畀之，几致毒流寰宇。予是以愈信夫全躯保妻子之臣，必不可大受也。

翁既罢相归，为检其私藏，见黄金三十万，白金二百万，因惊讶作咄嗟状，曰："此将来祸胎欤，可亟进之上，以代江右民清积逋，或者望免患。"会世蕃率家人环泣而止，反募夫大造第宅，被言官以聚党谋逆纠参，乃置世蕃大辟，抄其家，翁则只以孤身，寄食墓舍。盖翁虽知之明，而行之不力，竟听逆子怙终，一旦王章不爽，不惟较安社稷之贤哲，固判天渊，即肥身家之鄙怀，亦成画饼。士君子尚论及此，未尝不叹息痛悼夫翁之何至斯极也，若夫世蕃，则又乌足怜也哉。

予友周君石林，素推博雅士，偶得翁籍没册一编，虽刊本，然已残缺失次，特重录成帙，爰取《箧衍集》内吊翁诗"太阳一出冰山颓"句意，题曰《天水冰山录》，将为后人炯戒。且以予先代文靖公与翁后先大拜，畴囊事当有所传闻，谬属予为序，予不揣芜陋，遂摭拾睹记而序之。

至于先公籍吴县，翁籍分宜，地之相去也，千里而遥，本无族谊。况公为文愍夏公所赏拔，臭味固迥殊。考翁柄政之年，公方任翰编。一日，翁欲以主试荣其所私，将借公为重，特荐公同事，公故托疾而辞，后其所私以墨败。又当日海内严姓诸搢绅，凡致简于翁，俱称犹子，公独称晚生。迨翁籍没，世宗见公简，大器重之，因而获与爱立，翕然称良相。此二事具载公年谱中，由此以推，足证"大严去，小严来"之说为市井妄谈也已。予既承周君属，又忝为公五世孙，不可不为公辩，乃附赘诸序末，倘世之阅是录者，并赐览观焉，尤厚幸矣夫。

雍正六年戊申春正月
南邨迂叟严言

序

　　《天水冰山录》一卷，分宜严氏籍没之册，周石林从残本重钞，锡以今名者也。自金玉服玩至良田甲第之属，悉数之不能终，可谓夥矣。

　　嵩读书钤山，颇负清誉，死时年已耄耋。假令官不显，寿不高，望当不减。岂知好名矫饰，天所深嫉，必使浸露其真，当其移疾十年，富贵利达之私，吾固知其未尝一日忘也。嵩领礼部，始挟取宗藩贿赂，主眷虽时有隆替，而得君窃政垂二十年。以永陵果察自信，仍不免为所窥伺。甚矣，奸谀巧中，有英主所不及防耳。

　　史称世蕃熟谙中外官饶瘠险易，责贿多寡，毫发难匿。又好古尊彝、奇器、书画，赵文华、鄢懋卿、胡宗宪之徒，争辇致之，或索之富人，必得后已。严年、罗龙文辈，复交关为利，富遂不赀。

　　或曰：世蕃稔恶，嵩妻尚贤。然嵩尝憾文华，嵩妻纳其厚赂，曲为之解，则亦恶得贤。夫财犹脂也，以脂涂地，履之，鲜不至于倾跌。况外有金人宵小迎合以赞其奸，内有骄子豪奴怙纵以济其欲，其能卓白树立者，有几人哉？

虽然，人即富贵，同此耳目口鼻之具而已。方丈之供，餍饫不过果腹；万间之厦，偃仰不过容膝。不能日食百牢，身衣千袭也；不能夏兼进炉，冬兼奏扇也。而顾昼夜孳孳，乾没不已者，特夸多斗靡，务快一时心志，以为不若是，则权不足以胁人，富不足以甲众。载之钟乳五百两、胡椒八百石，似道之兰亭石刻八千匣，胥此意也。语曰："豨腹饕饕，为人之膏。"又曰："山童泽涸，今笑后哭。"亦可哀矣。

"冰山"见《开天遗事》张彖指杨国忠语。《遗事》一书多不足信，此独温公取之《通鉴》，殆别有所据，且谓其言可味与？

乾隆丙午七月

味辛居士赵怀玉

天水冰山录

巡按江西监察御史成，为逃军怨望朝廷，党众肆害，渐成大乱，恳乞天威，速赐重究，以昭国法，以绝祸根事。奉都察院勘札，准刑部咨，该本部等衙门尚书等官黄等题，该巡按直隶监察御史林奏称：严世蕃、罗龙文怨望讪毁，逃回交结党众为祸等缘由，本部会同都察院、大理寺、锦衣卫究招明白。复奉圣旨："这逆情，你每既会问的确，严世蕃、罗龙文便会官决了。盗用官银财货家产，着各该巡按御史严拘的亲儿男，尽数追没，入官送部，不许亲识人等侵匿受寄，违者即便拿问。严嵩畏子欺君，大负恩眷，并伊孙见任文武职官的，都削职为民，有司拘管当差。余党逆邪，尽行逐治，毋致贻患，其余俱依拟行。奏内不言逆本，是何法制？且不查究。钦此。"钦遵，合咨贵院，烦为转行江西巡按御史，速拘的亲男孙严鸿、严绍庆等，将严嵩并伊男逆犯严世蕃，所有袁州、南昌等府分宜等县地方房屋、田地、金银、珍宝、财货、家私，责行守巡该道亲诣，尽数查出，一面开造各项的确细数，送部查核，一面先将金银、珍宝、奇货、细软之物，差官解赴户部，其房屋、田地并家私、器用等件，即行变卖价银，一体解部。等因奉此。依奉就经拘获逆犯严世蕃，亲男严鸿、严绍庆等，到官审实，案行三司及守巡、兵备、粮储、提学等道，督同知府、同知、通判、推官、知县等官，将南昌、袁州、分宜三处财物，并各房屋、田产等项，分投盘验查估去后，随据各官盘验，并续追完备，造册呈缴前来，除具题外，今将各项细数，并分委查理官员职名，拟合开造查考，须至册者。

计开：

一、金　锭金四百五十四锭（重四千三百三十六两七钱）　条金四百六十一条（重六千一百九十七两九钱）　饼金一百零九饼（重四百五十七两六钱）　叶金一十四包（重九百九十九两）　沙金一十一包（重六百一十三两六钱）　碎金一十七包（重五百六十六两八钱五分）

以上金共重一万三千一百七十一两六钱五分。

一、纯金器皿　壶盂　金海水龙壶五把、金盂四个（共重一百零四两）　金凤嘴龙柄壶一把、金盂一个（共重二十四两九钱）　金飞鱼壶四把、金盂四个（共重八十七两九钱）　金飞鱼壶二把（共重三十四两五钱五分）　金飞鱼杏叶壶二把（共重三十八两七钱）　金麒麟壶二把（共重三十二两八钱六分）　金狮顶麒麟壶三把（共重四十九两七钱）　金麒麟杏叶壶二把（共重四十五两二钱）　金云鹤壶二把（共重三十三两三钱）　金云鹤葫芦壶二把（共重三十二两八钱）　金素豸顶壶一把（重二十五两二钱）　金狮顶六方鹭鸳壶二把（共重四十三两五钱）　金素狮顶壶三把、金盂一个（共重七十三两九钱五分）　金狮顶人物壶二把、金盂二个（共重五十七两四钱）　金福寿狮顶壶二把、金盂二个（共重四十七两五钱）　金花鹭鸳小壶一把（重一十七两）　金甜瓜鹭鸳壶二把（共重三十两零二钱）　金寿星竹节鹭鸳壶二把（共重三十一两三钱）　金寿星骑鹿壶一把、金盂一个（共重二十九两七钱）　金八仙庆寿壶一把、金盂一个（共重二十七两三钱）　金王母壶一把、金盂一个（共重二十九两七钱）　金福寿八角壶二把、金盂二个（共重三十九两四钱）　金寿星顶素壶二把、金盂二个（共重三十二两二钱）　金福字壶一把（重一十八两四钱）　金百福字壶一把（重三十两零三钱）　金寿星葫芦壶二把（共重三十五两二钱）　金莲子福寿壶一把（重九两六钱三分）　金童子壶二把、金盂二个（共重三十八两六钱五分）　金松竹梅壶二把、金盂二个（共重四十九两九钱五分）　金素一枝壶一把、金盂一个（共重一十一两四钱）　金宝镶花插壶二把（共重三十一两二钱）　金素插壶六把（共重八十六两八钱）　金树叶壶二把（共重三十九两一钱）　金素杏叶壶一十一把（共重二百四十三两一钱）　金莲杏叶壶一把（重一十九两四钱）　金八方杏叶壶一把（重二十九两）　金素瓜壶二把（共重二十五两四钱）　金松鼠甜瓜壶二把（共重二十五两七钱）　金宝顶小葫芦壶一把（重一十两零七钱）　金光葫芦壶二把（共重二十九两八钱）　金素壶六把、金盂六个（共重一百五十八两七钱）　金素葫芦壶八把、金盂六个（共重一百六十六两三钱）　金高脚光壶六把（共重九十五两七钱）　金高脚壶二把（共重二十二两零三分）　金墩子壶三把（共重三十九两五钱）　金坐壶一把（重二十二两四钱五分）　金素净瓶壶一把（重一十六两九钱五分）　金净瓶壶一把（重二十五两六钱）　金素净瓶壶三把、金盂三个（共重四十五两六钱）　金酒注壶七把（共重一百零一两五钱）　金醋注壶二把（共重一十九两四钱）　金素八角壶二把（共重四十两）　金六棱草兽壶二把（共重四十二两九钱）　金草兽杏叶壶三把（共重六十九两七钱五分）　金酒盂九个（共重二十四两八钱）　大金酒盂十个（共重三十六两二钱）　中金酒盂十个（共重二十九两三钱）　小金酒盂一十一个（共重三十二两）　金酒盂三个（共重一十两零八钱）

杯爵　金龙耳圆杯二个（共重三两八钱二分）　金双鱼耳龙字酒杯二个（共重三两二钱）　金双耳日月杯四个（共重五两六钱）　金素日月耳大圆酒杯二个（共重五两九钱五分）　金寿星仙人劝酒杯十个（共重四十七两五钱）　金素仙人方杯一个（重五两三钱二分）　金寿星人物桃杯六个（共重一十九两六钱）　金寿星高脚杯六个（共重二十七两五钱五分）　金寿字双耳圆酒杯六个（共重一十两零五钱五分）　金王母蟠桃大杯一个（重九两二钱七

分）　金素太乙莲叶杯三个（共重一十一两四钱七分）　金素李白骑鲸大杯一个（重一十两零九钱）　金素张骞乘槎大杯一个（重一十一两一钱二分）　金毕吏部酒缸一个（重五两八钱）　金魁星踢斗杯二个（共重九两三钱）　金素魁斗杯二个（共重八两七钱）　金魁斗杯一个（重一两八钱五分）　金壁虎杯九个（共重三十七两三钱）　金蟹杯二个（共重一十两）　金虾杯一个（重八两五钱）　金素大虾杯一个（重八两九钱）　金素蟹杯二个（共重一十六两三钱）　金螭虎双耳八角杯二个（共重三两九钱三分）　金螭虎双耳圆杯五个（共重一十八两七钱五分）　金素螭耳葵花杯二个（共重八两五钱五分）　金螭虎耳圆杯七个（共重二十七两八钱五分）　金螭耳蟒杯一个（重五两八钱）　金螭耳栀杯一个（重五两）　金素鹦鹉桃杯二个（共重四两八钱五分）　金鹦鹉桃杯三十个（共重一百一十四两七钱五分）　金鹦鹉荔枝杯一个（重五两二钱）　金蜜蜂瓜杯一个（重一两四钱五分）　金素鹭鸳莲杯二个（共重四两一钱）　金素鱼水大杯八个（共重一十八两四钱五分）　金松鼠盘瓜杯一十二个（共重四十九两五钱五分）　金瓜鼠双耳杯一个（重一两一钱）　金素荷叶大杯四个（共重一十四两七钱二分）　金荷叶中杯七个（共重一十九两）　金素莲子杯二个（共重九两六钱三分）　金碧筒劝大杯二个（共重四两二钱）　金碧筒小杯二个（共重二两九钱）　金素双耳葵花杯五十一个（共重八十九两六钱五分）　金双耳

中葵花杯八个（共重一十六两五钱）　金素双耳葵花扁杯四个（共重五两八钱）　金素葵花杯二十个（共重三十两零九钱）　金独耳葵花杯一个（重一两一钱）　金葵花光杯五个（共重九两二钱五分）　金有耳葵花杯四个（共重八两三钱五分）　金素无耳葵花杯八个（共重一十两零六钱五分）　金葵花杯一十二个（共重一十一两六钱五分）　金葵花小杯七十八个（共重一百五十二两四钱）　金高脚葵花杯一十六个（共重四十二两三钱）　金素双耳菊花杯四十三个（共重五十八两一钱）　金素菊花杯一十九个（共重三十一两九钱）　金菊花杯一十二个（共重一十六两六钱五分）　金素凯旋耳菊花杯二个（共重六两一钱）　金素单耳菊花杯一个（重一两一钱）　金双耳菊花杯十个（共重一十五两二钱）　金菊花大杯五十二个（共重七十四两八钱）　金菊花小杯二十一个（共重三十二两六钱五分）　金高脚菊花杯一十二个（共重三十三两二钱）　金双芝耳菊花杯二十七个（共重五十二两零五分）　金素双芝耳圆杯五十七个（共重八十六两三钱）　金素双芝耳葵花杯二十个（共重三十八两四钱）　金素芝耳方杯三个（共重七两九钱）　金素芝耳圆杯三十一个（共重五十两零二钱五分）　金芝耳杯十个（共重一十四两一钱）　金灵芝桃杯二个（共重五两四钱）　金双芝耳杯一十八个（共重三十两零六分）　金梅花杯四个（共重五两四钱）　金双耳梅花杯二个（共重三两零二分）　金桃甜瓜杯二个（共重三两九

钱）　金瓜桃葵花杯一十三个（共重四十七两五钱）　金桃杯六十九个（共重二百四十四两八钱）　金素桃小杯四个（共重七两五钱八分）　金素单茄杯二个（共重三两）　金葫芦杯三个（共重一十三两一钱）　金素无耳圆杯五十二个（共重六十二两四钱）　金素无耳杯四十四个（共重五十两零二钱）　金人耳圆杯二个（共重四两三钱）　金古老钱双耳杯二个（共重三两四钱）　金素觯杯一个（重三两六钱五分）　金巴斗杯三个（共重七两五钱）　金花素斝杯一十八个（共重五十五两）　金大斝杯四个（共重二十两）　金中斝杯一十二个（共重三十七两八钱五分）　金小斝杯八个（共重一十三两三钱五分）　金匜杯四个（共重一十六两）　金素大匜杯一个（重九两零五分）　金素匜杯七个（共重一十八两六钱）　金素圆套杯六个（共重九两九钱）　金四方杯四个（共重九两五钱）　金六方杯六个（共重二十六两二钱）　金八方杯一十六个（共重二十七两二钱）　金大杯三十四个（共重一百零六两七钱）　金中杯六百四十六个（共重一千零三十五两四钱）　金攒花杯六个（共重一十两零九钱）　金素平心大杯二个（共重一十九两五钱）　金高脚杯十个、内金丝二个（共重三十两零四钱）　金八角高脚杯二个（共重四两八钱五分）　金四棱高脚杯四个（共重九两八钱）　金素高脚杯十个（共重三十三两六钱）　金素点翠匾杯二十四个（共重三十九两四钱）　金素八角匾杯六个（共重八两九钱）　金禄字双耳杯一个（重二两一钱五分）　金素万字双耳圆杯二十个（共重三十两零一钱）　金素万字耳匾杯五个（共重七两七钱）　金丁字双耳杯六个（共重九两三钱）　金斗杯一十三个（共重二十四两二钱）　金素有梁斗杯一个（重二两四钱）　金素斗杯五个（共重一十四两二钱五分）　金双耳八角杯二十七个（共重四十八两七钱）　金素双耳八角杯三个（共重四两九钱）　金素八角尖脚福寿大杯二个（共重六两二钱五分）　金花耳八角杯四个（共重八两三钱）　金素双耳六角福寿杯二个（共重四两三钱）　金素六角杯一十二个（共重一十七两六钱五分）　金素双耳方杯三个（共重五两二钱）　金素双耳圆杯二十个（共重二十二两六钱五分）　金素双耳圆杯二百六十个（共重三百九十二两）　金素双耳花大圆杯一十一个（共重二十四两三钱五分）　金双耳小圆杯二十三个（共重三十两零六钱）　金素单耳圆杯二十四个（共重二十九两八钱）　金单耳中杯四个（共重五两零七分）　金素单耳圆杯九个（共重一十二两零四分）　金素单耳瓜杯二个（共重二两九钱）　金素尖脚无耳杯二个（共重四两三钱）　金杂色杯四个（共重五两八钱）　金加官晋禄爵盏一个（重四两七钱）　金大爵盏一十三个（共重八十三两三钱）　金中爵盏三十七个（共重二百三十两零一钱）　金小爵盏一十八个（共重四十六两六钱五分）　金素爵盏一十一个（共重二十九两五钱）　金套杯、羽觞各一副（计一十二件，共重三十两零八钱）

盘碗　金龙盘三个（共重二十四两三钱）　金飞鱼盘七个（共重四十七两）　金葵花飞鱼盘一十个（共重六十九两四钱）　金飞鱼素盘一十九个（共重九十六两五钱）　金花蟒盘二个（共重八两六钱）　金鲤跃龙门盘二个（共重一十四两二钱二分）　金凤穿花盘二个（共重九两六钱五分）　金飞鹤壁虎盘三个（共重二十两零五钱）　金攒花狮鸟酒盘一十六个（共重八十三两）　金狮球盘一十四个（共重七十四两）　金草兽盘一十个（共重六十二两八钱）　金螭虎方盘五个（共重三十九两四钱）　金螭虎圆盘五个（共重三十一两九钱）　金八仙庆寿酒盘五个（共重五十九两九钱）　金八仙庆寿花盘三个（共重一十九两）　金八仙图盘二面（共重一十三两二钱五分）　金八角玉堂学士盘一个（重九两七钱五分）　金王母蟠桃盘二个（共重一十五两四钱五分）　金瀛洲学士盘一个（重九两五钱）　金寿元福极盘四个（共重二十六两四钱）　金天圆地方盘四个（共重三十一两四钱）　金寿山方盘一个（重五两八钱五分）　金八角寿字盘六个（共重三十六两五钱五分）　金松竹梅大葵花盘二个（共重一十九两）　金葵花酒盘九个（共重四十五两五钱）　金葵花宁寿盘二个（共重一十三两一钱）　金葵花盘二个（共重九两零五分）　金葵花盘四个（共重二十七两二钱）　金葵花盘一十二个（共重四十九两七钱）　金菊花酒盘一十四个（共重六十五两五钱）　金菊花盘七个（共重三十一两一钱）　金莲菊花盘

一十七个（共重六十六两四钱）　金菊花心盘四个（共重一十三两七钱）　金荷花酒盘八个（共重五十五两）　金莲心鱼蟹盘二个（共重一十一两）　金荷叶盘一个（重一十两零五钱）　金莲花盘二个（共重七两四钱）　金甜瓜盘二个（共重一十五两一钱五分）　金庆春松竹梅盘二个（共重一十三两五钱）　金鹦鹉摘桃盘八个（共重四十七两）　金葫芦盘二个（共重一十两零六钱）　金菱花八宝盘二个（共重七两二钱）　金寿桃盘二个（共重一十六两七钱五分）　金柿子盘二个（共重一十九两）　金梅花盘二个（共重九两三钱二分）　金松竹梅盘二个（共重一十二两四钱）　金八角灵芝云盘六个（共重三十九两一钱）　金甜瓜盘一个（重九两七钱）　金攒花绦环盘一十一个（共重七十四两五钱）　金攒花酒盘二十四个（共重一百三十九两二钱）　金法蓝酒盘二个（共重一十五两）　金素绦环盘九个（共重四十五两五钱）　金四方酒盘二十六个（共重一百一十六两一钱）　金八方酒盘一十三个（共重八十六两四钱）　金圆酒盘一百一十二个（共重五百八十一两五钱五分）　金寿字盘六个（共重三十两零二钱）　金八宝盘二个（共重一十二两八钱）　金八卦盘二个（共重七两八钱）　金圆须弥座盘三个（共重一十三两一钱）　金方须弥座盘一个（重六两五钱五分）　金素方盘六个（共重四十三两三钱）　金圆花盘八个（共重四十三两）　金光素盘八十个（共重三百四十七两五钱）　金柳条盘一个（重八两七

钱） 金腰子盘二个（共重一十二两六钱四分） 金素净圆盘二十七个（共重一百一十五两九钱） 金绦环盘二个（共重一十一两零五分） 金方盘一个（重四两六钱五分） 金圆盘一十二个（共重五十四两） 金草兽松鹿花长盘五个（共重三十七两七钱） 金鹭鸶长花边盘一个（重六两四钱） 金花圆盘三个（共重一十七两四钱） 金素折碗三个（共重三十三两六钱） 金法蓝大折碗二个（共重五十两零六钱） 金大碗七个（共重一百二十三两七钱五分） 金飞鱼茶盅一十二个（共重八十一两九钱）

杂器 金茶匙四十根（共重一十六两六钱） 金茶匙六根（共重二两三钱） 金果盒一个（重六十四两六钱五分） 金镇纸二条（共重四两） 金小钵一个（连盖重一十两零二钱）

以上纯金器皿共三千一百八十五件，重一万一千零三十三两三钱一分（内复验出镀金杯、盘、镇纸，共五十五件，重一百二十四两八钱五分）。

一、金镶珠宝器皿 壶盂 金嵌宝石龙壶二把、盂二个（共重四十三两九钱） 嵌宝石金鹤福寿壶一把、盂一个（共重二十二两六钱） 嵌宝石顶金云鹤方壶二把（共重二十二两四钱） 金嵌宝石鹭鸶壶二把（共重三十六两） 金嵌珠宝八角壶一把、盂一个（共重二十七两） 金嵌宝石笙壶二把（共重八十六两）

杯盘 金嵌宝石凤杯二个（共重一十三两四钱） 金

嵌宝螭耳酒杯二个（共重八两三钱）　金嵌宝珠虾二只杯二个（共重三十二两二钱）　金嵌宝石石榴杯三个（共重一十六两九钱）　金嵌珊瑚宝石石榴杯一个（重二两）　金嵌宝石菊花杯十个（共重二十四两七钱）　金嵌宝菊花酒杯三个（共重四两一钱）　金嵌宝葵花杯二个（共重四两八钱）　金嵌宝葵花酒杯一十九个（共重三十六两三钱）　金嵌宝无耳葵花酒杯九个（共重一十一两二钱）　金嵌珠宝桃杯一十二个（共重七十一两五钱）　金嵌宝石玉桃杯八个（共重四十八两七钱）　金嵌宝桃杯八个（共重三十八两三钱）　金嵌宝甜瓜杯二个（共重四两九钱）　金嵌宝莲花酒杯二个（共重三两二钱）　金嵌宝莲子杯一个（重九两四钱）　金嵌宝石瓜桃杯六个（共重二十九两）　金嵌宝石荷叶杯二个（共重六两八钱）　金嵌宝石杯五十八个（共重一百一十八两）　金嵌宝石爵杯五个（共重二十两零七钱五分）　金嵌宝六角杯二个（共重五两八钱）　金嵌宝圆酒杯二十八个（共重五十六两五钱四分）　金嵌宝八角酒杯二个（共四两四钱）　金嵌宝瓜杯六个（共重二十四两二钱）　金嵌宝方斗杯一个（重二两七钱五分）　金嵌宝大圆杯一个（重八两六钱）　金嵌宝圆斗杯一个（重三两九钱八分）　金嵌宝石酒杯二十七个（共重四十一两五钱）　金嵌珠宝八方龙盘二个（共重一十六两二钱）　金嵌宝石福寿龙盘二个（共重一十二两）　金嵌宝石龙盘十个（共重五十一两八钱）　金嵌宝石八仙庆寿葵花盘一个

（重七两五钱）　金嵌宝石壁虎葵花盘二个（共重一十五两六钱）　金嵌宝石螭虎盘一十二个（共重三十五两八钱）　金嵌珠宝累丝葵花盘一个（重五两九钱）　金嵌宝石虾鱼盘一个（重九两二钱）　金嵌珠宝荷叶虾蟹盘一个（重八两七钱）　金嵌宝石花盘六个（共重二十九两四钱）　金嵌宝石菊花盘一个（重六两）　金嵌宝石荷叶盘二个（共重一十四两六钱）　金嵌珠宝盘四个（共重三十二两六钱）　金折丝嵌珠宝满池娇盘二个（共重一十一两二钱）　金嵌珠宝茶花大盘一个（重二十二两五钱）　嵌宝石金盘三个（共重三十四两二钱）　金嵌珠宝圆盘二个（共重六两）　金嵌宝石小方盘二个（共重四两七钱）　金嵌大珠宝盘二个（共重二十二两，上有猫睛二颗）　金嵌宝石大圆盘一十四个（共重一百二十五两）　金嵌宝石绦环样大盘十个（共重八十七两五钱）　金嵌宝石累丝盘二个（共重一十六两八钱）　金嵌大宝石折丝盘一个（重一十六两五钱）　金嵌珠宝四兽盘一个（重一十一两）　金嵌珠宝花绦环盘一十六个（共重一百三十两零一钱）　金嵌珠宝绦环盘二个（共重一十一两）　金嵌宝石攒花盘一十九个（共重一百一十五两四钱）　金嵌宝石八角花盘二个（共重一十五两三钱）　金嵌宝石八方盘一个（重一十两零七钱）　金嵌宝石八方盘二个（共重一十八两一钱）　金嵌宝石八角盘一个（重九两）

　　以上金镶珠宝器皿共三百六十七件，重一千八百零二两七钱二分。

一、金损坏杂色器皿　金大碗三个（共重九十七两七钱七分）　金酒壶四把（共重三十七两）　金人三个（共重八十三两六钱）　金龟鹤二个（共重四两）　金酒盘一个（重一十一两一钱）　金牌十二面（共重三十五两七钱）　金小瓶四个（共重六两）　金小勺二把（共重二两零五分）　金酒杯二个（共重一两九钱）　金箸二双（共重五两四钱五分）　金茶匙一百一十六根（共重四十二两六钱）　零碎金物一十二件（共重二十三两零七分）　金丝无胎茶盅五个（共重三十四两四钱）　金豸、金钱、金骰子一十五件（共重一十三两六钱）　金寿字并零碎事件七十件（共重五两七钱）

以上坏金器共二百五十三件，重四百零三两九钱二分。

连前各项金器，计三千八百零五件，重一万三千二百三十九两九钱五分。

一、首饰　金镶珠玉首饰　金镶玉宝寿福禄首饰一副（计一十一件，共重三十三两七钱）　金镶玉凤顶珠宝首饰一副（计一十四件，共重二十两零三钱）　金镶玉孔雀牡丹首饰一副（计一十三件，共重一十七两）　金镶玉桃孔雀首饰一副（计一十八件，共重一十六两五钱）　金镶玉寿星首饰一副（计一十件，共重二十五两一钱）　金镶玉仙花首饰一副（计一十三件，共重二十一两四钱）　金镶玉莲首饰一副（内猫睛一颗，计一十二件，共重二十两零三钱）　金镶玉牡丹首饰一副（计一十件，共重二十一两三钱）　金镶玉草虫嵌宝首饰一副（计一十二件，共重一十五两八钱）　金镶玉宝首饰一副（计一十五件，内四件有玉，共重一十四两五钱）　金镶玉蟹荷叶首饰一副（计一十三件，银脚，共重一十一两四钱九分）　金镶玉宝折丝首饰一副（计一十件，共重二十二两四钱）　金镶玉点翠珠宝首饰一副（计一十二件，共重二十四两五钱）　金镶玉花首饰一副（计一十八件，内三件有玉，共重一十二两九钱）　金镶玉仙玉兔首饰一副（计一十件，共重一十五两七钱）　金镶玉人物花草首饰一副（计一十件，共重一十五两三钱六分）　金镶玉草虫首饰一副（计十一件，共重一十六两一钱）　金镶玉宝人物凤鸟首饰一副（计十一件，共重一十五两八钱）　金镶玉人物嵌珍宝首饰一副（计一十一件，共重二十五两）　金镶玉花草首饰一副（计一十九件，共重一十六两一钱七分，内有银脚）　金镶玉累丝首饰一副（计一十件，共重一十四两三钱四分，内猫睛一颗）　金镶玉寿星首饰一副（计一十件，共重二十六两四钱五分，内小猫睛四颗）　金镶玉累丝佛塔首饰一副（计一十二件，共重一十五两四钱）

以上金镶珠玉首饰，共二十三副，计二百八十四件，共重四百四十八两五钱一分。

金镶珠宝首饰　金镶大珠猫睛天上长庚首饰一副（计一十件，共重三十七两七钱）　金镶大珠猫睛人间寿域首饰一副（计八件，共重二十四两一钱）　金镶大珠簇花首饰一副（计一十件，共重二十六两二钱五分）　金镶大珠累丝首饰一副（计八件，内猫睛五颗，共重二十二两七钱）　金镶大珠孩儿首饰一副（计一十件，内猫睛三颗，共三十七两三钱八分）　金大珠八仙首饰一副（计一十三件，内猫睛三颗，共重三十八两六钱五分）　金镶大珠宝草虫首饰一副（计一十件，共重二十二两六钱）　金镶大珠宝首饰一副（计一十件，内猫睛一颗，共重三十两零三钱）　金镶庆无穷寿首饰一副（计一十一件，内猫睛四颗，共重三十九两五钱）　金镶龙凤首饰一副（计一十一件，共重二十七两五钱五分，内有银脚）　金镶累丝龙凤首饰一副（计一十一件，共重二十六两二钱）　金镶折丝五凤珠宝首饰一副（计七件，共重一十六两七钱）　金镶宝石单凤衔珠首饰一副（计七件，共重一十四两八钱）　金镶双凤大珠宝首饰一副（计一十三件，共重一十九两二钱）　金镶折丝五凤珠宝首饰一副（计一十五件，共重二十九两五钱）　金镶珠宝累丝凤鸟首饰一副（计一十件，共重一十九两）　金镶凤鸳首饰一副（计一十四件，内珠宝小扇二把，共重一十九两八钱）　金镶大凤珠宝首饰一副（计八件，共重一十五两零五分）　金镶珠宝九凤翠钿首饰一副（计一十二件，共重一十七两四钱）　金镶珠宝大凤衔珠首饰一副（计八件，共重一十一两一钱）　金镶大凤嵌宝石首饰一副（计一十件，共重二十一两七钱）　金镶大凤刘海戏蟾首饰一副（计九件，共重一十七两七钱）　金镶观音珠凤首饰一副（计四件，共重二十两零三钱）　金凤牡丹珍宝首饰一副（计一十件，共重一十六两四钱）　金丹凤嵌大珍宝首饰一副（计一十五件，共重一十八两八钱五分）　金镶双凤穿花大珠首饰一副（计九件，共重一十二两八钱）　金镶五凤嵌大珍宝首饰一副（计一十一件，共重一十四两五钱）　金镶玉凤头大珍宝首饰一副（计一十二件，共重三十三两一钱）　金镶凤穿牡丹大珍宝首饰一副（计一十件，共重一十八两八钱）　金镶折丝凤嵌大宝石首饰一副（计一十二件，共重二十一两）　金累丝凤花嵌珠宝首饰一副（计一十件，共重一十八两）　金镶珠宝凤雀花草首饰一副（计一十一件，共重一十两零八钱二分）　金镶珠宝累丝凤鸟首饰一副（计一十件，共重一十三两二钱五分）　金镶珠宝群凤衔珠首饰一副（计一十五件，共重一十五两四钱）　金镶飞鱼点翠嵌珍宝首饰一副（计九件，共重一十八两五钱）　金镶王母青鸾嵌宝首饰一副（计一十三件，共重一十三两四钱）　金镶珠孔雀石榴首饰一副（计八件，猫睛一颗，共重一十七两三钱）　金镶折丝孔雀牡丹珠宝首饰一副（计八件，共重一十一两七钱）　金镶孔雀牡丹珠宝首饰一副（计九件，共重一十六两八钱）　金镶孔雀牡丹嵌宝首饰一副（计一十一件，共重一十八两九钱五分）　金镶孔雀穿花嵌宝首饰一副（计一十件，共重一十八两八钱二分）　金镶孔雀嵌珠宝首饰一副（计一十二件，共重一十五两五钱）　金镶珠宝寿星花草首饰一副（计一十件，共重一十一两九钱三分）　金镶珠宝寿星首饰一副（计一十件，共重二十四两五钱七分）　金镶楼阁群仙首饰一副（计一十一件，内猫睛一颗，共重一十五两四钱）　金镶观音顶翠钿首饰一副（计一十一件，共重二十两零四钱五分）　金镶八仙庆寿玉鹤首饰一副（计一十件，共重一十七两九钱）　金镶松竹梅寿星珠首饰一副（计八件，共重一十九两一钱五分）　金镶群仙庆寿珠宝首饰一副（计一十件，共重二十三两七钱）　金镶珠宝加官进禄首饰一副（计一十三件，共重二十两零六钱）　金观音度仙嵌大珍宝首饰一副（计一十二件，共重一十六两）　金八仙庆寿大珍宝首饰一副（计一十四件，共重一十七两零五分）　金镶珠宝洞宾松鹿首饰一副（计一十二件，共重一十九两二钱）　金珠宝观音葫芦首饰一副（计一十八件，共重一十五两九钱二分）　金群仙捧寿大珍宝首饰一副（计九件，共重一十五两六钱）　金镶八仙庆寿大珍宝首饰一副（计一十件，共重一十六两三钱）　金镶寿星骑鹤大珍宝首饰一副（计一十件，共重一十六两一钱）　金镶仙鹤点翠大珍宝首饰一副（计九件，共重二十六两四钱）　金镶观音嵌宝首饰一副（计一十二件，内嵌玉一件，共重一十八两一钱）　金镶寿星珠宝首饰一副（计一十四件，共重一十五两）　金镶王母捧寿嵌珠宝首饰一副（计二十件，共重八两七钱）　金镶福字嵌珠宝首饰一副（计一十四件，共重八两六钱）　金观音首饰一副（计一十五件，共重一十一两二钱）　金镶香八仙庆寿首饰一副（计八件，共重一十二两六钱）　金镶珠宝累丝草虫首饰一副（计一十一件，共重一十四两三钱五分）　金镶人物楼台累丝首饰一副（计一十三件，共重一十四两六钱）　金镶累丝楼台人物首饰一副（计一十一件，共重一十三两四钱）　金镶折丝人物楼台首饰一副（计八件，共重二十一两九钱）　金镶福寿双全大珠宝首饰一副（计九件，共重三十两零五钱）　金镶折丝草虫珠宝首饰一副（计九件，共重一十三两五钱）　金镶珠宝蟾宫桂兔首饰一副（计九件，共重一十二两五钱）　金镶折丝福禄珠宝首饰一副（计九件，共重一十八两六钱）　金镶折丝灯笼狮象珠首饰一副（计九件，共重一十一两九钱）　金镶折丝寿星珠宝首饰一副（计一十三件，共重一十九两二钱）　金镶折丝长命富贵珠首饰一副（计一十五件，共重一十四两九钱）　金镶鱼鹭顶珠宝首饰一副（计一十七件，共重一十六两三钱）　金镶折丝荔枝草虫首饰一副（计一十四件，共重一十四两零一分）　金镶累丝寿福禄首饰一副（计一十件，共重二十五两七钱一分）　金镶珠宝累丝簇花首饰一副（计一十件，共重一十九两）　金镶珠宝攒花首饰一副（计一十件，共重二十一两二钱八分，内猫睛一颗）　金镶珠宝人物花草首饰一副（计一十件，共重一十六两三钱三分）　金镶珠宝簇花首饰一副（计一十件，共重一十九两五钱五分）　金镶珠宝攒花首饰一副（计一十件，共重一十七两二钱四分）　金镶珠宝佛塔杂人物首饰一副（计一十件，共重一十三两九钱）　金镶三顾茅庐首饰一副（计一十件，共重一十三两四钱五分）　金镶天师骑艾虎首饰一副（计一十件，共重一十四两七钱四分）　金镶珠宝杂色首饰一副（计一十件，共重一十两零七钱）　金镶珠宝草虫首饰一副（计一十件，共重一十二两三钱二分）　金镶珠宝人物杂色首饰一副（计一十三件，共重八两三钱四分）　金镶珠宝杂色首饰一副（计一十二件，共重七两九钱六分）　金镶珠宝杂色首饰一副（计一十一件，共重一十一两二钱七分）　金镶珠宝杂色首饰一副（计一十件，共重七两九钱六分）　金镶珠宝杂色首饰一副（计一十四件，共重一十七两一钱三分）　金镶累丝首饰一副（计一十件，共重二十二两三钱二分，内宝石十七颗）　金镶累丝草虫珠宝首饰一副（计十件，共重一十二两五钱）　金镶双蝶牡丹珠宝首饰一副（计一十件，共重一十九两）　金镶香仙珠宝首饰一副（计九件，共重一十九两）　金镶蝴蝶穿梅翠首饰一副（计一十二件，共重二十两零五钱五分）　金镶珠宝珊瑚玉蝴蝶首饰一副（计一十件，共重二十一两三钱）　金镶珠宝灯笼首饰一副（计九件，共重二十一两二钱）　金镶珠宝楼台人物首饰一副（计一十件，共重一十九两零五分）　金镶珠宝珊瑚首饰一副（计一十件，共重一十二两八钱）　金镶珠宝石榴顶首饰一副（计一十四件，花一朵，共重二十六两）　金镶珠宝黄鹤楼顶首饰一副（计一十四件，共重二十四两）　金镶张骞乘槎珊瑚首饰一副（计一十六件，共重一十一两五钱）　金镶佛塔嵌珠宝[首]饰一副（计一十六件，共重一十二两四钱）　金镶折丝荔枝嵌珠宝首饰一副（计一十六件，共重一十一两六钱）　金镶人物楼台点翠首饰一副（计一十件，共重一十四两七钱五分）　金镶草虫点翠嵌珠宝首饰一副（计一十二件，共重一十八两八钱）　金牡丹花大珠宝首饰一副（计一十二件，共重二十五两七钱）　金镶点翠嵌珠宝首饰一副（计一十二件，共重二十两五钱）　金仙人点翠嵌大珍宝首饰一副（计一十件，共重一十七两二钱）　金孔雀点翠嵌大珍宝首饰一副（计一十件，共重一十九两五钱）　金八仙点翠嵌大珍宝首饰一副（计一十件，共重一十五两八钱）　金凤点翠嵌大珍宝首饰一副（计一十二件，共重一十两六钱）　金寿星点翠嵌大珍宝首饰一副（计一十件，共重一十五两八钱）　金福禄点翠嵌大珍宝首饰一副（计一十二件，共重一十七两四钱）　金寿星骑鹤嵌大珍宝首饰一副（计一十件，共重一十七两九钱）　金楼台殿阁嵌大珍宝首饰一副（计一十件，共重一十九两七钱）　金蝴蝶点翠嵌大珠宝首饰一副（计一十四件，共重二十三两六钱）　金观音折丝嵌珍宝首饰一副（计一十四件，共重一十七两二钱）　金寿字折丝大珍宝首饰一副（计一十二件，共重一十九两五钱）　金寿星鹤鹿珍宝首饰一副（计一十二件，共重一十八两二钱五分）　金佛塔点翠嵌大珍宝首饰一副（计一十二件，共重一十六两七钱）　金镶折丝嵌大珠宝首饰一副（计九件，共重一十两零九钱）　金镶鸳鸯戏莲大珍宝首饰一副（计一十件，共重三十两零八钱）　金镶草虫嵌珠宝首饰一副（计九件，共重九两二钱）　金镶折丝嵌大珍宝首饰一副（计一十件，共重一十六两九钱）　金镶月兔嵌大珍宝首饰一副（计一十一件，共重一十四两八钱）　金镶福禄嵌大珠宝首饰一副（计一十件，共重一十二两九钱）　金镶珠宝首饰一副（计一十件，共重六两七钱）　金镶楼阁人物大珠宝首饰一副（计十一件，共重一十五两）　金镶寿星楼阁嵌宝首饰一副（计一十三件，共重一十六两一钱）　金嵌宝石人马首饰一副（计一十四件，共重一十四两六钱）　金镶人马蝴蝶嵌宝首饰一副（计一十四件，共重一十五两一钱）　金镶蝴蝶嵌珠宝首饰一副（计一十一件，共重一十六两五钱五分）　金镶楼台人物嵌珍宝首饰一副（计一十件，共重一十七两）　金镶蝴蝶珠宝首饰一副（计一十件，共重二十两零五钱）　金镶楼阁人物珠宝首饰一副（计一十二件，共重一十七两五钱）　金镶心字嵌大珠宝首饰一副（计一十件，共重二十两零八钱）　金镶牡丹花嵌珍宝首饰一副（计一十六件，共重一十六两七钱）　金镶仙人嵌珍宝首饰一副（计一十六件，共重一十二两九钱）　金镶蝴蝶戏花珍宝首饰一副（计二十一件，共重一十四两八钱）　金镶永喜珠宝首饰一副（计一十五件，共重一十二两）　金镶牡丹嵌珠宝首饰一副（计一十件，共重一十五两五钱）　金镶花草折丝嵌宝首饰一副（计一十六件，共重一十一两九钱）　金镶二佛嵌珠宝首饰一副（计一十四件，共重一十三两二钱）　金镶花草嵌珠宝首饰一副（计二十件，共重一十四两一钱）　金镶人物首饰一副（计一十八件，共重一十二两二钱）　金牡丹花首饰一副（计一十五件，共重一十三两一钱）　金骑马人物首饰一副（计一十五件，共重一十六两七钱）　金镶朱砂首饰一副（计八件，共重一十四两八钱七分）　金飞鱼人物首饰一副（计一十一件，共重一十两零八钱六分）　金素杂色人物莲花首饰一副（计七件，共重七两二钱一分）　金累丝翠楼人物首饰一副（计一十件，共重一十九两一钱八分）　金素云龙人物首饰一副（计一十一件，共重一十四两五钱七分）　金素人物楼台杂色首饰一副（计一十件，共重九两三钱五分）　金素云人物花草首饰一副（计一十件，共重七两七钱六分）　金头银脚首饰一副（计一十件，共重一十五两四钱）

以上金镶珠宝首饰共一百五十九副，计一千八百零三件，共重二千七百九十二两二钱六分。

头箍围髻　金玉围髻一条（重三两三钱）　金宝髻一顶（重九两三钱）　金髻三顶（共重一十五两八钱）　金丝髻五顶（共重一十八两六钱）　金镶珠宝头箍七件（连绢共重二十七两九钱八分）　金镶珠玉宝石头箍二条（共重一十六两一钱五分）　金镶珠玉头箍二条（共重八两五钱）

以上头箍围髻共二十一条，共重九十九两六钱三分。

耳环耳坠　金珠凤头耳环一双　金镶四珠耳环五双　金镶八珠耳环四双　金镶珠宝累丝灯笼耳环一双　金镶珠宝童子攀莲耳环一双　金镶玉耳环五双　金水晶仙人耳环一双　金圆水晶耳环一双　金方水晶耳环一双　金宝琵琶耳环四双　金宝葫芦耳环一双　金镶珠耳环一双　金珠茄子耳环三双　金观音耳环一双　金折丝耳环一双　金葫芦耳环一双　金镶珠宝耳环二双　纯金方棱耳环一双　金镶玉人耳环二双　金镶玉圆珠耳环六双　金镶玉灯笼耳环四双　金宝菊花耳环二双　金镶珠宝耳环一双　金珠姜零子耳环四双　金镶四珠耳环四双　金宝八珠耳环三双　金镶四珠宝耳环五双　金点翠珠宝耳环一双　金折丝耳环一双　金镶珠宝耳环二双　金镶大四珠耳环一双　金镶中四珠耳环一双　金折丝点翠四珠二面宝石耳环三双　金镶四珠宝石古老钱耳环一双　金折丝楼阁人物珠串耳环一双　金折丝珠串灯笼耳环二双　金镶八珠姜零子耳环一双　金累丝寿字耳环一双　金珠串灯笼耳环三双　金珠串楼台人物耳环一双　金镶香耳环二双　金镶四珠耳环一双　金折丝梅花耳环一双　金折丝牡丹耳环一双　金宝柿子耳环一双　金珠宝排耳环九双　金光耳环三双　金折丝琵琶耳环一双　金折丝菊花耳环七双　金镶十珠耳环一双　金折丝杏花耳环一双　金累胜珠宝耳环一双　金珠宝姜零子耳环一双　金珠宝葫芦耳环二双　金光葫芦耳环七

双　金折丝葫芦耳环三双　金镶珠宝耳环二双　金累丝灯笼耳环八双　金水晶耳环二十一双　金累丝葫芦耳环二双　金折丝葫芦耳环一双　金葫芦耳环五双　金折丝灯笼耳环八双　金折丝菊花耳环二双　金累丝葫芦耳环一双　金折丝寿字耳环一双　金光葫芦耳环八双　金灯笼珠耳坠三双　金光耳坠九双　金累丝球环耳坠六双　金累丝灯笼耳坠三双　金折丝楼阁耳坠一双　金玉寿字耳坠一双　金玉灯笼耳坠五双　金镶玉茄耳坠三双　金镶玉桃耳坠二双　金镶猫睛耳坠一双　金镶珠宝茄耳坠二双　金镶二珠耳坠一双　金宝灯笼耳坠一双　金镶珠宝耳坠一双　金珠梅花耳坠二双　金镶大青宝石大珠耳坠六双　金镶大红小红大宝石耳坠三双　金折丝灯笼耳坠一双　金折丝绣球珠盖耳坠一十二双　金折丝珠串灯笼耳坠一十三双　金珊瑚珠耳坠一双　金镶琥珀耳坠一双　金镶玛瑙耳坠一双　金镶雄黄耳坠一双　金镶菊花二面宝石耳坠一双　金镶珠累丝灯笼耳坠一双　金宝琵琶耳坠一双　金甜瓜耳坠一双　金小耳坠一双　金镶水晶耳坠一双　金嵌珠宝耳坠一双　金耳坠一双　金镶珠耳塞一双

以上耳环耳坠共二百六十七双，共重一百四十九两八钱三分。

坠领坠胸事件　金镶凤头累丝珠串宝石坠领一挂　金嵌点翠珊瑚珠玉坠领一挂　金镶玉鱼折丝珊瑚

宝石坠领一挂　金镶玉鱼嵌珠宝坠领一挂　金镶玉螭折丝嵌珠宝珊瑚坠领二挂　金镶玉兔折丝嵌珠宝珊瑚坠领一挂　金镶玉鸳鸯折丝珊瑚宝石坠领一挂　金镶珊瑚龟兔嵌珠宝坠领二挂　金镶玉芝折丝珊瑚宝石坠领一挂　金镶玉仙折丝珊瑚宝石坠领一挂　金镶玉莲嵌珠宝坠领一挂　小玉坠领一挂、零碎二件　金镶玉玲珑福寿坠领二挂　金练螺钿坠领一挂　金练圆玉坠领一挂　金镶珠宝坠领一挂　金镶玉钱坠领一挂　金镶玉寿字坠领一挂　金镶玲珑玉芝坠领二挂　金折丝镶珍宝坠领二挂　金折丝宝盖楼阁坠领二挂　金折丝宝坠领二挂　金嵌珠宝坠领三挂　金嵌珊瑚坠领一挂　金累丝宝坠领四挂　金折丝珠坠领一挂　金镶坠领一挂　金镶珊瑚坠领一挂　金折丝坠领三挂　金折丝坠胸五挂　金折丝珠坠胸四挂　金凤牡丹七事一挂　金素七事一挂　金镶宝玉七事一挂　金镶宝玉四事一挂　金镶宝玉禁步二挂　金镶石榴事件一吊

以上坠领坠胸事件共六十二件，共重一百七十九两二钱六分。

金簪　金镶玉瓜头簪二根　金玉顶梅花簪二根　金镶玉梅花簪二根　金镶玉圆头簪六根　金镶玉石榴簪二根　金玉玲珑榴簪二根　金镶玉梅花簪二根　金镶玉方头簪一根　金镶玉头簪四根　金镶玉簪四根　金玉鸳鸯小插二根　金镶玉莲小插二根　金镶玉茶边花簪

二根　金镶玉银脚簪二根　金水晶银脚簪二根　金镶宝珠簪四根　金累丝玉虫簪二根　金嵌宝翠簪一十根　金镶珠宝银脚簪七根　金镶珠宝簪三根　金镶玉宝簪四根　玉头金脚簪二根　金镶玉簪一十根　金桃花顶簪一十根　金桃花珠顶簪二根　金梅花宝顶簪六根　金菊花宝顶簪六根　金镶蜂采花钗一根　金镶鹭鸶莲钗二根　大小金簪九根　金镶珠宝顶簪六根　金水晶宝顶簪八根　金折丝桃花簪四根　金倒垂莲宝簪二根　金点翠梅花簪二根　金宝石梅花簪二十四根　金簪六根　金宝石顶簪二十根　金顶银脚簪一十二根　金素银脚簪六根　金镶珠子顶簪二根　金镶倒垂莲簪二根　金镶猫睛顶簪一根　金镶水晶簪一根　金宝石菊花簪四根　金镶素顶簪一十根　金顶簪六根　金大小簪二十一根　金镶宝石簪一十一根　金宝顶桃花簪六根　金珠顶菊花簪八根　金折丝簪一十根　金珠宝梅花簪四根　金宝头簪一十八根

以上金镶珠宝簪共三百零九根，共重九十二两八钱四分（一作重八十八两八钱一分）。

镯钏　金螭头镯一十件（共重二十八两五钱）　金贯珠镯四件（共重一十一两四钱）　金圆茎镯四件（共重一十一两四钱）　金八方镯二件（共重五两七钱）　金累丝嵌珠镯二件（共重七两）　金宝镯五件（共重一十二两七钱五分）　金镶玉嵌珠宝手镯二件（共重七两零五分）　金实

地嵌珠宝手镯七件（共重一十八两八钱）　金镶珠宝折丝大手镯十六件（共重五十七两）　金起花镯二件（共重六两三钱）　金宝镯一十二件（共重四十四两三钱）　金折丝镯八件（共重一十四两一钱）　金珠宝大镯二件（共重九两九钱）　金手钏圈九件（共重三十七两五钱）　金镶珠宝镯六件（共重四十六两八钱五分）　金花钏一十件（共重七十四两二钱）　金素钏四件（共重二十七两三钱五分）

以上镯钏共一百零五件，共重四百二十两零一钱。

杂样首饰　杂色金首饰四十八件（共重二十五两三钱三分）　金镶玉宝首饰二十一件（共重一十两）　金镶珠宝首饰二十九件（共重一十八两九钱）　金镶玉珠宝首饰二十八件（共重二十一两一钱）　金镶珠宝首饰六件（共重五两零四分）　金镶珠宝首饰六十二件（共重三十一两七钱）　金镶珠宝各样首饰一十五件（共重一十一两四钱）　金镶珠宝大小首饰二十六件（共重二十一两）　金镶珠宝首饰一十五件（共重一十两零六钱五分）　金镶珠宝大小首饰三十五件（共重二十一两二钱）　金镶珠宝各样首饰三十三件（共重九两六钱）　金镶珠宝大小首饰三十七件（共重一十七两九钱）　金镶珠宝各样首饰三十二件（共重九两三钱）　金镶珠宝零碎首饰（共重三百一十两，内银脚一百一十两）　金狮子麒麟等物一十二件（共重三十八两三钱）　金镶首饰四十七件（共重二十两三钱二分）　金镶大小不等首饰二十一件（共重一十八两

131

零五分）　金镶大小不等首饰一十七件（共重一十二两五钱）　金镶宝石珠串福禄寿荷包一个（重五两一钱）　金镶玉荷包一个（重一十五两一钱）　金荷包一个（重六两六钱）　金嵌珍宝白玉荷包一个（重一十一两七钱）　金嵌宝楼阁人物荷包一挂（重六两四钱五分）　金宝荷包一挂（重一十两零八钱二分）　金宝方牌一面（重七两四钱五分）　金荷包事件一挂（重五两七钱三分）　金福寿八仙牡丹二十八枝（内嵌宝二枝，共重四十一两五钱）　金累丝寿福禄花三十四枝（连绒共重四十六两六钱）　金双庆等花二十四枝（连绒翠共重三十三两三钱）　金牡丹花八枝（连绒共重八两一钱）　金翠花二十四枝（共重二十五两四钱五分）　金折丝花三十四枝（共重三十四两）　金玉梅花小钗二根（共重七钱）　金玉鱼宝簪一根（重三钱五分）　金玉团花二件（共重五钱三分）　金玉人物一件（重一两五钱二分）　金镶玉寿字一件（重五钱）　金镶玉石榴一件（重一两五钱）　金镶玉蝴蝶一件（重二两二钱）　金镶玉小钗三根（共重一两五钱五分）　金戒指一十个（共重一两三钱）　金戒指二十八个（共重三两六钱七分）　金镶宝石水晶戒指一十九个（共重二两六钱，内猫睛一颗）　金累丝美人游宴玲珑掩耳一副（计五件，共重一十二两三钱五分）　金累丝夜游人物掩耳一副（连缀重九两八钱）　金八仙掩耳一副（计五件，重六两）　金镶宝石扣一副（重一钱八分）　金牙杖一副（重四钱二分）　金庚帖牌二面（共

重四两三钱四分） 金珊瑚边花二根（共重一两八钱） 金
雁衔梅钗二根（共重一两二钱） 金蝶恋花钗四根（共重
三两五钱） 金压尺二根（共重二两七钱八分） 金双蝶边
花二根（共重九钱五分） 金锁银练一挂（共重一两三钱二
分） 金宝串牌一副（重一两七钱七分） 金花筒二根（重
四钱三分） 金豸一个（重九钱七分） 金小双牌一挂（重
三两一钱） 金纽扣三个（共重三钱三分） 金掠二根（重
四两五钱） 金凤珠结子四吊（共重八两七钱三分） 金凤
八宝灯笼小珠串挑排六挂（共重四两） 金凤挑排金叠
胜珊瑚珠串二挂（共重七两五钱） 金凤仙童珠串小挑排
七挂（共重七两八钱二分） 珍珠小结零碎小玉一包（共
重一两七钱五分） 零碎金珠珊瑚各一包（共重二两三钱六
分） 零碎金首饰不计件（共重二十二两五钱二分）

以上杂色金首饰共七百七十六件，共重九百九十七
两零三分。

帽顶 金镶珠宝帽顶三个 金镶珠帽顶三个 金镶
玉帽顶一个 金镶绿宝石帽顶一个 金镶青宝石帽顶
一十三个 金镶红宝石帽顶五个 金镶黄宝石帽顶一
个 金镶宝石帽顶八个

以上帽顶共三十五个，共重七十七两一钱七分。

绦环 金镶玉海内英雄珠宝绦环一件（重五两九
钱） 金镶玉莺朝阳珠宝绦环一件（重六两八钱） 金
镶玉龙玩月绦环一件（重二两一钱五分） 金镶玉蟹吞

珠二宝绦环一件（重五两一钱）　金镶玉鹿献芝猫睛宝石绦环一件（重二两九钱）　金镶玉蟹吞珠猫睛珠宝绦环一件（重六两七钱五分）　金镶玉莲蟹嵌珠宝绦环一件（重三两二钱五分）　金镶玉鹭采莲宝石绦环一件（重六两六钱）　金镶玉螭虎珠宝绦环四件（共重二十二两八钱五分）　金镶玉环珠宝绦环一件（重六两七钱）　金镶玉鸳鸯戏莲绦环一件（重六两八钱五分）　金镶玉孔雀牡丹珠宝绦环一件（重四两三钱）　金镶玉牧童牛背珠宝绦环一件（重三两六钱三分）　金镶玉李白骑鲸宝石绦环一件（重一十六两六钱）　金镶玉蟹大珠宝绦环一件（重九两三钱五分）　金镶玉艾虎大珠宝绦环一件（重三两零五分）　金镶玉连环宝绦环一件（重二两三钱五分）　金镶玉莲蓬珠宝石绦环一件（重六两九钱）　金镶玉满池娇宝石绦环一件（重九两九钱）　金镶玉飞鱼宝石绦环一件（重一十两零四钱）　金镶玉蟾宫玉兔宝石绦环一件（重六两二钱）　金镶玉鸳鸯芝草珠宝绦环一件（重三两九钱）　金镶玉牡丹宝石绦环一件（重三两五钱）　金镶玉云龙累丝绦环一件（重六两二钱五分）　金镶玉云鹤猫睛宝石绦环一件（重四两八钱五分）　金镶玉叠方胜宝石绦环一件（重一两六钱五分）　金镶玉螭虎三截绦环一件（重五两）　金镶玉云龙大珠宝绦环一件（重七两四钱五分）　金镶碧玉大珠宝绦环一件（重五两五钱五分）　金镶玉圆心螭虎大珠宝绦环一件（重七两一钱）　金镶玉

灵芝宝石绦环一件（重二两一钱五分）　金镶玉芙蓉金菊珠宝绦环一件（重五两零五分）　金镶玉鹭采莲珠宝绦环一件（共重一十六两七钱五分）　金镶玉蟹珠宝绦环一件（重一十三两五钱）　金镶玉莺宝石绦环一件（重六两五钱）　金镶碧玉鹿鹤灵芝珠宝绦环一件（重六两八钱五分）　金镶玉牛珠宝绦环一件（重五两二钱五分）　金镶玉三截宝石绦环一件（重五两四钱五分）　金镶玉三节抹金绦环一件（重六两五钱五分）　金累丝三龙捧珠绦环一件（猫睛一颗，重三两九钱五分）　金镶水晶螭虎珠宝绦环一件（重七两五钱五分）　金镶玉宝素绦环一件（重二两）　金镶猫睛螃蟹珠宝绦环一件（重八两三钱）　金镶猫睛珠宝大长绦环一件（重七两二钱）　金镶猫睛牡丹珠宝绦环一件（重七两八钱）　金镶猫睛珠宝绦环一件（重二两九钱五分）　金镶猫睛祖母绿大珠宝绦环一件（重五两三钱九分）　金镶猫睛大珠宝绦环二件（共重一十两零九钱）　金镶猫睛嵌珠宝绦环一件（重二两四钱）　金镶猫睛三牡丹珠宝绦环一件（重一十四两九钱）　金镶猫睛大青绿墨珠宝绦环一件（重五两）　金镶猫睛螭虎珠宝绦环一件（重八两一钱五分）　金镶猫睛心字祖母绿珠绦环一件（重五两六钱五分）　金镶猫睛鱼虾珠宝绦环一件（重三两一钱）　金镶猫睛麋鹿衔芳草绦环一件（重一十二两四钱八分）　金镶大猫睛十二珠绦环一件（重四两零七分）　金镶墨猫睛大珠宝绦环一件（重六两五钱）　金镶猫睛点翠宝石绦环一件（重五两四钱）　金镶猫睛福禄大珠宝绦环一件（重三两九钱）　金镶猫睛大珠宝绦环一件（重六两一钱）　金镶珠宝累丝大绦环三件（共重一十六两三钱五分）　金镶累丝珠宝小绦环四件（共重一十一两九钱）　金镶珊瑚螭虎绦环二件（共重八两二钱五分）　金镶心字折丝珠宝绦环一件（重四两四钱五分）　金镶宝石四方绦环一件（重二两五钱）　金镶福寿字珠宝绦环一件（重五两一钱五分）　金镶福禄字珠宝绦环一件（重七两三钱）　金镶珠宝叠胜绦环一件（重四两六钱）　金镶大八珠福寿康宁绦环一件（重七两一钱）　金镶孔雀牡丹珠宝绦环一件（重一十七两八钱）　金镶志字大珠宝绦环一件（重一十两零六钱）　金镶圆月大珠宝绦环一件（重五两四钱）　金镶折丝珠宝绦环一件（重四两零五分）　金镶八珠三宝绦环一件（重四两九钱五分）　金镶螃蟹大青宝石四珠绦环一件（重一十两零一钱五分）　金镶大二珠三宝绦环一件（重八两一钱）　金镶圆样珠宝绦环二件（共重九两九钱）　金镶长样珠宝绦环二件（共重三两七钱五分）　金镶福寿珠宝绦环一件（重二两四钱五分）　金镶香二龙戏珠珠宝绦环一件（重二两六钱）　金镶累丝十珠二十三宝石绦环一件（重一十四两一钱）　金镶大牡丹珠宝绦环一件（重一十四两五钱）　金镶三宝累丝绦环一件（重一十一两七钱五分）　金镶三宝叠胜绦环一件（重二两九钱五分）　金镶永保长生珠宝绦环一件（重四两六

钱） 金镶琥珀珠宝绦环一件（重三两一钱五分） 金镶松竹梅珠宝绦环一件（重八两八钱） 金镶双蝶采花珠宝绦环一件（重九两七钱） 金镶折丝菊花珠宝绦环一件（重三两七钱） 金镶折丝牡丹花珠宝绦环一件（重四两八钱五分） 金镶八珠大宝石莲子绦环一件（重六两九钱） 金镶八珠三宝绦环一件（重四两三钱） 金镶折丝大小长绦环六件（共重一十六两二钱） 金镶香绦环二件（共重三两七钱） 金镶虾蟹嵌大珠宝绦环一件（重一十九两三钱） 金镶八珠大绿宝石绦环一件（重八两七钱五分） 金镶菊花珠宝绦环一件（重四两二钱五分） 金镶莲花珠宝绦环一件（重四两六钱五分） 金镶四珠三宝大绦环一件（重一十二两九钱五分） 金镶二龙戏珠[珠]宝绦环一件（重二两八钱） 金镶蜻蜓采菊珠宝绦环一件（重二两八钱五分） 金镶折丝嵌珠宝叠胜绦环一件（重一两五钱五分） 金镶双层珠宝绦环一件（重三两二钱） 金镶三清珠宝菊花绦环一件（重三两四钱五分） 金镶叠胜双层珠宝绦环一件（重二两三钱五分） 金镶五宝累丝绦环一件（重二两八钱） 金镶珊瑚奇南香绦环一件（重四两一钱） 金镶双层菊花珠宝绦环一件（重四两二钱） 金镶起花珠宝绦环一件（重一两二钱） 金镶葵花珠宝绦环一件（重三两七钱） 金镶菊花珠宝绦环一件（重四两一钱五分） 金镶花样长绦环大小三件（共重一十两零七钱） 金镶狮象大珠宝绦环一件（重二十四两八钱五分） 金镶八

珠大宝石绦环一件（重五两三钱） 金镶松竹梅八珠三宝绦环一件（重六两三钱） 金镶八珠三宝绦环一件（重四两三钱五分） 金镶松竹梅二珠三宝绦环一件（重四两零五分） 金镶折丝珠宝长样绦环三件（共重一十二两五钱五分） 金镶起花嵌珠宝绦环二件（共重五两九钱） 金镶三宝绦环一件（重四两九钱八分） 金镶三牡丹大珠宝绦环一件（重一十二两二钱八分） 金镶螭虎大珠宝绦环一件（重九两零五分） 金镶琵琶珠宝绦环一件（重五两一钱） 金镶葵花珠宝绦环一件（重七两八钱八分） 金镶螃蟹大珠宝绦环一件（重一十二两七钱八分） 金镶三清宝石八珠绦环一件（重八两一钱） 金镶二珠三宝绦环一件（重五两四钱八分） 金镶折丝珠宝绦环六件（共重二十二两九钱八分） 金镶累丝珠宝菊花盘绦环一件（重三两七钱） 金镶累丝珠绦环一件（重三两三钱） 金镶宝石方绦环一件（重二两九钱四分） 金镶累丝大珠宝方绦环一件（重四两一钱） 金镶玉小猫睛珠宝绦环一件（重八两五钱） 金镶玉珠宝绦环一件（重八两五钱五分） 金镶猫睛水晶宝石绦环一件（重八两四钱三分） 金镶珠宝绦环二件（重七两八钱） 金镶珠玉宝绦环四件（共重一十四两三钱） 金镶珠宝大绦环七件（共重四十一两） 金镶折丝珠菊花绦环一件（重四两二钱五分） 金镶珠宝小绦环六件（共重一十五两） 金镶大三宝绦环一件（重四两五钱五分） 纯金镶宝石绦环一件（重二两八

钱）　金镶玉绦环一件（重七两五钱）　金镶三葫芦大珠宝绦环一件（重六两三钱）　金镶八仙庆寿嵌宝绦环一件（重四两一钱五分）　金镶篆字大珠宝绦环一件（重四两八钱）　金镶五珠绦环一件（重一两三钱五分）　金镶珠折丝绦环三件（共重一十三两五钱）　金镶鸳鸯戏莲珠宝绦环一件（重一十一两四钱）　金镶二龙戏珠嵌珠宝绦环二件（共重八两）　金镶松竹梅嵌大珍宝绦环二件（共重二两九钱）　金镶雕香绦环一件（重三两）　金镶珠宝长样绦环五件（共重一十六两五钱）　金镶珠宝小方绦环五件（共重六两五钱）

以上绦环共二百零八件，共重一千一百一十三两零九分。

绦钩　金嵌珠宝螭头绦钩四件（共重一十四两）　金镶猫睛珠宝斗牛绦钩一件（重三两六钱五分）　金镶猫睛大珠宝草兽绦钩四件（共重一十六两九钱）　金镶草兽吞口珠宝绦钩四件（内猫睛一颗，共重一十六两九钱）　金镶龙头珠宝小样绦钩一件（重二两九钱）　金镶斗牛珠宝折丝绦钩四件（共重一十九两六钱）　金镶草兽吞口珠宝大绦钩四件（共重一十四两二钱五分）　金镶草兽吞口珠宝中样绦钩三件（共重一十一两）　金镶珠宝大虾绦钩一件（重五两九钱）　金镶螭虎嵌珠宝绦钩一件（重五两四钱）　金镶珠宝大虾绦钩一件（重六两七钱）　金折丝蟒头嵌珠宝绦钩二件（共重六两七钱）　金折丝吞口嵌珠宝绦钩四件（共重一十一两七钱）　金折丝螭虎嵌珠宝绦钩二件（共重七两五钱五分）　金荔枝嵌珠宝绦钩一件（重五两二钱五分）　金菊花嵌珠宝绦钩九件（共重二十三两七钱）　金牡丹嵌珠宝绦钩二件（共重八两）　金嵌珊瑚珠宝螭虎绦钩一件（重一两二钱）　金荷花嵌珠宝绦钩一件（重二两七钱）　金琴嵌珠宝绦钩一件（重三两三钱）　金琵琶嵌珠宝绦钩二件（共重一十两零七钱）　金镶琥珀绦钩一件（重八钱五分）　金折丝嵌珠宝中样绦钩三件（共重四两八钱）　金折丝嵌珠宝小样绦钩三件（共重三两七钱）　金镶宝绦钩二件（共重四两四钱）　金吞口绦钩六件（共重二十四两）

以上绦钩共六十八件，共重二百三十五两七钱五分。

连前首饰等项共三千九百三十八件，共重六千五百五十八两二钱。

通共净金并器皿首饰等项，共重三万二千九百六十九两八钱。

一、银　净银二百零一万三千四百七十八两九钱。

一、银器　银八仙庆寿大水火炉一座（重五百七十二两五钱）　银狮驼鸳鸯宝瓶水火炉一座（重一百三十两）　银大样方长水火炉二座（共重二百六十四两）　银中样方长水火炉一座（重五十一两五钱）　银大圆狮顶镶宝水火炉一座（重一百十八两）　银中圆水火炉一座（重四十五两三钱）　银小方水火炉二座（共重一百一十六两三钱）　银小圆水火炉五座（共重七十两零二钱）　银角端炉四座（共重一百一十四两）　银有盖炉二座（共重八十七两五钱）　银香炉三座（共重一百四十八两）　银龙果盒二座（共重八十七两八钱）　银花凤果盒四座（共重四百两）　银抹金花凤圆果盒二座（共重九十六两八钱）　银果盒八座（共重一百九十三两五钱）　银丝果盒二座（共重五十三两五钱）　乌银果盒二座（共重三十五两六钱）　银方攒盒一十四个（共重一百五十八两）　银镜盒一座（重二十一两四钱）　银小粉盒四座（共重一十九两六钱）　银点翠杏叶壶二十把（共重四百一十六两八钱）　银翠瓜壶六把（共重八十七两五钱）　银点翠方壶六把（共重一百三十四两）　银点翠寿星龟鹤壶六把（共重一百六十九两五钱）　银点翠象壶二把（共重六十两零三钱）　银狮象壶二把（共重五十五两八钱）　银宝象壶一把（重四十二两四钱）　银兔壶一把（重四十二两三钱）　银加官晋爵美人壶二把（共重七十二两二钱）　银献花美人壶六把（共重一百二十三两三钱）　银耍孩儿美人壶六把（共重一百九十一两五钱）　银吹箫美人壶六把（共重一百六十四两五钱）　银琵琶美人壶二把（共重五十一两）　银舞袖美人壶二把（共重五十四两五钱）　银金钱问卜美人壶二把（共重五十两零五钱）　银寿星骑鹿壶二把（共重八十三两三钱）　银方朔献桃洞宾吹笛壶二把（共重四十九两六

钱） 银寿星壶四把（共重一百一十三两七钱） 银刘海戏蟾壶二把（共重五十一两） 乌银杏叶壶一十把（共重一百七十两） 乌银瓜壶二把（共重三十八两五钱） 乌银壶四把（共重三十八两七钱） 乌银墩子壶二把（共重二十六两） 乌银象壶三把（共重六十两零六钱） 乌银兔壶三把（共重五十一两） 乌银大样莲子壶八把（共重一百一十一两二钱） 乌银小样莲子壶九把（共重三十二两四钱） 乌银大样酒注壶八把（共重一百一十五两） 乌银水火葫芦壶二把（共重四十两零三钱） 乌银葫芦壶四把（共重五十八两） 乌银福寿壶四把（共重九十七两） 银福寿壶二把（共重五十两） 银莲花座福寿壶四把（共重一百零八两一钱） 银鹿顶盖福寿壶二把（共重五十两零四钱五分） 银狮顶杏叶高壶八把（共重一百五十五两一钱） 银六棱杏叶高壶六把（共重一百三十二两五钱五分） 银六棱高壶十把（共重一百七十二两五钱五分） 银嵌宝高壶二把（共重二十六两） 银杏壶二把（共重五十八两五钱五分） 银急速壶二把（共重二十九两七钱） 银镀金葫芦壶二把（共重四十一两） 银抹金大样葫芦壶六把（共重一百零四两七钱五分） 银瓜棱急速壶二把（共重二十八两二钱） 银蒺藜壶一把（重一十九两） 银六棱注壶四把（共重六十两） 银杏叶汤壶三把（共重五十六两） 银墩壶六把（共重七十二两） 银抹金大瓜壶二把（共重四十四两五钱五分） 银急速壶六把（共重

142

七十八两）　银小汤壶二把（共重二十四两五钱）　银莲子壶四把（共重四十八两）　银柿子壶六把（共重六十七两五钱）　银方壶三把（共重四十三两二钱）　银六角壶三把（共重四十三两）　银小茶壶二把（共重二十八两三钱）　银鸳鸯方壶一把（重五十两）　银水火壶一把（重一十五两二钱）　银小茶壶一把（重一十九两五钱）　银各色酒杯三十七个（共重一百二十六两五钱）　银大样爵盏三个（共重二十九两二钱）　银大小爵杯四十三个（共重一百五十六两五钱）　银荷叶杯一十个（共重二十三两五钱）　银太乙杯一十个（共重四十三两）　银仙人杯一十个（共重五十一两）　银点翠桃杯二十四个（共重八十五两）　银船杯一十个（共重七十七两五钱）　银蟹杯五个（共重三十五两五钱）　银虾杯七个（共重四十五两）　银方小杯二十个（共重二十二两六钱）　银羽觞二副（共重二十六两二钱）　银圆套杯二副（共重一十九两一钱）　银方套杯三副（共重四十四两六钱）　银轮雀杯二个（共重一十一两四钱）　乌银酒杯二十个（共重二十四两六钱）　银兕觥二个（共重一十四两）　银圆酒杯一十个（共重一十两零一钱）　银丝杯一十个（共重五两）　银勺一十六把（共重一十五两二钱）　银高脚杯九个（共重三十七两三钱）　银柳斗杯三个（共重八两六钱）　银杯一百四十个（共重一百六十一两七钱）　银葵菊杯二十五个（共重二十六两三钱）　银高脚杯七个（共重二十一两

零五分） 银寿星仙人等项杯六十一个（共重三百五十八两） 各色小银杯二百零八个（共重二百五十两） 银卮一十个（共重二十一两） 银莲房杯四个（共重二十六两六钱） 银古螭匜四个（共重一十九两五钱） 银古样匜五个（共重三十七两六钱） 银大方爵一个（重二十五两五钱） 银大光素盘二面（共重九十九两） 银翠盘三十面（共重一百四十七两） 银中菱花盘一面（重一十九两） 银素酒盘一百五十面（共重四百六十九两五钱） 乌银酒盘一百面（共重三百四十六两） 银方盘一面、银箸二十只（共重三十九两四钱） 银菱花大小碟八十个（共重二百三十八两） 银大汤碗一十三个（共重二百二十二两） 银汤碗八个（共重一百三十四两八钱） 银看碗一对（有座，共重五十两三钱） 银壳碗三个（共重二十四两五钱） 银方碗二个（共重九两） 银烛台二对（共重五十两零四钱） 银花净瓶二只（共重二十一两三钱） 银汤罐六个（共重七十两零五钱） 乌银屏风三座（共重五十四两五钱） 银盆大小三面（共重二百零七两） 银小盆一面（重二十两） 银中盆三面（共重一百三十九两五钱） 银大盆二面（共重一百二十五两五钱） 银点翠盆二面（共重一百零一两） 银酒樽二只（共重六十二两七钱） 银古样酒樽一只（重二十四两） 乌银渣斗一十只（共重八十八两） 银渣斗一十只（共重六十八两三钱） 乌银笔鼓五个（共重二十九两） 银汤鼓一十六个（有盖，共重五百二十二两）　银茶罐二个（共重二十两零三钱）　银花箸瓶二个（共重一十六两）　银帐钩一副（共重四两六钱）　银镇纸一十条（共重四十六两）　乌银葫芦盒二十七个（共重八两）　银龟鹤四座（共重三十八两二钱）　银托二个（共重七两七钱）　银茶匙五十六把（共重一十四两）　银大勺四把（共重一十三两）　银签筒二个（共重三十六两二钱，有签）　银砚盒一个、乌银笔二枝（共重二十一两三钱）　银响铃二个（共重八两六钱）　银铛二个（连盖共重四十七两七钱）　银锁链钥匙六把（共重一十五两八钱）　银古样鼎一座（连盖共重三十两零三钱）　点翠银狮子四座（共重二十七两三钱）　银锅二只（连盖共重七十四两四五钱）　妆青绿银山一座（重一百零一两三钱）　点翠满池娇银山一座（重四十八两）　乌银酒海一个（重六十九两一钱）　银点翠酒海二个（共重五十一两三钱）　银酒海二个（共重五十两零八钱）　银方圆酒鳖二个（共重七十一两）　银大汤罐一个（重四十两）

以上银器皿共一千六百四十九件，共重一万三千三百五十七两三钱五分。

银嵌宝首饰等项　银抹金嵌宝首饰一副（计一十四件，共重一十五两八钱）　银抹金攒花银首饰一副（计一十四件，共重一十两零四钱）　银抹金光银首饰一副（计一十三件，共重九两一钱）　银掠鬓大小七十根（共重二十八两三钱）　乌银各色簪一百五十七根（共重三十六两八钱）　乌银各色剔牙杖一百一十七副（共重三十两零四钱）　银手镯八副（计一十六件，共重八两四钱）　乌银戒指五十个（共重四两七钱）　乌银纽扣五十六副（共重五两八钱）　银项镶五挂（共重二十两）　银禁步五挂（共重二十一两五钱）　银事件二挂、荷包一挂（共重一十七两八钱）　银各样零碎簪环纽扣（共重三十两零五钱）　银杂色零碎首饰一百零八件（共重一十四两三钱五分）

以上首饰事件计六百二十八件，共重二百五十三两八钱五分。

连前银器皿，共计二千二百七十七件，共重一万三千六百一十两零二钱。

通共净银并器皿首饰等项，共重二百零二万七千零九十两零一钱。

一、玉器　汉始建国元年注水玉匦一个（重四两）　晋永和镇宅世宝紫玉杯一个（重三两一钱）　永和镇宅世宝玉盘一面（重一十两二钱）　"仁者寿，子孙昌，万斯年，永无疆"玉杯一个（重三两九钱）　玉八仙捧寿屏风一座（重一百二十四两五钱）　玉八仙捧寿金锁壶二把（共重二十七两二钱）　玉八仙捧寿玉锁壶二把（共重三十一两六钱）　玉福寿字金锁壶二把（内一把有盖，共重三十一两三钱）　玉八仙捧寿八角金锁壶一把（重二十三两八钱）　玉金锁壶一把（重二十七两五钱）　玉小鼎壶一把（重四两五钱五分）　菜玉瓶二个（共

146

重二十一两八钱）　玉瓶五个（内一个连座，共重四十二两二钱）　玉珊瑚瓶一个（重一十三两八钱）　玉小花瓶二个（共重一十四两）　玉盂二个（共重六两）　玉卮一个（重五两四钱）　玉匜七个（共重三十一两零五分）　玉万字匜杯一个（重四两三钱）　玉镶金船杯二个（共重七两六钱）　玉爵三个（共重九两一钱五分）　玉镶金爵三个（共重六两七钱）　玉斝一只（重一两四钱五分）　玉花羽觞一只（重二两五钱）　玉羽觞二只（共重五两九钱）　玉有环瓢杯一个（重一两七钱）　玉云花芦杯一个（重五两五钱）　玉寿字盏一个（重二两八钱）　玉四方杯九个（共重三十四两二钱）　玉八方杯三个（共重一十四两）　玉八角犀耳杯一个（重五两）　玉八仙杯一个（重二两八钱）　玉斗杯一十六个（共重四十二两四钱）　玉有梁斗杯一个（重五两）　玉大圆杯三个（重四两九钱）　玉中圆杯八个（共重一十八两五钱）　玉有耳大杯二个（共重二两七钱）　玉有耳圆杯三个（共重五两二钱）　玉大杯五个（共重六十五两三钱）　玉中杯五十四个（共重一百八十八两七钱）　玉嵌宝石小杯一个（重二两）　玉单耳杯一个（重七钱）　玉寿字耳杯二个（共重二两五钱五分）　玉双耳联杯二个（共重六两三钱）　玉螭虎耳八角大杯二个（共重二十四两一钱）　玉螭虎耳八角中杯八个（共重三十五两六钱）　玉螭虎耳大圆杯五个（共重二十九两零五分）　玉螭虎耳中圆杯七个（共重二十四两二钱五分）　玉螭虎耳小圆杯九个（共重二十八两三钱）　玉螭虎耳万字杯一个（重三两）　玉螭虎耳斗杯三个（共重九两七钱）　玉螭虎杯二个（共重一十一两六钱）　玉螭虎花杯一个（重四两四钱五分）　玉螭虎红色杯一个（重三两二钱）　玉螳螂蕉杯一个（重二两八钱）　玉蟹杯一个（重二两九钱）　玉鹦鹉杯二个（重六两一钱五分）　玉瓜鼠杯一个（重五两）　玉中葫芦杯一十二个（共重四十一两八钱）　玉小葫芦杯二个（有环，共重三两八钱）　玉寿字桃杯二个（共重七两五钱）　玉大桃杯三个（共重一十五两五钱）　玉中桃杯一十二个（共重三十九两三钱九分）　玉小桃杯二十三个（共重九十二两一钱六分）　玉鹦鹉桃杯一个（重二两七钱）　玉菱花杯一个（重二两六钱五分）　玉石榴杯二个（共重九两五钱）　玉瓜杯五个（共重二十一两三钱五分）　玉荷叶杯三个（共重一十二两）　玉荷[叶]杯一个（重七两八钱五分）　碧玉荷叶杯一个（重四两七钱）　玉大荷叶杯一个（重五两）　玉长荷叶杯一个（重三两九钱）　玉荷鱼杯一个（重四两九钱五分）　玉茄杯一个（重三两五钱）　玉茨菰杯一个（重二两七钱五分）　玉葵花杯二个（共重六两五钱五分）　玉菊花有耳杯二个（共重四两六钱）　玉菊花杯八个（共重二十二两六钱）　紫玉嵌宝杯一个（重三两一钱）　玉嵌宝杯二个（共重三两八钱）　玉桃杯七个（共重一十六两六钱七分）　墨玉杯二个（共重二两七钱五分）　玉宝菊杯二个（共重九两二钱五分）　碧玉金镶边荷叶杯一个（重四两二钱）　玉嵌宝三石榴杯一个（重七两五钱）　玉金镶边鹦鹉桃杯二个（共重二两五钱）　玉嵌金宝洒墨杯一个（重四两一钱）　玉嵌宝石榴莲房杯一个（重四两三钱五分）　碧玉芝耳杯一个（重三两五钱）　碧玉瓜杯一个（重二两八钱）　紫玉杯七个（内犀座一个，共重一十二两九钱）　墨玉杯一个（重一两六钱）　墨玉桃杯二个（共重三两一钱）　墨玉葫芦杯一个（重六两四钱）　墨玉荷花杯一个（重二两六钱）　菜玉斗杯三个（共重八两五钱）　菜玉杯一个（重三两二钱五分）　菜玉桃杯四个（共重一十三两九钱）　菜玉瓜杯一个（重四两四钱）　洒墨玉杯一个（重四两一钱）　玉寿字仙鹤盘二面（共重九两七钱）　玉蟒盘二面（共重一十四两一钱）　玉方盘一十八面（共重一百四十三两六钱）　玉圆盘四面（共重一十九两五钱五分）　玉小圆盘一十四面（共重一百零二两四钱五分）　玉寿字八宝盘二面（共重六两七钱五分）　玉螭虎圆盘三面（共重二十一两四钱五分）　玉螭虎长盘二面（共重一十一两八钱五分）　玉菊花盘八面（共重二十二两九钱五分）　玉葵花盘一面（重七两一钱）　玉仙桃盘一面（重三两六钱）　玉荷叶盘一面（重五两五钱）　玉绦环盘六面（共重二十七两四钱）　玉腰盘二面（共重一十四两五钱五分）　玉嵌金宝盘六面（共重五十九两一钱）　紫玉盘一面（重三两一钱）　黄玉盘一面（重七两三钱）　碧玉莲叶盘一面（重五两零五分）　碧玉圆盘一面（重五两七钱五分）　碧玉八宝盘一面（重七两七钱）　菜玉方盘一面（重七两九钱）　菜玉圆盘一面（重一十两零六钱）　菜玉嵌宝荷叶盘二面（共重一十三两九钱）　玉葵花碗二只（共重一十五两六钱）　玉碗架一座（重四两七钱）　玉佛三尊（内一尊连香座，共重五十三两七钱）　玉寿星六尊（内三尊连背座，共重一百两）　玉人一个（重五钱六分）　玉斗牛绦环一件（重二两八钱）　玉白鹿绦环一件（重一两五钱）　玉灵芝绦环一件（重一两九钱）　玉纽字福禄绦环一件（重二两五钱五分）　玉雁穿莲绦环一件（重六两三钱）　玉玲珑绦环一件（重四两一钱）　玉纽字绦环一件（重二两九钱）　玉纽字飞鱼绦环一件（重二两二钱五分）　玉花螭虎绦环一件（重二两）　玉玲珑鹭鸶绦环六件（共重一十四两七钱五分）　玉蝶绦环二件（共重六两二钱五分）　玉鹰熊绦环一件（重一两六钱）　玉嵌金宝玲珑鹭鸶绦环一件（重四两三钱）　玉螭虎绦环一十三件（共重三十七两一钱五分）　玉螭虎联绦环一件（重五两）　玉猿马绦环一件（重一两一钱）　玉艾虎绦环一件（重二两一钱）　玉花螭虎绦环一件（重一两五钱）　玉素绦环一件（重三两）　玉鸳鸯绦环一件（重五两六钱）　玉天鹅海青绦环二件（共重三两五钱五分）　玉蟹绦环一件（重九钱）　玉荷叶绦环一件（重一两三钱）　玉镶鸳鸯绦环一件（重四两七钱五分）　玉镶鹭衔花绦环一件（重六

两一钱）　黄玉螭虎绦环二件（共重五两二钱）　碧玉螭
虎绦环一件（重四两六钱）　碧玉素绦环一件（重一两六
钱）　玉螭虎绦环三件（共重一两九钱）　玉斗螭虎大小
绦钩五件（共重四两九钱）　玉大吞口螭虎绦钩一十六件
（共重五十二两五钱）　玉中吞口螭虎绦钩一十八件（共重
三十七两七钱）　玉小吞口螭虎绦钩五件（共重四两八钱五
分）　玉素中绦钩四件（共重八两五钱）　玉小绦钩三件
（共重一两四钱）　玉大花绦钩二件（共重六两一钱）　玉
素绦钩二件（共重二两五钱）　碧玉绦钩一件（重四两五
钱五分）　碧玉大绦钩一件（重四两）　碧玉中绦钩一件
（重二两二钱）　碧玉鱼绦钩一件（重一两六钱）　玉香
炉大小五座（共重一十八两九钱）　玉小托一个（重二两五
钱五分）　玉小帽顶一个（重八钱）　玉花头箍一条（重
一两三钱五分）　玉手镯嵌宝二件（共重二两五钱）　玉
圈三个（共重一十七两六钱五分）　玉环圈一个（重一两二
钱）　玉耳环一副（重五钱一分）　玉耳坠四个（共重一钱
五分）　玉禁步一十二副（共重一百三十八两九钱）　菜玉
禁步一副（重一十四两）　玉叮当三副（共重二十两）　玉
冠大小九个（共重一十七两九钱）　玉簪九枝（共重二两
三钱八分）　玉坠领一副（重二两九钱五分）　玉戒指四
个（共重二钱七分）　玉纽扣子一十二个（共重一两零三
分）　玉千岩竞秀山一座（重十一三两二钱）　玉小桃二
个（共重三钱）　玉拂尘一件（连红须，重二两九钱）　菜玉拂尘一件（重四两八钱五分） 菜玉山一座（重一十一两） 玉圆珠三颗（共重三钱） 玉花牌一面（重一两四钱） 玉牌三副（计八十八件，共重四十三两九钱） 金镶碧玉节五段（共重四两七钱） 玉扇坠九个（共重六两六钱四分） 玉狮镇纸一个（重三两二钱） 玉马等兽大小九件（共重二十八两） 玉鱼二个（共重二钱） 玉轴头三十个（共重二十四两九钱） 玉花一座（重一十两） 玉砚一方（重一十三两二钱五分） 玉笔一枝（连袋重三两六钱五分） 玉小笔架一个（重一两八钱三分） 玉镇纸一个（重六两） 玉勺一把（重三两六钱） 玉瓢二个（共重一十两零二钱五分） 玉镶刷一件（重五两四钱） 玉图书九方（共重一十一两五钱） 玉刀三把（连鞘共重一两八钱） 玉柄刀一把（连鞘共重一两四钱） 玉大刀一把（重九两三钱） 玉小刀一把（重三钱七分） 玉柄小刀一把（重五钱二分） 玉柄锥一个（连鞘重七钱） 菜玉盆底一只（重九两七钱） 玉小盒一个（重九钱五分） 玉花二片（重五两九钱） 玉嵌檀镜架一个（重二两二钱） 玉棋子一副（重三两三钱） 玉小鞍一个（重一两四钱） 番字玉板一片（重一十三两七钱） 菜玉板一块（重一十二两六钱） 黄小玉一片（重五钱） 花玉一片（重七两一钱） 荒玉大小四块（共重三百九十八两） 玉小花鸟人物一十七件（共重一两九钱） 玉小花各色二十一片（共重六两二钱） 杂色玉器一十二件（共重五十三两） 各色碎玉二包（共重

九十六两）

以上玉器共八百五十七件，共重三千五百二十九两五钱。

一、玉带　八仙庆寿阔玉带一条　寿鹿阔白玉带三条　松鹿阔白玉带四条　雀鹿阔白玉带一条　松鹿灵芝阔白玉带二条　松鹿阔菜玉带一条　五仙骑鹿阔玉带一条　仙人鹤浆水玉带一条　彩云仙鹤白玉带一条　寿松麒麟阔玉带一条　灵芝麒麟阔玉带一条　松芝麒麟菜玉带二条　苍松麒麟菜玉带一条　牡丹麒麟阔玉带三条　灵芝白玉带二条　葵花白玉带一条　灵芝斗牛阔玉带一条　苍松斗牛阔玉带一条　牡丹斗牛阔玉带三条　斗牛阔菜玉带一条　牡丹蟒阔白玉带一条　海水蟒阔菜玉带一条　灵芝蟒阔玉带二条　花蟒阔白玉带九条　云蟒阔白玉带一条　狮子阔白玉带二条　绣球狮子玉带二条　回回狮子阔玉带四条　孔雀牡丹阔玉带一条　孔雀牡丹菜玉带一条　螭虎阔白玉带二条　螭虎阔菜玉带一条　飞鱼阔白玉带一条　攀枝孩儿菜玉带三条　犀牛白玉带一条　闹妆阔菜玉女带一条　穿花凤阔玉女带一条　孔雀牡丹阔玉带一条　海青天鹅中阔菜玉闹妆女带一条　碧梧金鹊中阔白玉带一条　草蟒中阔白玉带一条　松鹿浆水玉带一条　松鹿阔白玉带二条　斗牛阔菜玉带二条　斗牛阔白玉带一条　阔素玉带三条（每条计一十一块）　月兔窄白玉带一条　灵芝

153

窄白玉带一条　寿鹤窄白玉带一条　孔雀窄菜玉带一条　公服窄白玉带一条　羊脂玉阔素带八条　白玉阔素带一十七条　菜玉阔素带三条　公服阔白玉带一条　白玉素带二十二条　菜玉中阔素带三条　浆水玉阔素带一条　白玉窄素带六条　碧玉窄素带一条　白玉竹节女带一条　墨玉女带一条　白玉竹节素带一条　白玉极窄女带一条　白玉极窄素带三条　白玉阔带版六副　白玉阔花带版一副　碧玉阔带版二副　菜玉阔带版二副　浆水玉阔带版二副　白玉阔带版一十三副　菜玉中阔带版一副　白玉窄带版三副　浆水玉窄带版一副　菜玉女带版一副　浆水玉金蟒带一条　白玉金松鹿带一条　玉金镶松竹梅带一条　墨玉金镶阔带一条　碧玉金镶阔带一条　白玉金镶孔雀牡丹中阔女带一条　白玉金镶鹰熊中阔带一条　白玉金镶五云捧日中阔带一条　白玉金镶阔素带一条　白玉金镶窄女带一条　白玉金镶素带一条　白玉金镶女带一条　碧玉铜镶窄带二条

以上玉带共二百零二条。

一、金镶玳瑁犀角牙香等带　金镶花香带三条镀金花香带二条　镀金镶花犀带三条　镀金镶光犀带七条　镀金镶玳瑁花带一十二条　镀金镶玳瑁素带一十八条　镀金铜花带二条　镀金镶玛瑙带五条　镀金镶水晶带二条　镀金镶牙花带三条　镀金银玛花带四条　镀金镶鱼骨带二条　镀金镶合香带二条　镀金镶合香花带

五条　镀金镶檀香带三条　镀金镶速香带五条　镀金镶牙香带版一副　镀金镶银珰带版一副　镀金镶香带版二副　檀香带六条　合香素带十一条　速香素带八条　犀角带三条　象牙带六条　银珰花带版一副　银珰素带版二副　玛瑙带版三副　玛瑙女花带一条　珠珰女花带一条　碧钿女花带一条

以上金镶各色带，共一百二十四条（副）。

一、金折丝带环等项　金折丝嵌珠宝合香闹妆带二条　金云鹤花香带一条　金孔雀花带一条　金灵芝花带一条　金孔雀牡丹带一条　金牡丹花带一条　金阔花素带四条　金窄花素带六条　金镶合香玲珑带二条　金镶珠宝花带五条（内有猫睛二颗）　金镶花香带一条　金镶珠玉香带一条　金镶珠宝合香带一条　金镶珠宝碧玉带一条　金镶珠宝青石带一条　金镶象牙花带一条　金折丝嵌宝带环一件　金缕丝头围一条　金花朵头围一条

以上带环等项，共三十三条（件）。

一、金镶珠珰犀象玳瑁等器箸　金镶珠珰壶二把、盂二个（共重九十两）　金镶宝石法蓝壶二把（共重三十八两）　金镶白玉寿鹿丹凤朝阳挂香台一座（重一十五两）　金镶朱砂酒杯六个（共重七两）　金镶牛角套杯六个　金镶犀角茶盅九个　金镶牙大酒杯四十个　金镶犀角酒盘一十九面　金镶鹤顶杯一个　金镶光牙茶盅一十八个　金镶花牙茶盅九个　金镶牙大酒杯四十

个　金镶牙中酒杯六十个　金镶牙小酒杯七十二个　金镶象牙套杯二十二个　金镶玳瑁茶盅四十八个　金镶螺钿高脚盅六个　金镶玳瑁高脚盅六个　金镶明角茶盅一十二个　金镶玉酒杯一个（重八两七钱）　金镶减银茶盅一十二个　金镶减银酒杯一十个　金镶明角碗二个　金镶藤茶碗六个　金镶龟筒大茶瓶六个　金镶龟筒茶盅四十个　金镶彩漆茶碗十个　金镶玳瑁酒杯二十九个　金镶檀香酒杯一十二个　金镶犀角荷叶杯一个　金镶海螺杯一个　金镶法蓝酒杯一十一个（共重一十一两九钱）　金镶香木酒杯一十个　金镶描金酒杯二十个　金镶牛角小酒杯三个　金镶玳瑁大酒盘六面　金镶玳瑁小酒盘九面　银镶犀角大酒杯一个　银镶犀角小酒杯一个　银镶宝石椰子壶一把　银镶珠宝酒盘一面（重一十七两）　宋刻堆漆酒盘一面

以上镶金银器皿，共五百六十三件，共重一千三百三十一两七钱。

金镶牙箸一千一百一十双　银镶牙箸一千零九双

通共器箸，二千六百八十二件（双）。

一、龙卵　金镶双龙龙卵壶一把　镀金双龙龙卵壶一把　金镶龙卵酒瓮二个（连银座）　未镶龙卵一枚

以上龙卵共五个。

一、珍珠冠头箍等项　珍珠五凤冠六顶（共重九十三两）　珍珠三凤冠七顶（共重七十七两）　珍珠大头箍

二十条（共重六十九两六钱）　珍珠小头箍二十四条（共重五十三两一钱）　珍珠髻二顶（连胎共重六两四钱）　珍珠抹额三条（连胎共重五两七钱）　珍珠面帘一幅（重一两五钱）

以上珠冠头箍等项，共六十三顶（件），共重三百零六两三钱。

一、珍珠宝石琥珀　大圆白珍珠九百六十二颗（共重八两一钱）　次珍珠不计颗（共重六十两）　小珍珠不计颗（共重六十七两一钱）　大宝石七颗（共重六两）　次杂宝石一包（重八十两）　珠吊并琥珀佛珠（共重三十五两六钱）　琥珀纽扣一包（重三两七钱）

以上珍珠宝石琥珀，共重二百六十两零五钱。

一、珊瑚犀角象牙等项　珊瑚树六十株　大象牙四根　犀牛角二座　灵芝一本　珊瑚珠（重六两四钱）　大学士司丞牙牌二面

以上珊瑚犀角等项，共六十九件，除珠不计件。

一、珍奇器玩　嵌宝银象驼水晶灯二座（上有宝盖珍珠络索，共重一百九十八两）　嵌宝驼珊瑚银鹿四座（共重一百一十一两）　嵌宝驼珊瑚银狮一座（重四十五两二钱）　水晶嵌宝镶银美人一座（有玉顶珍珠伞一把，并珊瑚珠重二百五十六两）　玻璃壶七把　玻璃瓶四十三个　玻璃杯一十二只　玻璃盏六只　玻璃碗二只　玻璃高脚茶盅一只　玻璃高脚酒杯三只　玻璃矮酒杯二只　玻

璃镜三面　玻璃香炉三座　玻璃香筒二个　玻璃面盆一面　玻璃罐一个　珊瑚嵌宝香山六座　银裹珊瑚二座（共重二十七两七钱）　珊瑚素珠一串　玛瑙冠二顶、簪一根　玛瑙绦环绦钩四件　玛瑙带版六副　玛瑙碗四只　玛瑙酒杯三十二只　玛瑙盘四面　玛瑙小盒一个　玛瑙象棋子九副　玛瑙围棋子三副　玛瑙镇纸一块　水晶冠一顶　水晶帽顶一个　水晶绦环二个　水晶壶八把　水晶环二十五只　水晶高脚杯四只　水晶大小盘八面　水晶折碗四只　水晶罐三个　水晶瓶一个　水晶笔架一个　水晶笔鼓一个　水晶砚池一个　水晶玛瑙棋子一副　水晶虎二个　水晶人物二个　水晶兔二个　水晶珠三个　水晶小葫芦一个　水晶小瓢一个　水晶圈环一个　水晶琴足二个　水晶零碎物件一百件　哥柴窑碎磁杯盘一十三个（内一个镶金边）　哥窑碎磁桃杯一只　柴窑碎磁盆五个　柴窑碎磁碗二个　哥窑碎磁瓶二个　哥窑碎磁笔筒一个　彩漆碎磁壶一把　象牙冠四个　象牙笏八十五张　象牙观音二个（一个连山）　象牙吕洞宾连山一座　象牙八仙人物二十四个　象牙寿星人物四个　象牙鹿鹤人物四十七件　牙镶犀角屏风一座　象牙镇纸一个　象牙棋子八副　象牙双陆马二副　象牙笔管八枝　象牙香盒二个　象牙小轴头一十副　象牙小酒杯三十只　象牙酒盘一十面　象牙柄汤匙四张　象牙箸二千六百九十一双　玳瑁酒杯一十二

只　玳瑁酒盘一百四十五面　玳瑁茶盅一十一只　玳瑁大碗二只　玳瑁箸一十双　玳瑁攒盒六个　玳瑁梳盒一个（内有梳）　犀角大小盆碗九只　犀角杯六只　犀角雕花杯二只　檀香酒杯一十只　檀香人物一个　檀香须弥座一个　檀香绦环一个　海螺杯大小八只　玛瑙牙柄刀一十五把　嘉峪石斗二个　金镶玉宝碗架一个　银镶珠宝屏风一座　玉山嵌宝珊瑚一座　龙须席六条　西洋席一条

以上珍奇器玩，通共三千五百五十六件副（双）。

一、古渌水等项　洪熙年古渌水二罐　宣德年古渌水二罐　熊胆一罐　空青四枚　锡封蔷薇露四盒（内三盒干，一盒有露）

以上共一十三罐（盒）。

一、矿砂朱砂　矿砂三盒（共重三百八十五两）　朱砂（重二百五十斤零六两）

一、香品　檀沉速降各香二百九十一根（共重五千五十八斤一十两）　奇南香三块　沉香山四座

一、织金妆花缎、绢、绫、罗、纱、绸、改机、绒、锦、琐幅、葛、布等匹。

缎　大红妆花五爪云龙过肩缎二匹　大红织金妆花蟒龙缎一百四十五匹　大红妆花过肩云蟒缎一百零九匹　大红遍地金过肩云蟒缎六匹　大红妆花飞鱼云缎四匹　大红织金飞鱼补缎一十三匹　大红妆花过肩斗

牛缎五匹　　大红妆花斗牛云缎五十匹　　大红织金斗牛补
云缎九匹　　大红妆花斗牛补缎四十一匹　　大红妆花斗牛
宋锦缎一匹　　大红妆花云凤缎七匹　　大红刻丝全身仙鹤
缎一匹　　大红织金仙鹤补缎二百零三匹　　大红妆花仙鹤
补云缎九十六匹　　大红织金仙鹤补云缎七十六匹　　大红
妆花过肩海潮锦鸡缎一匹　　大红织金锦鸡补缎四十八
匹　　大红妆花锦鸡云缎五匹　　大红织金孔雀补缎一十六
匹　　大红妆花孔雀补云缎一十三匹　　大红织金妆花过肩
麒麟缎一匹　　大红织金妆花麒麟补缎一百九十二匹　　大
红织金麒麟补缎七十二匹　　大红妆花麒麟补云缎三十七
匹　　大红织金麒麟云素缎二匹　　大红织金狮子补云缎
二匹　　大红织金獬豸补云缎五十匹　　大红织金云鹭补
缎二匹　　大红云缎一百零七匹　　大红遍地金缎七十一
匹　　大红素缎四百三十三匹　　大红剪绒缎七匹　　红闪色
缎一十一匹　　红缎二十四匹　　水红色缎一匹　　桃红缎一
匹　　暗花蟒缎七匹　　暗花鹤缎二匹　　黄织金蟒龙缎一
匹　　青妆花过肩蟒缎六十二匹　　青织金妆花蟒缎六十三
匹　　青妆花过肩遍地金蟒缎一匹　　青妆花过肩凤缎三
匹　　青织金仙鹤云缎一百六十八匹　　青织金妆花仙鹤补
缎七百八十三匹　　青织金仙鹤补素缎三百九十匹　　青织
金飞鱼补缎四匹　　青织金凤补缎一匹　　青织金妆花凤通
袖缎一十四匹　　青织金妆花斗牛云缎四十六匹　　青织
金妆花斗牛补缎四十四匹　　青织金孔雀云缎一百一十

匹　青织金妆花孔雀补缎一百九十一匹　青织金麒麟
补云缎四百五十八匹　青织金麒麟补素缎一百四十四
匹　青织金妆花獬豸补云缎四百一十七匹　青织金獬豸
补素缎二百三十六匹　青织金海潮锦鸡云缎一匹　青织
金狮子过肩云缎一匹　青织金狮子补缎八匹　青织金白
鹇补缎二匹　青织金云鹭补缎三匹　青剪绒缎一十五
匹　青素缎六百九十六匹　青金缎八匹　青妆花遍地金
缎一十七匹　青云素缎一百一十四匹　青遍地金缎一
匹　青闪红云缎一匹　天青缎三十二匹　黑青素缎一百
零六匹　绿织金过肩云蟒缎三十五匹　绿织金飞鱼补缎
一匹　绿妆花凤缎四匹　绿织金斗牛补缎三匹　绿织金
仙鹤补云缎八匹　绿织金麒麟补缎一十一匹　绿织金孔
雀补缎一匹　绿织金獬豸补缎四匹　绿素缎二百九十一
匹　绿遍地金缎三十五匹　绿云缎六百五十一匹　绿剪
绒缎四匹　绿锦缎一十八匹　绿宋锦缎五十匹　绿闪色
缎八匹　柳绿缎二十七匹　黑绿金豸缎二匹　墨绿素缎
三十匹　墨绿金缎八匹　油绿素缎二十二匹　沙绿缎三
匹　蓝织金过肩蟒龙缎一十九匹　蓝织金蟒龙缎二十四
匹　蓝织金斗牛补缎一十四匹　蓝织金凤补缎一匹　蓝
织金仙鹤通袖缎一匹　蓝织金獬豸补缎一匹　蓝妆花麒
麟补缎四匹　蓝遍地金缎五匹　蓝云缎四百二十匹　蓝
素缎四百六十四匹　蓝闪色缎四匹　蓝云缎一百一十
匹　蓝素缎五十一匹　蓝闪红花被缎一匹　沉香织金蟒

龙缎一十七匹　沉香妆花麒麟补缎九匹　沉香妆花斗牛缎三匹　沉香妆花獬豸补缎一匹　沉香云缎二十九匹　沉香素缎一百三十一匹　沉香剪绒缎二匹　玉色妆花蟒龙缎一匹　玉色云缎七十六匹　紫妆花过肩凤缎一匹　紫织金凤补花缎一匹　紫云素缎一十五匹　紫缎一匹　紫遍地金缎一匹　藕丝素云缎三匹　藕丝缎三匹　黄云素缎六十九匹　黄闪色缎八匹　黄锦缎三匹　柳黄缎二十七匹　白素缎四匹　葱白飞鱼补缎一匹　葱白素缎五十四匹　闪色各样缎五十七匹　杂色缎八匹　红织金妆花女袄裙缎八十五匹　官闪绿璎珞裙缎二匹　青妆花过肩各样女袍缎一十五匹　蓝妆花凤裙缎二匹　蓝织金麒麟女袄缎二匹　蓝妆花女裙缎四十七匹　蓝织金璎珞裙缎二匹　绿妆花女袄裙缎一百零六匹　柳绿织金璎珞裙缎一匹　黄织金璎珞裙缎一匹　沉香织金女袄裙缎五匹　紫妆花女袄裙缎一十三匹

以上缎，共九千一百五十一匹。

绢　大红妆花过肩蟒绢四匹　大红织金蟒绢四匹　大红织金斗牛补绢一十一匹　大红妆花斗牛补云绢一十匹　大红妆花飞鱼补绢五匹　大红妆花金凤云绢一十匹　大红织金妆花仙鹤补绢三十八匹　大红妆花仙鹤补云绢六匹　大红织金仙鹤补云绢三十匹　大红妆花锦鸡补绢三十匹　大红织金锦鸡补云绢二匹　大红织金孔雀补云绢一匹　大红妆花过肩麒麟绢二匹　大红织金

妆花麒麟补云绢三十八匹　大红妆花狮子云绢一匹　大红织金妆花獬豸补绢二十三匹　大红妆花云鹭补绢一匹　大红云绢二十七匹　大红素绢一十二匹　红素绢五匹　银红织金凤补花绢一匹　青织金妆花蟒绢一匹　青妆花仙鹤补绢四十二匹　青织金妆花飞鱼绢四匹　青织金孔雀补绢一十四匹　青妆花麒麟云绢九匹　青织金獬豸补云绢一十九匹　青织金妆花狮子补绢一匹　青织金云鹭补通袖绢三匹　青素绢五十六匹　绿织金蟒绢一匹　绿织金凤花绢一匹　绿织金斗牛补绢一匹　绿织金麟麟花绢二匹　沙绿织金孔雀花绢一匹　绿织金花绢一匹　绿素绢一十六匹　绿云熟绢一十二匹　蓝织金过肩蟒龙绢一匹　蓝织金蟒龙绢二匹　蓝织金凤补花绢三匹　蓝织金麒麟花绢一匹　蓝素绢三十五匹　蓝云熟绢二十九匹　沉香妆花飞鱼补绢一匹　沉香素绢九匹　玉色云绢九匹　紫素绢一匹　黄素绢六匹　白素绢三十匹　桃红遍地金女裙绢一匹　银红练绒璎珞女裙绢九匹　红妆花女裙袄绢二十一匹　青织金女裙袄绢九匹　蓝妆花女裙袄绢八十一匹　蓝织金璎珞裙绢二匹　绿织金璎珞裙绢三匹　沙绿织金璎珞裙绢一匹　黄织金妆花女裙袄绢七匹　黄妆花女裙袄绢二十四匹　沉香妆花女裙袄绢三匹　沉香妆花凤女衣绢一匹　紫璎珞女裙绢一匹　桃红妆花女裙袄绢七匹

　　以上绢，共七百四十三匹。

罗　大红织金妆花蟒龙罗四十匹　大红妆花过肩云蟒罗四十一匹　大红妆花遍地金蟒罗一匹　大红妆花过肩染鱼罗二匹　大红妆花飞鱼补罗一匹　大红织金飞鱼补罗四匹　大红织金飞鱼通袖罗二匹　大红妆花斗牛补罗一十八匹　大红织金过肩斗牛罗一匹　大红织金妆花凤罗一匹　大红织金仙鹤补罗三十匹　大红妆花仙鹤补罗九匹　大红织金锦鸡补罗四匹　大红织金妆花锦鸡通袖罗一十四匹　大红织金妆花孔雀补罗六匹　大红织金妆花麒麟补罗六十一匹　大红织金过肩麒麟花罗二匹　大红织金妆花麒麟通袖罗五匹　大红织金过肩狮子罗二匹　大红云罗五十七匹　大红素罗六十四匹　青织金过肩蟒罗四匹　青遍地金蟒罗一匹　青妆花过肩凤罗三匹　青织金仙鹤补罗二十四匹　青织金飞鱼补罗二匹　青织金妆花飞鱼过肩罗一匹　青织金妆花凤过肩罗七匹　青织金妆花凤补罗六匹　青织金妆花斗牛补罗八匹　青织金孔雀补罗六匹　青妆花麒麟补云罗二十七匹　青织金獬豸补罗三匹　青织金锦鸡补罗一匹　青织金白鹇补罗二匹　绿织金过肩蟒罗二匹　绿织金过肩斗牛罗一匹　绿织金麒麟罗三匹　绿遍地金罗一匹　绿素罗七十六匹　油绿罗三匹　蓝织金蟒龙罗三匹　蓝织金凤罗一匹　蓝素罗三十二匹　紫云罗二匹　黄织金凤罗一匹　黄云罗九匹　西洋罗三匹　葱白罗六匹　闪色罗一匹　红妆花凤女裙罗三匹　蓝妆花麒麟女衣罗三

匹　蓝织金花凤女衣罗一十四匹　绿妆花过肩凤女衣罗五匹　绿妆花凤女衣罗四匹　绿织金妆花孔雀女衣罗一十匹　黄妆花凤女裙罗四匹

以上罗，共六百四十七匹。

纱　大红织金妆花蟒纱一十四匹　大红织金过肩蟒纱一匹　大红织金飞鱼补纱二匹　大红妆花过肩云蟒纱二十二匹　大红妆花过肩斗牛补纱四匹　大红织金斗牛补纱一十一匹　大红妆花凤补纱一十一匹　大红妆花仙鹤补纱一十九匹　大红织金妆花仙鹤补纱一十九匹　大红织金妆花锦鸡补纱三十二匹　大红妆花锦鸡补纱二匹　大红织金孔雀补纱四匹　大红织金麒麟补纱一十四匹　大红妆花麒麟补纱二十三匹　大红织金狮子补纱一匹　大红织金獬豸补花纱九匹　大红绉纱一百零六匹　大红云纱二十二匹　桃红纱二匹　青织金妆花蟒纱二十四匹　青织金凤补纱二匹　青织金仙鹤补纱四十八匹　青织金妆花斗牛补纱三十匹　青织金妆花凤补纱八匹　青织金孔雀过肩纱一匹　青织金孔雀补纱一十二匹　青织金妆花麒麟补纱五十八匹　青织金妆花獬豸补云纱一十九匹　青织金云锦鸡补纱一匹　青织金狮子补纱一匹　青织金白鹇补纱五匹　青织金云鹭补纱一十四匹　青素纱八十九匹　绿妆花蟒纱三匹　绿织金凤补纱五匹　绿织金麒麟纱三匹　绿遍地金纱一匹　绿素纱一百零一匹　绿妆花璎珞女裙纱五匹　油绿纱一十二

匹　蓝妆花过肩云蟒纱七匹　蓝织金蟒龙纱七匹　蓝织金凤补纱六匹　蓝织金斗牛补纱一匹　蓝织金麒麟补纱一匹　蓝素纱一百零二匹　蓝妆花云纱一十三匹　沉香织金妆花凤补纱一匹　沉香织金云凤纱三匹　沉香织金过肩云鹤纱一匹　沉香素纱三十三匹　沉香织金凤女衣纱二匹　玉色纱一十八匹　紫妆花过肩凤纱二匹　紫妆花獬豸纱一匹　紫纱二匹　紫闪色纱一匹　黄纱七匹　葱白纱二十二匹　银条纱一十四匹　红织金女裙纱六匹　红织金女袄裙纱三十七匹　红织金璎珞裙纱五匹　青妆花过肩凤女袍纱二十匹　蓝妆花璎珞凤裙纱六匹　蓝织金飞鱼女衣纱一匹　蓝织金女袄裙纱四十六匹　蓝织金璎珞女裙纱二匹　黄织金凤女裙纱一匹　黄织金璎珞女裙纱一匹　紫织金凤璎珞女裙纱三匹　紫织金妆花女衫纱一十匹　紫素纱三匹　葱白织金女裙纱一匹　茄花色织金女裙纱一匹

以上纱，共一千一百四十七匹。

绸　大红妆花过肩云蟒绸一匹　大红织金蟒龙绸四匹　大红妆花过肩云蟒潞绸一匹　大红织金飞鱼补绸六匹　大红妆花飞鱼补云绸五匹　大红织金斗牛补绸二十三匹　大红妆花斗牛补绸二十九匹　大红妆花斗牛补潞绸四匹　大红妆花金凤绸三匹　大红织金仙鹤补云绸一十六匹　大红妆花仙鹤补绸五十七匹　大红妆花过肩仙鹤潞绸八匹　大红妆花仙鹤潞绸八匹　大红织金仙

鹤补绸二十匹　大红妆花锦鸡补云绸八匹　大红织金过肩锦鸡潞绸四匹　大红织金孔雀云绸七匹　大红妆花孔雀补绸五匹　大红织金妆花麒麟补绸三十五匹　大红妆花麒麟通袖绸五匹　大红织金麒麟补潞绸一匹　大红织金妆花獬豸补绸五匹　大红织金云鹭补潞绸一匹　大红素绸四十匹　大红素锦绸一十二匹　银红云绸一匹　暗花云鹤绸五匹　青织金过肩蟒绸七匹　青妆花凤补潞绸一匹　青织金[仙]鹤补绸三十七匹　青妆花仙鹤补绸一百三十六匹　青织金妆花仙鹤潞绸一十三匹　青织金仙鹤补潮绸二十匹　青织金飞鱼补潮绸二匹　青织金斗牛补绸四十五匹　青织金斗牛补潮绸四匹　青织金孔雀补潮绸二匹　青织金妆花孔雀补绸四十五匹　青织金麒麟补云绸七十一匹　青织金麒麟补潮绸四匹　青织金獬豸补云绸三十九匹　青织金獬豸补潮绸八匹　青素潮绸一十二匹　绿织金妆花凤绸二匹　绿妆花斗牛补绸五匹　绿织金仙鹤补绸四匹　绿织金麒麟补绸三匹　绿织金孔雀补绸一匹　绿锦绸四匹　油绿潮绸二匹　沉香织金蟒龙绸一匹　沉香妆花飞鱼补绸一匹　沉香织金仙鹤补绸一匹　玉色素潮绸一十五匹　紫潮绸二匹　西洋白绢绸七匹　银红以金璎珞绸一匹　红织金璎珞绸三匹　桃红妆花裙袄绸二匹

以上绸，共八百一十四匹。

改机　大红妆花过肩云蟒改机三匹　大红妆花斗牛

补改机一十八匹　　大红妆花仙鹤补改机四匹　　大红织金
孔雀补改机七匹　　大红织金麒麟补改机一十一匹　　大红
妆花獬豸补改机一匹　　大红改机六匹　　青织金过肩蟒改
机一匹　　青妆花仙鹤云改机五十五匹　　青妆花仙鹤素改
机四十九匹　　青织金穿花凤补改机一匹　　青织金妆花斗
牛补改机二十三匹　　青织金孔雀补云改机一十七匹　　青
织金麒麟补改机二十四匹　　青织金獬豸补改机一十五
匹　　青织金妆花云锦鸡补改机二匹　　青素云改机一十九
匹　　绿云素改机一十三匹　　蓝云改机三匹　　闪色织金麒
麟云改机一匹　　闪色妆花仙鹤改机一匹

以上改机，共二百七十四匹。

绒　大红织金蟒绒二十七匹　　大红妆花过肩云蟒绒
二十匹　　大红妆花过肩飞鱼绒二匹　　大红织金过肩飞
鱼绒一匹　　大红织金飞鱼补绒一十三匹　　大红妆花斗
牛补绒一十三匹　　大红妆花过肩云蟒绒二匹　　大红织
金过肩蟒绒一匹　　大红妆花斗牛补绒二匹　　大红织金凤
补绒二匹　　大红织金仙鹤绒一十三匹　　大红妆花仙鹤补
绒二十八匹　　大红织金仙鹤补绒二十六匹　　大红织金孔
雀补绒三匹　　大红妆花孔雀补绒六匹　　大红织金麒麟补
绒二十五匹　　大红织金麒麟绒三匹　　大红织金獬豸补绒
一十七匹　　大红妆花獬豸补绒七匹　　大红素绒九十九
匹　　青织金过肩蟒绒四十五匹　　青织金妆花仙鹤补绒
三十四匹　　青织金飞鱼补绒七匹　　青织金斗牛过肩绒三

匹　青织金斗牛补绒七匹　青织金孔雀补绒五匹　青织金麒麟补绒一十四匹　青织金獬豸补绒二十二匹　青织金练雀补绒一匹　青素剪绒一十六匹　芦花色妆花麒麟补绒一匹　绿织金过肩蟒绒七匹　绿织金飞鱼补绒六匹　绿织金过肩凤绒一匹　绿织金斗牛补绒十匹　绿妆花仙鹤补绒一十三匹　绿织金麒麟补绒二匹　绿织金孔雀补绒一匹　绿织金獬豸补绒一匹　油绿素绒七匹　蓝织金斗牛补绒一匹　沉香织金飞鱼补绒四匹　沉香素绒一匹　紫织金过肩凤绒一匹　紫素绒五匹　紫素女裙绒三匹　茶褐色织金麒麟补绒二匹　茶褐色獬豸补绒三匹　茶褐色斗牛补绒五匹　茶褐色素绒一匹　鼠色绒三十三匹　抹绒一十匹　西洋铁色褐六匹

以上绒褐，共五百九十一匹。

锦　大红宋锦四十八匹　青织金仙鹤宋锦二匹　青织金穿花凤宋锦一匹　青织金麒麟宋锦二匹　青宋锦四十一匹　沉香色宋锦三匹　玉色宋锦一十五匹　葱白宋锦五匹　蜀锦一十八匹　银红锦一匹　紫锦一匹　青锦一十六匹　蓝锦九匹　五色妆花锦二十匹　杂色锦三十二匹

以上锦，共二百一十四匹。

绫　大红织金绫二匹　红绫一匹　桃红绫一匹　暗花蟒绫七匹

以上绫，共一十一匹。

琐幅　红琐幅一十五匹　青琐幅四十六匹零一段　绿琐幅一十匹　蓝琐幅三匹　沉香色琐幅一十六匹　黄琐幅四匹　酱色琐幅一十二匹

以上琐幅，共一百零六匹零一段。

葛　青织金过肩蟒葛一匹　蟒龙葛布三匹　云葛五十三匹

以上葛，共五十七匹。

布　大红妆花斗牛补丝布四匹　大红织金妆花仙鹤丝布二十匹　大红织金妆花锦鸡补丝布二匹　大红妆花孔雀补丝布二匹　大红织金麒麟补丝布一匹　大红织金獬豸补丝布七匹　青织金仙鹤丝布三十七匹　青织金斗牛补云丝布九匹　青织金孔雀补丝布一十二匹　青织金麒麟补丝布九匹　青织金獬豸补丝布八匹　青织金妆花锦鸡补云丝布三匹　青织金妆花丝布四十三匹　绿织金丝布三匹　紫织金丝布一匹　大红织金妆花飞鱼云布一匹　大红织金仙鹤云布六匹　大红织金獬豸云布一匹　大红织金妆花云布一匹　红素云布四匹　青织金蟒云布一匹　素织金妆花凤补云布二匹　油绿妆花蟒龙云布一匹　绿云布二匹　油绿斗牛云布一匹　蓝织金麒麟云布一匹　蓝云布一十三匹　沉香色云布七匹　黄云布三匹　白云布二十九匹　大红妆花斗牛焦布一匹　大红布一百二十匹　紫布七匹　黄纻布一十匹　高丽纻二十八匹　西洋红白绵布八匹　红夏布七十二匹　各色

女袄裙绸缎绢九十六匹

以上布，共五百七十六匹。

通计缎、绢、绫、罗、纱、绸、绒、锦、布等项，共一万四千三百三十一匹零一段。

一、各色织金妆花男女衣服　缎衣　大红织金过肩蟒缎衣九件　大红妆花过肩蟒龙缎衣一十件　大红织金蟒缎圆领七件　大红妆花蟒缎圆领一十件　大红织金妆花斗牛缎衣一件　大红织金妆花斗牛缎圆领二十四件　大红织金妆花仙鹤缎衣五件　大红织金妆花仙鹤缎圆领八件　大红织金妆花锦鸡缎圆领四件　大红织金妆花孔雀缎衣五件　大红织金妆花孔雀缎圆领八件　大红织金妆花云雁缎圆领一件　大红织金白鹇缎圆领三件　大红织金云鹭缎圆领五件　大红过肩云缎衣一件　大红缎遍身云鹤法衣一件　青织金妆花蟒龙缎衣二十件　青织金妆花蟒龙缎圆领一十件　青织金妆花斗牛缎衣二件　青织金妆花斗牛缎圆领一十八件　青织金妆花仙鹤缎衣四件　青织金妆花仙鹤缎圆领二十件　青织金妆花锦鸡缎衣一件　青织金妆花锦鸡缎圆领八件　青织金妆花孔雀缎衣六件　青织金妆花孔雀缎圆领二十件　青织金妆花云鹭缎圆领六件　青织金妆花白鹇缎圆领一件　青织金妆花獬豸缎圆领二件　青素缎圆领三件　绿织金妆花蟒缎衣七件　绿织金妆花斗牛缎圆领一件　绿织金斗牛缎衣二件　油绿过肩暗花蟒缎衣一

件　油绿麒麟缎衣一件　墨绿麒麟缎圆领一件　绿妆花孔雀缎衣二件　绿闪黄仙鹤缎衣一件　蓝织金妆花蟒缎衣四件　蓝蟒缎圆领一件　蓝织金妆花斗牛缎衣四件　蓝缎闪红过肩暗花蟒衣二件　蓝缎闪紫过肩云鹤衣二件　蓝妆花锦鸡缎衣二件　沉香妆花仙鹤缎衣一件　沉香蟒缎衣二件　茄花色蟒缎衣一件　大红妆花蟒缎女袍二件　大红织金蟒缎女袍六件　大红斗牛缎女袍七件　大红斗牛缎女衣一十六件　大红云缎过肩麒麟女袍一件　大红织金妆花缎女袍一十二件　大红闹妆花缎女衣一件　大红织金妆花缎女衣八件　大红素缎女袍二件　大红遍地金蟒缎女衣一件　绿金妆花缎女衣四件　青织金妆花缎女袍二件　青织金妆花缎女衣七件　蓝斗牛缎女衣二件　紫斗牛缎女衣二件　沉香蟒缎女袄二件　墨绿缎麒麟女袍一件

以上缎衣，共三百三十四件。

绢衣　大红织金蟒龙云绢衣四件　大红妆花蟒龙云绢圆领二件　大红织金妆花斗牛绢衣三件　大红织金妆花斗牛绢领三件　大红织金妆花麒麟云绢圆领五件　大红织金妆花仙鹤云绢圆领一十四件　大红织金飞云绢衣一件　大红织金妆花锦鸡绢衣四件　大红妆花锦鸡绢圆领三件　大红妆花孔雀云绢衣二件　大红织金洒线孔雀云绢圆领六件　大红织金狮子云绢圆领一件　青织金妆花斗牛绢圆领四件　青织金麒麟云绢圆领七件　青

织金仙鹤绢圆领六件 青妆花仙鹤云绢衣三件 青织金飞鱼云绢圆领二件 青织金过肩蟒龙云绢衣七件 青妆花蟒龙圆领二件 青织金云雁绢圆领一件 青妆花云绢圆领一件 青妆花孔雀绢圆领六件 青妆花暗花孔雀绢衣三件 青织金孔雀绢圆领一十一件 青织金锦鸡绢圆领一十件 青云里白鹇绢圆领一件 油绿暗花仙鹤孔雀绢衣六件 油绿绢褶子三件 绿妆花斗牛绢衣一件 绿绢褶子七件 蓝蟒金胸背绢衣一件 蓝织金仙鹤绢衣一件 蓝闪红过肩蟒绢衣一件 蓝蟒补云绢衣一件 蓝斗牛云绢衣一件 蓝闪绿麒麟云绢衣二件 蓝妆花仙鹤云绢衣四件 蓝妆花暗花孔雀绢衣一十二件 蓝妆花锦鸡绢衣三件 蓝绢褶子六件 沉香四串绢过肩蟒衣一件 沉香妆花锦鸡绢衣一件 沉香妆花孔雀绢衣三件 沉香妆花仙鹤绢衣一件 沉香云绢褶子一件 大红锦鸡云绢女衣一件 大红过肩凤云绢女衣一件 大红麒麟云绢女袍一件 大红斗牛云绢女袍二件 大红织金妆花绢女袍四件 大红织金妆花绢女衣三件 纳锦百花蟒绢女衣一件 纳锦八仙绢女披风一件 绿纳锦斗牛绢女披风一件 绿织金妆花绢女衣二件 油绿织金妆花绢女衣二件 蓝织金妆花绢女衣四件

以上绢衣，共一百九十二件。

罗衣 大红织金妆花过肩蟒罗衣一十件 大红织金妆花蟒龙罗圆领一十七件 大红织金妆花斗牛罗衣一

件　大红织金妆花仙鹤罗衣一件　大红织金妆花斗牛罗
圆领九件　大红刻丝仙鹤补罗圆领一件　大红织金妆花
仙鹤罗圆领六件　大红织金妆花锦鸡罗圆领四件　大红
妆花孔雀罗衣一件　大红织金妆花孔雀罗圆领三件　大
红织金妆花云雁罗圆领一件　青织金妆花蟒龙罗衣三
件　青织金妆花蟒罗圆领四件　青织金妆花斗牛罗圆
领一十三件　青织金麒麟罗圆领一件　青织金妆花仙鹤
罗圆领五件　青织金妆花锦鸡罗圆领七件　青织金妆花
孔雀罗圆领七件　青织金獬豸补罗圆领六件　绿妆花孔
雀罗衣一件　绿罗直身三件　绿罗褶子三件　蓝蟒罗衣
三件　蓝罗直身七件　蓝罗褶子一十一件　沉香罗褶子
二件　玉色罗褶子二件　大红织金罗女衣七件　大红素
罗女披风一件　青蟒罗女衫二件　青妆花罗女圆领一
件　青织金罗女圆领一件　青妆花罗女衣二件

以上罗衣，共一百四十五件。

纱衣　大红织金过肩蟒龙云纱衣一十四件　大红织
金蟒龙补纱圆领一件　大红织金飞鱼纱圆领一件　大红
织金妆花斗牛云纱衣二件　大红织金妆花斗牛云纱圆领
一十件　大红织金妆花麒麟云纱衣一件　大红织金妆
花麒麟云纱圆领二件　大红织金妆花麒麟绉纱圆领一
件　大红织金妆花仙鹤云纱衣四件　大红织金妆花仙鹤
云纱圆领九件　大红织金獬豸补纱圆领二件　大红织金
妆花云鹭纱圆领一十一件　大红妆花云鹭纱衣一件　大

红妆花锦鸡补纱圆领五件　大红妆花孔雀云纱衣七件　大红妆花孔雀绉纱衣一件　大红织金妆花孔雀纱圆领一十三件　大红织金妆花孔雀补绉纱圆领一件　大红妆花云雁补纱圆领一件　青织金妆花暗花蟒纱衣一十五件　青织金蟒纱圆领三件　青织金斗牛纱圆领一十八件　青织金獬豸纱圆领二十一件　青织金鹭鸶纱圆领一十七件　青织金妆花飞鱼纱圆领二件　青妆花麒麟纱圆领一十件　青织金妆花过肩云鹤纱衣三件　青织金妆花云鹤纱圆领二十六件　青妆花云雁纱圆领一件　青妆花圈金锦鸡纱圆领二十件　青织金妆花孔雀补纱圆领四十一件　青暗花孔雀云纱衣五件　绿过肩蟒纱衣一件　绿妆花蟒纱衣一件　油绿斗牛圆领二件　绿妆花暗花仙鹤孔雀纱衣五件　蓝蟒纱衣一十二件　蓝斗牛云纱衣二件　蓝麒麟补纱衣一件　沉香色蟒纱衣二件　葱白纱过肩蟒衣一件　蓝纱褶子四件　大红蟒纱女袍四件　大红蟒纱女衣八件　大红斗牛纱女披风二件　大红斗牛纱女衣一件　大红织金妆花纱女袍一十件　大红织金妆花纱女衣一十件　绿蟒纱女衣二件　绿斗牛纱女衣一件　青织金妆花纱女袍五件　青蟒纱女袍一件　青妆花麒麟纱女袍一件　青织金麒麟纱女袍一件

以上纱衣，共三百四十六件。

绸衣　大红妆花过肩云蟒绸衣一件　大红织金麒麟补绸圆领二件　大红织金斗牛绸衣一件　大红织金妆

花斗牛绸圆领二件　大红织金仙鹤补绸圆领一件　大红织金仙鹤绸衣一件　大红妆花孔雀补绸衣一件　大红妆花孔雀补圆领一件　青织金斗牛绸圆领三件　青织金妆花麒麟绸衣二件　青织金妆花麒麟绸圆领一十一件　青织金妆花狮子绸圆领一件　青织金妆蟒鸳鸯绸衣一件　青妆花仙鹤补绸圆领七件　青暗花云鹤绸衣一件　青织金仙鹤补绸圆领三件　青织金妆花孔雀绸圆领一十六件　青织金锦鸡补绸圆领六件　油绿妆花斗牛绸衣一件　蓝织金妆花麒麟绸衣二件　蓝织金过肩云鹤绸衣一件　沉香色绸蟒衣一件　绿绸褶子六件　蓝绸褶子四件　大红绸麒麟补女衣二件　大红绸獬豸补女衣一件　桃红绸斗牛女衣二件　素绸麒麟补女衣一件　绿绸蟒补女衣三件　青绸麒麟女衣一件　蓝绸斗牛女衣二件

以上绸衣，共八十九件。

改机衣　青织金孔雀改机衣一件　青织金妆花孔雀改机圆领一十二件　青刻丝锦鸡补改机圆领一件　青素改机圆领三件

以上改机衣，共一十七件。

绒衣　大红妆花过肩蟒绒衣三件　大红妆花蟒绒圆领三件　大红妆花斗牛绒圆领四件　大红妆花麒麟绒圆领三件　大红刻丝仙鹤补绒圆领一件　大红织金仙鹤绒圆领八件　大红妆花仙鹤绒圆领一件　大红妆花锦鸡绒圆领四件　大红妆花孔雀绒圆领四件　青织金斗牛绒圆

领三件　青妆花斗牛绒圆领三件　青妆花过肩斗牛绒衣一件　青妆花蟒龙绒圆领五件　青织金蟒绒衣五件　青织金仙鹤绒圆领一十件　青织金妆花锦鸡绒圆领三件　青织金云雁绒圆领三件　青织金云雁绒衣一件　青妆花绒禅衣一件　青妆花孔雀补绒圆领五件　绿织金过肩蟒绒衣二件　油绿妆花锦绒圆领一件　墨绿过肩蟒绒衣二件　油绿妆花孔雀绒圆领二件　墨绿织金斗牛绒圆领二件　沉香色蟒绒衣二件　沉香斗牛绒衣一件　栗色妆花斗牛绒衣一件　藕色过肩蟒绒衣一件　天鹅绒头围一个　大红过肩斗牛女衣一件　大红过肩蟒绒女衣一件　大红蟒绒女袍一件　大红云鹤绒女袍一件　红织金凤补绒女袍二件　红绒女袍一件　红绒女衣六件　红剪绒獬豸女披风一件　紫绒女衣二件　青过肩蟒绒女衣一件　青过肩蟒绒女披风一件　青过肩斗牛绒女衣一件　墨绿蟒补绒女衣一件　墨绿斗牛补绒女衣一件　沉香斗牛绒女衣一件　红妆花绒女裙一条　绿妆花绒女裙一条　红织金绒女裙一条　绿织金绒女裙一条　蓝织金绒女裙一条

以上绒衣，共一百一十三件。

宋锦衣　青宋锦刻丝仙鹤补圆领一件　宋锦斗牛女披风一件

蟒葛衣　过肩蟒葛衣一件　斗牛补葛衣三件

貂裘衣　貂鼠裘袄二件　豹皮禅衣二件　狐裘二

件　貂鼠风领五条

以上锦、葛、貂裘，共一十七件。

丝布衣　大红织金仙鹤补丝布圆领一件　大红妆花蟒龙补丝布圆领一件　大红妆花麒麟补丝布圆领一件　大红织金斗牛丝布圆领一件　大红洒线孔雀补丝布圆领一件　青织金蟒龙丝布圆领一件　青织金妆花斗牛丝布圆领四件　青织金云雁丝布圆领三件　青织金妆花獬豸补丝布圆领七件　青妆花孔雀丝布圆领一件　蓝织金云鹤丝布衣一件　大红旧云布过肩蟒衣一件

以上丝布衣，共二十三件。

洒线过肩蟒并裙襕二十八片

通计缎、绢、罗、纱、绸、绒、裘、葛、布等项男女衣服，共一千三百零四件。

一、丝绵　丝绵四百八十七斤

一、刻丝画补　刻丝蟒龙衣缎二件　刻丝蟒鹤补二十四幅　刻丝罩甲一件　刻丝观音一幅　刻丝寿星一幅　刻丝画一幅　洒线蟒龙一幅十片

以上刻丝画补，共四十幅（件）。

一、扇柄　金铰川扇四千三百四十把　银铰川扇一万零七把　金铰墩扇一百五十把　银铰墩扇二百零四把　各色川扇九千零五十七把　各色墩扇二千七百二十三把　金银钉铰襄扇五十五把　牙玳檀香等扇一百八十把　戈折扇四百五十八把　煮金铰倭扇

一百一十把　团扇二十四把

　　以上扇柄，通共二万七千三百零八把。

　　一、古今名琴　金徽玉轸断纹琴九张　金徽水晶轸足琴三张　龙形水晶轸足琴一张　月下水玉琴一张　咸通之宝琴一张　清庙之音琴一张　响泉琴一张　霜钟琴一张　清流激玉琴一张　玉壶冰琴一张　苍龙喷玉琴一张　一天秋琴一张　万壑松琴一张　寒玉琴一张　秋涧泉琴一张　秋月琴一张　春雪琴一张　玉琮琤琴一张　雪夜钟琴一张　调古琴一张　鸣震雷殿琴一张　冰泉琴一张　九霄鸣珮琴一张　流水高山琴一张　万壑松声琴一张　乘月琴一张　松风琴一张　寒江落雁琴一张　古铜琴一张　大理石琴二张　鎏金铜琴一张　无名氏琴一张　时琴四张　旧琴六张　旧制月琴一张

　　以上古今名琴，共五十四张。

　　一、古砚　汉未央宫瓦砚一方　铜雀瓦砚一方（有锦囊）　唐天策府制砚一方　贞观上苑砚一方　苏东坡天成砚一方　宣和殿砚一方　文文山砚一方　端溪鹦鸽砚二方（内一痫玉）　龙尾石砚一方　花底砚一方　玻璃石两面砚一方　高丽砚二方　昆璧砚一方　白玉砚一方

　　以上古砚，共一十六方。

　　一、都丞文具　铜水注一个　铜笔架一个　铜熨纸一个　铜剪一把　铜镇纸虎兔三个　水晶镇纸一个　铜荷叶蟾香台一个　裁纸刀一把　铜镜一面（连盒）　铜

匙一个　鎏金大铜砚一方　玳瑁牙笔四枝　墨二匣　曹直院一条　玉纽香木界尺二条　乌木界尺二条　铜水盂一个　铜香炉二个　牙梳二个　未刻牙图书十个　牙柄抿刷六件　图书匣三个　牙嵌镜架一个　牙小琴一张　乌木牌一副（连盒）　牙骰子六个（连盒）　香木圆盒一个　减银镇纸一条　玉嵌香木蘸笔一个　牛角小投壶一个　贝光禄一个　罗经一面

以上共贮都丞盒一个内。

牙梳一副　牙抿刷五件　小木盒一个（共一梳盒）　小铜镜一面　牙盖花梨镜架一个　牙牌一副（连盒）　骰子枚子十六个（连盒）　指南车一个　铜兔镇纸二个　牙镶牛角司直一条　小玉印色池一个　小笔架一个（连盒）　水晶盖小圆罗经一个　未刻牙图书一个（连盒）　鎏金小插香盘一个　铜水注一个　铜盏一个　鎏金小香炉一个　小铜剪一把　小铜熨纸一个　花梨小木鱼一个　小韵书一本　小端溪石砚二方　贝光禄一个　小骨盒等一把　象牙牛角笔筒二个　牙柄拂尘小刷二件　玉镶花梨木镇纸一条　剔牙杖一副（连牙筒）　牙柄小刀锥三把

以上共贮花梨木一拜帖匣，外有毡包。

牙梳一副　牙抿刷四件　小木盒一个（共一梳盒）　小铜镜一面　牙镶花梨木镜架一个　牙牌一副（连盒）　牙骰子枚子（共一盒）　指南车一个　铜兔

180

镇纸二个　小笔架一个（连盒）　小玉印色池一个　未刻牙图书二个（连盒）　水晶盖小罗经一个　铜水注一个　铜插香盘一个　铜小香炉一个　铜小盏一个　铜小镇纸一个　小铜剪一把　小韵书一本　花梨木鱼一个　贝光禄一个　小端溪石砚二方　象牙牛角笔筒二个　小牛角盒等一把　玉镶花梨木镇纸一条　牙柄拂尘小刷二件　剔牙杖牙筒一副　牙柄剔脚刀一把　牙镶牛角司直一条

以上共贮一拜帖匣，外有毡包。

牙抿刷三件　小花梨木盒一个　小镜一面　牙盖花梨木镜架一个　小铜剪一把　牙梳一副　牙骰子枚子十六个（连盒）　指南车一个　铜兔镇纸二个　笔架一个（连盒）　小玉印色池一个　未刻牙图书二个（连盒）　水晶盖罗经一个　铜水注一个　铜插香盘一个　小铜香炉一个　小铜盏一个　小铜熨纸一个　小韵书一本　小花梨木鱼一个　贝光禄一个　小端溪石砚二方　象牙牛角笔筒二个　小牛角盒等一把　玉镶花梨木镇纸一条　牙柄拂尘小刷二件　牙镶牛角司直一条　牙牌一副（连盒）

以上共贮一拜帖匣，外有毡包。

牙抿刷六件　水晶盖罗经一个　小花梨木盒一个　牙镜架一个、梳二个　牙牌一副（连盒）　牙骰子枚子十六个（连盒）　指南针一个　铜兔镇纸二个　笔架一个（连盒）　小玉印色池一个　未刻牙图书二个（连盒）　铜水注一个　铜插香盘一个　铜小香炉一个　小铜盏一个　小铜熨纸一个　贝光禄一个　小韵书一本　小端溪石砚二方　花梨小木鱼一个　小牙盒等一把　牙镶棕木笔筒一个　牙柄小刀锥三把　牙筒剔牙杖一副　玉镶花梨镇纸一条　牙镶牛角司直一条

　　以上共贮一拜帖匣，外有毡包。

　　小花梨木方盒一个　牙骰子枚子十六个（连盒）　牙笔一枝　牙梳二张　牙图书二个　牙抿一根　小牙盒等一把　牙柄小刷二件　牙刮舌一个　牙梅雪牌一个　牙小木鱼一个　小铜剪一把　小镜一面　螺钿鞘小裁纸刀一把　花梨木锥一件　小铜水勺一个　铜兔镇纸一个　小铜笔架一个。玳瑁笔一枝　铜水注一个　小铜熨纸一个　小铜香炉一个　小铜盏一个　小端溪砚二方　玉镶花梨木镇纸一条　曹过院一个　贝光禄一个　洗图书刷一件

　　以上共贮一拜帖匣，外有毡包。

　　一、屏风围屏　大理石大屏风二十座　大理石中屏风十七座　大理石小屏风十九座　灵璧石屏风八座　白石素漆屏风五座　祁阳石屏风五座　倭金彩画大屏风一座　倭金彩画小屏风一座　倭金银片大围屏二架　倭金银片小围屏三架　彩漆围屏四架　描金山水围屏三架　黑漆贴金围屏二架　羊皮颜色大围屏二架　羊皮中

围屏三架　羊皮小围屏三架　倭金描蝴蝶围屏五架　倭
金描花草围屏二架　泥金松竹梅围屏二架　泥金山水围
屏一架

以上屏风围屏，共一百零八座（架）。

一、大理石螺钿等床　雕漆大理石床一条　黑漆大
理石床一张　螺钿大理石床一张　漆大理石有架床一
张　山字大理石床一张　堆漆螺钿描金床一张　嵌螺钿
着衣亭床三张　嵌螺钿有架凉床五张　嵌螺钿梳背藤床
二张　镶玳瑁屏风床一张

以上床，共一十七张。

一、古铜器　古铜耳鼎一个（连盖重三十斤）　古
铜鼎二个（共重一百一十四斤）　古铜钲一座（二盒，高二
尺六寸，阔二尺，重不计斤）　古铜笾豆九件（共重六十五
斤）　古铜酒海一十四个（内一个木盖、有玉顶，共重
一百七十七斤零两）　古铜牺樽一个（重七斤）　古铜
蜗樽三个（共重九斤十两）　古铜酒樽一十三个（内一个
有勺，共重一百三十八斤四两）　古铜匜酒樽一对（共重九
斤六两）　古铜爵二对（共重一十一斤）　古铜商金象腿
玉顶炉一个（重二十斤）　诸葛铜鼓三面（共重一百三十
斤）　高丽铜鼓二面（共重九十四斤）　古铜寿山炉一
个（重二十二斤）　古铜寿星炉一个（重三十一斤）　古
铜香炉五十八个（内七个木盖，俱玉顶，一个镶银，共重
三百八十八斤八两）　古铜玉顶方炉一个（重一十斤）　古

铜寿山方炉一个（重一十二斤）　古铜狮炉瓶二副（六件，共重八斤）　古铜狮子香炉一个（重七斤）　古铜狮盖炉二个（共重三十八斤）　古铜水火炉一座（重二十五斤）　古铜蛇头圆炉一个（重四斤）　古铜角端炉一个（重二十斤）　古铜卧牛炉一个（重一十七斤）　古铜大圆炉一座（重一百零二斤）　古铜大小圆炉四个（内一个镶金，共重二百二十八斤）　古铜大香炉一个（重九十五斤）　古铜有顶炉一座（重一百一十斤）　古铜荷叶无盖炉瓶一副（计三件，共重一十三斤）　古铜中炉瓶七副（计二十一件，共重一百九十一斤）　古铜中样炉三个（共重一百三十六斤）　古铜无盖中小香炉二十四个（共重一百四十四斤）　古铜小炉瓶五副（计一十五件，共重七十九斤）　古铜小水火炉一座（重六斤）　古铜小提炉二个（共重一十三斤）　古铜小炉一十七个（共重六十七斤）　古铜有盖小炉一个（重二斤）　古铜手炉一个（重一斤）　古铜蒜头瓶一十九个（共重八十九斤）　古玉簪瓶四个（共重七斤十二两）　古铜蒜头瓶一个（重四斤）　古铜花瓶二十九个（内一个木盖、水晶顶、共重二百九十七斤八两）　古铜方插瓶一个（重九斤四两）　古铜六角瓶二个（内一个镶银，共重一十二斤）　古铜环盖瓶二个（共重二十六斤）　古铜大花瓶一对（共重一百斤）　古铜大花瓶一对（共重四十八斤）　古铜大净瓶二个（共重九十二斤）　古铜花瓶八个（共重一百三十斤）　古铜方瓶五个（共重一百二十六斤）　古铜小瓶二十六个（共重六十六斤）　古铜花瓶一对（共重一十八斤）　古铜中瓶一对（共重三十三斤）　古铜花瓶一对（共重二十四斤）　古铜中方瓶二个（共重八斤八两）　古铜小方瓶二个（共重三十一斤）　古铜小圆瓶六个（共重二十六斤）　古铜灯台一对（共重五斤）　古铜烛台一对（共重八斤）　古铜香筒二个（共重二斤八两）　古铜提壶一十二个（重八十七斤十二两）　古铜酒壶五个（共重二十一斤）　古铜狮盖壶一个（重四斤八两）　古铜投壶七个（共重八十五斤）　古铜匾壶二个（共重一十一斤）　古铜提壶五个（共重三十九斤）　古铜投壶七个（共重七十三斤）　古铜酒瓶一对（共重一十三斤八两）　古铜狮象一座（重三十斤）　古铜狮子一个（重一十九斤一十两）　古铜大龟鹤二只（共重四十五斤）　古铜龟二个（共重一十三斤）　古铜鹤一只（重一斤一十两）　古铜龟鹤三只（共重一十四斤）　古铜鸭二只（共重一十四斤）　古铜鹿二只（共重八斤）　古铜牛一座（重一十一斤八两）　古铜波斯一筒（重四斤）　古铜钟八口（共重四十五斤十二两）　古铜小钟六口（共重二十二斤）　古铜香山一座（重五十斤）　古铜磬二口（共重五斤）　古铜云板一个（重六十二斤）　古铜明底钵三个（共重九斤）　古铜盘八面（共重一百三十二斤四两）　古铜折碗一对（共重二斤一十四两）　古铜酒卮一个（重一斤一十二两）　古铜酒罐二个

（共重四斤）　古铜圆盒一个（重三斤一十二两）　古铜盂一个（重一十四斤）　古铜勺二个（共重一斤四两）　古铜小香盒一个（重一十二斤）　古铜渣斗一个（重五斤八两）　古铜水碗（连架四件，共重一十斤八两）　古铜渣斗三个（共重一十斤）　古铜鼎罐二个（共重一十三斤）　古铜茶罐一个（重三斤一十二两）　古铜钵盂二个（共重三斤四两）　古铜小灶一个（重一十五斤）　古铜小铛锅一口（重二斤）　古铜着衣镜一面（重一百六十斤）　古铜镜大小四十四面（共重七十九斤）　古铜镜一十一面（共重七斤）　古铜小镜一面（有水晶袋）　古铜灯一座（重五斤）　古铜笔架一个（重五两）　鎏金龙盖炉瓶二副（计六件，共重二十四斤）　鎏金麒麟盖炉瓶二副（计六件，共重二十八斤）　鎏金狮盖大炉瓶三副（计九件，共重二百四十斤）　鎏金狮盖炉八个（共重六十一斤）　鎏金角端炉二个（共重二十二斤）　鎏金角端炉瓶二副（计六件共重一十二斤）　鎏金兽炉四个（共重三十八斤）　鎏金兽盖方香炉二个（连瓶四只，共重三十四斤）　鎏金螭虎小炉瓶六副（计一十八件，共重二十三斤）　鎏金圆盏炉四个（共重一十斤）　鎏金云炉一个（瓶二只，共重一十二斤）　鎏金水火炉一个（重一十九斤）　鎏金桃叶炉一个（重九斤）　鎏金炉瓶一副（计三件，共重一斤八两）　鎏金圆炉一个（重四斤）　鎏金大方香炉一个（连竹节龙吞口瓶二只，共重二十五斤）　鎏金中炉瓶二十副（计六十件，共重一百九十七斤）　鎏金中样香炉一十一个（共重四十七斤一十二两）　鎏金小炉瓶三十二副（计九十六件，共重一百一十三斤）　鎏金小炉一十八个（共重三十七斤）　鎏金小提炉四个（共重二斤）　鎏金炉瓶五副（计一十五件，共重一十七斤）　鎏金方炉一个，瓶二只（共重八斤）　鎏金小炉一十五个（共重二十三斤）　鎏金净瓶一个（重一十斤）　鎏金螭虎瓶四个（共重四十五斤）　鎏金魁斗花瓶一对（共重二斤）　鎏金大圆瓶二个（共重八十八斤）　鎏金大方瓶六个（共重二十七斤）　鎏金大小胆瓶五十二个（共重三十三斤一十二两）　鎏金中花瓶二对（共重六斤）　鎏金小花瓶二十六个（共重一十六斤）　鎏金烛台一十二个（共重二十九斤）　鎏金红烛台二个（共重三斤四两）　鎏金宝鸭二个（共重三斤）　鎏金大鹤四只（共重一百二十斤）　鎏金小鹤三十四只（共重三十斤）　鎏金龟鹤六只（共重三百二十斤）　鎏金小龟鹤二只（共重一斤八两）　鎏金鸭四只（共重八斤）　鎏金香鸭十只（共重五十三斤）　鎏金小犀牛十只（共重一十二斤）　鎏金犀牛一只（重一斤一十二两）鎏金狮子一只（重一十斤）　鎏金鹿一只（重二十斤）　鎏金兔二只（共重一斤四两）　鎏金美人三十一个（共重五十六斤）　鎏金回回台一个（重一斤八两）　鎏金投壶一十个（共重九十一斤）　鎏金果盒四个（共重二十五斤）　鎏金山笔架一个（重一十四斤）　鎏金箸筒二个（共重六斤）　鎏金笔鼓七个（共重七斤）　鎏金小注五个（共重五斤）　鎏金笔鼓一个（重一十四斤）　鎏金套杯二十四个（共重四斤）　鎏金爵盏一十一个（共重二斤）　鎏金渣斗六个（共重九斤八两）　鎏金渣斗二十五个（共重二十八斤二两）

以上古铜鎏金器，共一千一百二十七件，共重六千九百九十四斤零二两。

一、钱钞　铜钱（计九千四百七十五文）　钞（计二捆）

一、实录并经史子集等书　累朝实录八部（五百七本，手抄）　太乙统宗、性命统宗各一部（七本）　群仙语录一部（三本）　龙虎经一部（一本）　陆绩述元一部（六本）　张三丰金丹节一部（手抄）　太元奇门一部（一本，手抄）　金丹正理、金丹真一论各一部（一十八本）　演禽秘言一部（四本，手抄）　金丹大诀、金丹大要各一部（一本，手抄）　观象玩占一部（十本）　天源发微一部（四本）　南宫秘录一部（七本，手抄）　潜虚衍义一部（四本，宋板）　诚斋易传一部（三本，宋板）　春秋或问一部（五本，宋板）　公穀注疏一部（八本，宋板）　内传国语一部（三本，宋板）　尔雅一部（二本，宋板）　礼记一部（十本，宋板）　礼记纂言一部（十二本，元板）　礼书二部（四十本，元板）　乐书二部（三十四本，元板）　史记一部（三十本，宋板）　前汉书二部（七十本，宋板）　后汉书二部（九十五本，宋板） 西汉会书一部（十本，宋板） 西汉诏令一部（四本，宋板） 三国志一部（一十六本，宋板） 蜀汉本末一部（三本，国初板） 晋书一部（四十本，宋板） 梁书一部（二十本，宋板） 陈书二部（二十本，宋板） 魏书二部（一百本，宋板） 南齐书一部（二十六本，宋板） 北齐书一部（一十本，宋板） 隋书一部（二十四本，宋板） 五代史一部（一十二本，宋板） 唐书一本（六十四本，宋板） 唐律疏议一部（五本，元板） 南史一部（三十本，宋板） 北史一部（三十四本，宋板） 后周书一部（一十二本，宋板） 宋书一部（五十四本，宋板） 元史一部（八十本，国初板） 资治通鉴一部（二百七十七本，新板） 通鉴纪事本末一部（四十二本，元板） 通鉴前编一部（一十二本，元板） 通鉴发明一部（八本，元板） 通鉴纲目一部（五十一本，国初板） 历代纪年一部（四本，手抄） 文选二部（五十一本，宋板；一元板） 刘向说苑一部（六十本，元板） 史书一部（五百四十四本，新板） 风俗通一部（二本，宋板） 文苑英华辨证一部（一十二本，宋板） 西山读书记二部（八十四本，宋板） 心政二经一部（二本，宋板） 续文章正宗二部（一十六本，元板） 景德传灯录一部（六本，宋板） 聱隅子一部（一本，宋板） 容斋随笔一部（五本，元板） 朱子成书一部（六本，元板） 中庸聚说一部（五本，元板） 宝晋英光集一部（五本，宋板） 史子朴语一部（一本，宋板）　三子口义一部（四本，宋板）　贤良进卷一部（五本，宋板）　吹剑录一部（二本，宋板）　杜陵诗史一部（八本，宋板）　唐僧弘秀集一部（五本，宋板）

以上书籍，共八十八部，计二千六百一十三本。

一、石刻法帖墨迹　英宗御制石刻一册　东书堂帖七套六十册　思陵禊帖一轴　钟繇季直戎路表一轴　王羲之此事等帖五轴　赵孟頫经等帖二十二轴　俞紫芝墨迹一轴　褚河南倪宽赞帖一轴　韦庄借乐章帖一轴　钟绍京帖一轴　盛唐墨迹帖一轴　张旭春草帖一轴　颜鲁公书诰等帖四轴　吴通微千文帖一轴　柳公权度人经帖一轴　林藻深慰帖一轴　怀素自叙等帖二轴　宋徽宗女史等帖二轴　高宗度人经等帖二轴　文潞公遗帖一轴　陈大建真草千文一轴　苏轼赤壁赋等帖八轴　黄庭坚上座等帖一十四轴　米元章天马赋等帖八轴　蔡襄诗表帖二轴　苏黄米蔡等帖四轴　六一居士真迹帖一轴　陆放翁词翰帖一轴　释静宾百咏梅帖一轴　张即之真迹帖一轴　晋唐宋墨迹帖一轴　欧率更千文帖一轴　孙过庭书谱帖一轴　段天祐临右军帖一轴　晦翁和敬夫等帖二轴　显扬圣教帖一轴　大般若经帖一轴　经伏波祠帖一轴　祝枝山真草帖六轴　宝贤堂帖四十九册　淳化帖三十册　停云馆帖一十册　太清楼帖四册　晋唐石刻四册　历代帝王名臣帖一十六册　二王

帖九册　怀素圣母等帖二册　子昂文赋等帖二册　王赵帖一册　智永等真草千文七册　多宝寺碑帖一册　宋仲温书草帖一册　圣贤书评帖一册　四十二章经帖四册　九成宫碑帖一册　番军庙碑帖一册　千福寺碑帖一册　吕梁庙碑帖一册　东坡帖一册　圣教序帖二册　文赋石刻帖一册　汝帖二册　六书帖一册　阴符经石本帖一册　张廷珪帖一册　颜鲁公家庙碑一册　东方朔赞帖一册　千文篆庙堂碑帖一册　九成宫多宝碑帖一册　石刻圣教序等帖二十五册　灵山题咏帖一册　琅琊柳碑帖一册　徵明临怀素自叙帖一册　石刻一册　王履吉真草帖二册　李西涯帖一册　枝山四体帖一册

以上墨刻法帖，共三百五十八轴（册）。

一、古今名画手卷册页

御制　宣宗御制白燕花骢紫芥三轴　捕鱼芦雁图共二轴　斗方小景二轴　各色翎毛二轴　景星帝翎毛二轴　宪宗御制判字一轴　武宗御制仙图一轴

唐　吴道子南岳图一轴　水月观音一轴　李思训仙山楼阁七轴　游仙图一轴　李昭道圆光小景二轴　九成宫避暑图二轴　金碧山水一轴　阎立本瀛洲学士图八轴　王维圆光小景二轴　辋川雪溪图三轴　黄筌金盆浴鸽图二轴　彩鸠玉兔图二轴　花下鸡群翎毛共六轴　宫娥望幸图一轴　江都王绪唐马一轴　周昉杨妃出浴图一轴　东丹王双骑图二轴　戴嵩牛图一轴　关全山水图一

轴　荆浩山水图一轴　支仲元人物二轴　唐人阿房宫图
一轴　驷马封侯图二轴

　　宋　徽宗秋鹰一轴　题鹰并牡丹共二轴　各色翎毛
六轴　题烟霭秋浅图一轴　高宗题王仲珪梅一轴　御画
并题一轴　董源山水二轴　李成雪景一轴　古木林泉图
二轴　周文矩文会图一轴　李伯时莲社图一轴　西园雅
集并山水共六轴　竹林雅集二轴　袁安卧雪图一轴　杨
晖梅花一轴　许道宁山水二轴　斗方小景三轴　郭熙古
木寒泉一轴　山水十一轴　徐熙红白山茶花一轴　赵大
年山水六轴　翎毛一轴　赵昌斗方小景四轴　圆光小景
一轴　易元吉竹鹿图一轴　獐图二轴　崔白满池娇八
轴　各色翎毛共十六轴　崔悫雪兔图一轴　梅花鹨鹑图
一轴　文与可竹二轴　东坡墨竹一轴　米芾人物山水共
十三轴　春山烟晓一轴　春山雨霁一轴　秋湖夜月一
轴　赵千里山水阴符五轴　圆光小景二轴　赵伯骕双清
图一轴　马和之山水一轴　陈容画龙四轴　李唐击桐图
一轴　四景人物山水共十一轴　放牧图四轴　问礼图雪
坞幽居二轴　陈居中较猎图一轴　李迪宣父像一轴　花
鸟共十二轴　苏汉臣婴戏货郎八轴　仕女图四轴　龙女
献珠一轴　金母临宴一轴　水钵降龙一轴　吴炳翎毛四
轴　林椿牡丹四轴　刘松年风晴雨雪四轴　山水人物
二十七轴　烟雨图一轴　竹居文会二轴　圆光小景一
轴　雪江独钓一轴　李嵩士农工商四轴　金谷园并楼阁

图三轴　马远翎毛九轴　参禅并高士图二轴　渊明赏菊一轴　三仙传道寿星图三轴　和靖观梅一轴　月明千里故人来一轴　墨梅并番马图共三轴　捕鱼图一轴　山水人物二十八轴　春溪晓泛一轴　夏珪丹霞访灵照一轴　仙槎玩月夜景图二轴　烟村归棹图一轴　人物山水二十轴　王定国吐绶鸡一轴　毛益翎毛二轴　马麟福禄寿图一轴　羊图一轴　山水四轴　梅花并山茶共五轴　范宽晓景图一轴　刘辉美人图一轴　晦庵墨妙一轴　阎毅绣鹰一轴　刘立本仙图一轴　葛稚川移家图一轴　逃禅老人梅竹一轴　祐陵题画一轴　宋人楼观山水五轴　骊山行幸一轴　枫石并苍松图共三轴　三白海青并孔雀三轴　芦雁并踏雪图共三轴　宋局画寿字一轴　文王遇太公图一轴　江雪罾鱼图一轴　蹴鞠并婴戏图共六轴　寿意并花草共七轴　楼台诗意二轴　十八学士并七贤图五轴　关侯钟馗像二轴　观音并仙图二轴　文昌并三官像二轴　牡丹绣鹰二轴　采莲船小横披一轴　北斗降金桥一轴　山水人物并绣鹤鹿（共一十一轴）　宋绣观音一轴　绣满池娇一轴　刻丝龙并牡丹共六轴　绣寿星并七子图二轴

　　元　赵子昂观音并美人图共四轴　高士并墨竹图共二轴　唐马并翎毛共十轴　人物山水二十三轴　秋原较猎一轴　渔樵问答并鱼图二轴　墨迹诗字六轴　松鹿并牛图二轴　管夫人翎毛二轴　秋冬山水二轴　赵仲穆唐

马四轴　山水人物二轴　赵雄马一轴　钱舜举花草六轴　竹兔一轴　孙君泽界画山水并苍松共五轴　买臣樵图一轴　刘耀卿楼阁图四轴　列子御风一轴　山水四轴　春冬景二轴　王若水菊花竹石一轴　桃竹锦鸡翎毛二十八轴　唐子华捕鱼图一轴　神品一轴　黄子久山水二轴　吴仲圭渔父图一轴　双松古石一轴　倪云林竹石图一轴　小景一轴　盛子昭仙景四轴　山水人物六十一轴　关山霁雪并独钓二轴　杏花读书图一轴　崆峒问道一轴　爱山并采芝图共三轴　唐王出猎图一轴　观莲采菱图共二轴　羲之观鹅图一轴　三星拱寿并文昌图二轴　琴阮图一轴　观画抚琴图二轴　班恕斋寿松图二轴　王廷吉水仙一轴　张可观山水人物六轴　高房山楼阁山水二轴　松石并西湖图二轴　焕章阁山水二轴　寿意二轴　青绿楼台一轴　三仙图一轴　斗方鹡鸰一轴　婴戏图五轴　王叔明秋壑鸣琴图一轴　秋水楼台溪山独钓二轴　胡廷晖山水共十三轴　济川图一轴　班姬题扇一轴　题宋太祖蹴鞠图一轴　熊芝山双松平远图一轴　半陶老人万竿烟雨一轴　王元章翎毛二轴　雪梅图一轴　韩成花木二轴　任月山马六轴　黄大痴天池石壁一轴　李息斋竹六轴　秋崖题元人横披一轴　彭元明雪图一轴　铁崖题元人花鸟一轴　胡直二仙传道一轴　方方壶高亭图一轴　天然生公孙竹一轴　白雪居士题山水一轴　沈士充山水图一轴　王冕题元人花鸟一轴　蔡毅

冈古木一轴　李居恭山水一轴　子敬花草四轴　元人桃源图一轴　昭君出塞图二轴　一秤金百子图八轴　横披一轴　山水并小景十六轴　英雄不老翎毛二十八轴　携婴图一轴　美人图四轴　山庄斗方二轴　仙图并寿星共五轴　南极长生寿意二轴　马图牛图共三轴　元绣八仙庆寿图一轴　屈原问渡一轴　芍药牡丹二轴　香闺春思图一轴　猫蝶寻春一轴　春水野花一轴　风雨归舟图一轴　货郎担三轴　龙角竹一轴　寒山拾得一轴　临宋人花鸟四轴　云山图一轴　仙逸图一轴　十八学士图一轴　公子挟弹图一轴　达摩祖师并罗汉六轴　宣圣鼓琴一轴　公侯食禄一轴　忠孝图一轴　捕鱼并草虫图三轴　元刻丝早朝诗四轴　刻丝翎毛并牡丹十轴　刻丝楼阁山水二轴　织锦佛像并小景三轴　纳绣寿仙一轴

　本朝　商喜寿意一轴　猫图一轴　殷善翎毛三轴　边景昭翎毛一十六轴　温日观葡萄一轴　李在山水一十三轴　戴文进七贤过关图一轴　秋江独钓图一轴　兰亭一轴　秋林书屋一轴　春水并仙馆图五轴　西湖春晓图一轴　南屏晚钟图一轴　中流砥柱一轴　钟山春晓一轴　春景鱼雁一轴　三星寿意四轴　清净观音海月图二轴　美人图二轴　雪景并竹菊十轴　秋林行客图一轴　李白问月图一轴　风雨归庄图一轴　商山四皓并四聘图五轴　松鹤一轴　纳凉图一轴　寒江独钓图一轴　夏木垂阴图一轴　青山烟雨图一轴　溪山初霁一

轴　福神真武关侯玉京仙子四轴　渔樵弃瓢图二轴　山水人物九十轴　夏芷山水人物一轴　上官伯达美人图一轴　夏仲昭墨竹一十五轴　陈宪章梅图二轴　王谦横披梅一轴　牧牛图一轴　石锐斗方捕鱼图四轴　楼阁山水图二轴　丁玉川四景图八轴　五老图一轴　林良翎毛二十二轴　姜立纲山水一轴　范启东竹鹤图一轴　杜柽居陶学士图一轴　松鹤小幅一轴　美人图八轴　茶经图一轴　琴会图一轴　调琴并玩月图二轴　荷花仙子花草图一轴　东王迓寿图一轴　白乐天图一轴　寇莱公演乐图一轴　五老攀桂图一轴　七子团圆图一轴　尚父遇文王一轴　人物山水翎毛共九轴　沈周烟雨图一轴　辛夷图一轴　松鹤雪景四轴　花下翰音一轴　花草松芝六轴　飞仙楼阁一轴　溪山高逸一轴　双钓图一轴　柳枝幽鸟一轴　菊鸡并萱石三轴　寿意二轴　临董北苑山水一轴　葛洪炼丹图一轴　临赵松雪高逸图一轴　龙王授道图二轴　山水人物三十四轴　陶云湖菊兔一十三轴　美人一轴　寿鹿并仙鹤五轴　湖山秋意并花草三轴　万寿福禄一轴　南极长生图一轴　过庭章松月一轴　王舜耕雪景一轴　吴小仙捕鱼图一轴　人物山水六十四轴　天乙赐福图一轴　观音二轴　月下醉归图一轴　寒山拾得一轴　巢由洗耳一轴　群仙拱寿五轴　商山四皓一轴　东方朔铁拐钟离三轴　屈原问渡图一轴　吹箫图一轴　太极横披一轴　牛图猫图二轴　渔

樵并人物三轴　南极呈祥图一轴　五贤图一轴　东华龙女并寿鹿二轴　吕纪翎毛一百一十五轴　菊石竹石图二轴　天香玉兔并寿意三轴　吕棠翎毛四轴　钟钦礼山水五轴　王孟端福禄寿图一轴　唐寅美人七轴　诗画二轴　倦绣图一轴　横披一轴　梧阁清风一轴　唐马并雀梅图五轴　月明千里故人来一轴　四景山水并雪景八轴　柏寿图并椿萱图二轴　四景人物山水一十二轴　文徵明诗画八轴　人物山水六十一轴　沧浪濯足一轴　羽扇消闲一轴　满目沧江一轴　玉洞仙桃一轴　松石寿意一轴　三瑞图一轴　雪景并云山图二轴　雪松并山兔二轴　横崖悬壑二轴　五鹿双全一轴　停琴图一轴　蹇骑行雪一轴　周臣临盛子昭四景人物共十三轴　停琴听阮图一轴　陈道复牡丹荷花六轴　雪山并山水八轴　四景花草二十六轴　松芝并小景二轴　大夫忠孝图一轴　孔雀牡丹一轴　泥金水仙一轴　草书四轴　王问山水一轴　渔樵问答一轴　翎毛一轴　花卉一轴　蒋三松山水十轴　徐霖篆昼锦堂记一轴　篆归去来辞一轴　燕桃李园斗方菊二轴　四景诗八轴　朱文藻山水人物四轴　姜周佐仙子美人六轴　菊兔图二轴　张平山桃花仙子一轴　人物二轴　补衮调羹一轴　松鹤一轴　四景图八轴　铁拐一轴　唐王演乐图一轴　海屋添筹等寿意四轴　郭清狂持平负重二轴　补关求名图二轴　松下观书一轴　琴鹤图一轴　写意人物一轴　谢时臣瑞协秋芳一

轴　横披一轴　驾蟄苍龙一轴　人物山水四十四轴　松梅并牛图二轴　擎天古翠一轴　湖山春霭一轴　玉京仙杖一轴　寿意二轴　七贤过关图一轴　寿松图一轴　高山流水二轴　陆包山花鸟九轴　鲁治花卉翎毛六轴　仇英九成宫图一轴　青绿山水二十三轴　天女散花一轴　陶毂谢安二轴　椿桂一轴　临松雪山水四轴　临苏汉臣仕女四轴　麻姑献寿一轴　万松寿意二轴　高逸图一轴　杜陵诗意四轴　轩辕问道一轴　沈仕四景山水五轴　花草七轴　中流砥柱一轴　周东村四景山水四轴　四聘图四轴　刘敦山水人物四轴　张瓒谢安东山图一轴　石崇锦帐图一轴　许宝芝兰毓秀图一轴　沈硕美人二轴　山水人物四轴　百禄图一轴　鹿鹤双全一轴　徐廷振翎毛花草四轴　陈应祥紫牡丹一轴　孙堪竹菊图二轴　青山图一轴　程达寿鹿一轴　袁柳庄竹图一轴　萧天章菊花四轴　汪海云四景山水八轴　翎毛一十轴　芙蓉二轴　风雨归舟一轴　葛巾漉酒图一轴　九华寿意一轴　程举山水人物四轴　兔图一轴　杜澍山水人物四轴　殷宏翎毛三轴　殷顺翎毛二轴　吴琏花竹图一轴　王逢元菊花二轴　刘景山水一轴　余枟山水四轴　陆深山水图一轴　梁孜山水一轴　花草二轴　陈锡山花草四轴　陈寓斋万壑松涛一轴　王毅祥花卉六轴　文武成功诗二轴　王谔四召图一轴　方朔待诏金马门一轴　傅岩梦卜一轴　赏花泛舟图二轴　董良史未裱

山水一轴　陈枚花草四轴　洪梗山水一轴　桃源问津一轴　陈茶山秋江独钓一轴　可山花草四轴　王华山水一轴　仙图一轴　丁野夫山水一轴　赵云窝山水四轴　蓝关一轴　弋梅岩山水四轴　袁文可山水五轴　王一清四景山水四轴　王子澄临马远山水一轴　叶含春红日古松一轴　马轼临郭熙大图一轴　山水一轴　李东阳题梅一轴　邬昆山水一轴　臧祥卿竹石猫雀一轴　李福智十八学士图四轴　商作小景二轴　四景四轴　陈宪副抚琴图一轴　东坡博古图一轴　三酸图一轴　勤苦图一轴　陈宗周花鸟一轴　四喜图一轴　邵南山夏秋冬山水三轴　古愚松鹤一轴　贞湖携琴访友一轴　胡镇松鹤一轴　昭阳蒋贵画一轴　焦云岗菊花横披一轴　杏坛图一轴　张长史草书一轴　潘云程老子观泉一轴　冯表桃源图一轴　罗思泉山水四轴　陈鹤竹石牡丹一轴　杜东原山水一轴　梅道人竹石一轴　殷偕花鸟一轴　朱篆青绿山水一轴　织字昼锦堂一轴　见竹四景图四轴　李硕菊石一轴　马一龙草书三轴　王珍山水四轴　顾良臣东方朔一轴　徐承祖字一轴　俞紫芝墨迹一轴　金山依书归去来辞一轴　李东阳诗一轴　杨谏隶字一轴　何澄山水一轴　姚友直竹一轴　赵清献公告天图一轴　复斋翎毛一轴　平田小景二轴　侯聪山水三轴　陈季昭读书图一轴　胡宾兔月一轴　胡恭草书一轴　日本唐王赏春一轴　四君四轴　本朝名笔覆载图二轴　春花烂

熳图一轴　王母寿图三轴　泥金山水八轴　青绿仙逸图一轴　泥金福寿无疆图二轴　殿画美人四轴　着色美人图二十八轴　四景人物山水六十四轴　斗方小景三十三轴　清风化日一轴　宣圣四配像一轴　圆光小景四轴　一秤金八轴　货郎担十四轴　三阳开泰图六轴　翎毛花卉六十六轴　百鹿骈臻一轴　花草图二十二轴　四妃十六子图十轴　九世同居图一轴　毛女仙姑图三轴　竹兔一轴　朝阳玉树一轴　春牧图一轴　海屋添筹一轴　独鲤朝天一轴　禄转三台一轴　松鹤一轴　松鹰一轴　四时花草四轴　松涛跃鲤一轴　兰亭一轴　福禄寿三星一轴　五老图一轴　苏武牧羊一轴　横披寿意一轴　五凤朝阳一轴　唐马五轴　玉堂清节一轴　椿萱图一轴　吕文正公图一轴　婴戏图二十三轴　天女散花图一轴　孟尝君鸡鸣图一轴　唐王夜游图一轴　金兰图二轴　捕鱼图一轴　秋林锦树图一轴　庞居士图一轴　仙人图二十五轴　江州司马一轴　五云梁栋图一轴　判子图十六轴　官司画四轴　十八学士图四轴　番人图一轴　渔家乐一轴　元帝像二轴　鲍老图六轴　真君像一轴　朝阳双凤一轴　天师像二轴　寿意四十三轴　三元乘龙一轴　唐王观马一轴　牛图二轴　莲叶真人图一轴　鱼跃鸢飞图一轴　天文图一轴　凤翻晓帐一轴　月幌龙晴一轴　大学总章四轴　草书四轴　老君降胡一轴　仙女采花一轴　楼台殿阁四轴　达摩祖师二

轴　赤壁图一轴　高冠进步一轴　召将图一轴　东方朔一轴　高科葡萄一轴　鱼图四轴　杏坛图宣父仪二轴　右军书扇图一轴　地藏像一轴　草虫三轴　叠叠封冠一轴　天乙赐福三轴　五福如意一轴　朝纲独立一轴　中流砥柱一轴　泰和山图一轴　转禄朝天一轴　爵禄双全一轴　石刻杏坛图一轴　名家石刻四轴　石刻宣圣十哲像二轴　石刻宣圣像二轴　东林寺诗刻一轴　公子图一轴　天台石桥图二轴　福寿康宁字八轴　百福字一轴　百寿字一轴　本朝刻丝翎毛六轴　刻丝锦边寿图四轴　纳绣寿星二轴　织金纳绒寿图四轴　纳绒彩凤二轴　刻丝牡丹一轴　刻丝番马图一轴　刻丝仙桃四轴　刻丝东方朔四轴　纳纱仙人图二轴　刻丝花鸰一轴　纸织东方朔一轴　杏坛图一轴

晋　顾恺之卫索像一卷　王羲之家景图一卷　陆探微道相图一卷　晋人画女史箴图一卷

唐　李师训海天落照图一卷　周杞长江万里图一卷　阎立本职贡图一卷　吴道子观音像一卷　罗汉渡江图一卷　周昉醉杨妃图一卷　历代圣贤像一卷　白描过海罗汉图一卷　韩滉写移家图一卷　演乐图一卷　越王宫殿图一卷　胡瑰番马图一卷　胡虔番族图一卷　李昭道海天落照图二卷　春山图一卷　洛神图一卷　卢鸿草堂图二卷　王维辋川图一卷　三峡图一卷　女史图一卷　济南伏生像一卷　雪溪图一卷　韩幹马图一卷　支

仲元三仙图一卷　黄筌百雁图一卷　唐人捕鱼图一卷

宋　徽宗鸟虫图一卷　荔枝图二卷　果篮图一卷　张择端清明上河图一卷　烟雨风雪图一卷　王齐翰勘书图二卷　周文矩学士文会图三卷　倦绣图一卷　顾闳中江南夜宴图三卷　李公麟孝经图一卷　辋川图一卷　独乐园图一卷　莲社图一卷　九歌图一卷　百马图一卷　女史图一卷　忠节图一卷　斫琴图一卷　临顾恺之洛神图一卷　江山万里图一卷　西园雅集图一卷　山庄图二卷　董宣图一卷　白描罗汉一卷　姑射仙像二卷　海会图一卷　便桥受降图一卷　幻素图一卷　明皇醉归图一卷　陶渊明像二卷　郭忠恕钓鳌图一卷　临摹诘辋川图一卷　李成盘车图一卷　渔父图一卷　山水图二卷　百灵助顺图一卷　寒鸦图一卷　范宽关山雪渡一卷　褚书韩画一卷　郭熙山水图一卷　万里江山图一卷　赵大年春禽图一卷　江乡雪意图一卷　文与可竹一卷　苏轼竹石图一卷　赤壁图赋一卷　米芾研山图一卷

南宋　赵伯驹赤壁图一卷　文会图一卷　鸟雀图一卷　着色山水图一卷　孟明归秦图一卷　桃源图一卷　赵伯骕桃源图一卷　兰亭图一卷　赵子固兰蕙图一卷　水仙花图一卷（倭帘包裹）　米元晖大姚村图一卷　马和之风雅颂图九卷　陈所翁群云会图一卷　李唐三笑图一卷　独钓归庄图一卷　古木寒鸦图一卷　晋文春秋图一卷　长江雪霁图一卷　香山九老图一卷　高逸

图一卷　济河图一卷　溪山深秀图一卷　李迪百犬图一卷　獐图一卷　苏汉臣货郎图一卷　阎次平溪山深雪图一卷　萧照瑞应图一卷　刘松年西湖图一卷　九老图三卷　宫蚕图二卷　阳关图一卷　昭君出塞图一卷　山水人物图一卷　圯桥进履图一卷　李嵩斗茶图一卷　柳塘聚禽图二卷　赵士遵溪山图一卷　蔡君谟茶录一卷　贾师古渊明归去图一卷　马远孝经图二卷　四景图一卷　夏珪江山无尽图一卷　山水奇观图四卷　草堂十二景图一卷　钟秀图一卷　杨补之墨竹一卷　陈居中胡笳图二卷　百马图一卷　志公像一卷　王晋卿烟江叠嶂图二卷　江山奇胜图一卷　赵芾江山万里图一卷　高克明牧牛图一卷　宋人桃源图一卷　溪山古渡图一卷　杖藜图一卷　白描佛像一卷　唐春晓图一卷　秋浦征鸿图一卷　定武兰亭一卷　冯海粟字一卷　明皇游幸图二卷　汉文帝幸细柳营图一卷　集宋名笔一卷　四大家书一卷　唐宋墨迹一卷　陈氏家教一卷

　　元　赵子昂马图六卷　丘壑图一卷　常清净经一卷　妇织图一卷　太真上马图一卷　题梅花一卷　题渊明归去图一卷　人物图一卷　烟江叠嶂图一卷　赵仲穆良马图三卷　凤头骢一卷　古篆千文一卷　王振鹏龙舟竞渡图一卷（倭帘包裹）　钱舜举人物图一卷　杨妃上马图一卷　石勒参禅图一卷　汉宫春晓图一卷　秋江渔隐图一卷　商山四皓图一卷　青山白云图一卷　咸若

图一卷　草虫花鸟图二卷　授剑图一卷　麻姑仙坛图一
卷　盛子昭吹箫图一卷　刘渊梦蝶图一卷　渊明归兴图
一卷　八达图一卷　赵元初白描兰亭一卷　关山胜概图
一卷　梁楷应真图一卷　黄庭经换鹅图一卷　赵荣梅图
一卷　吴仲珪竹谱一卷　溪山图一卷　高尚书夜山图一
卷　李潼川下蜀图一卷　王若水花鸟图一卷　明皇击球
图一卷　竹雀图一卷　太真对弈图一卷　雪景一卷　郭
天锡青山白云图一卷　明皇演乐图一卷　历代圣贤像
一卷　诗扇图二卷　汤叔雅霜入千林一卷　任月山马
图三卷　松鼠图一卷　李息斋墨竹一卷　仲姬诗竹一
卷　梅道人真迹竹二卷　黄大痴山水一卷　所南兰图一
卷　元名人游仙诗一卷　松竹梅一卷　雁图一卷　罗汉
三卷　西番王礼佛图一卷　齐人图一卷　西戎献马图一
卷　西旅献獒图一卷　醉道士图一卷　玉涧释像图一
卷　吴闲闲像赞一卷　东丹王番犬图一卷　十八学士图
二卷　太真上马出游图一卷　百马图一卷　莫月鼎像赞
二卷　陶渊明清节图像四卷　钟馗出游嫁妹图二卷　天
圣伏妖图一卷　小圣伐魔图一卷　文姬一卷　击壤图一
卷　金人临莲社图一卷　终南十景一卷　文赋墨迹二卷

　　本朝　宣庙御书石刻一卷　边景昭翎毛一卷　边鲁
花鸟一卷　李在水墨戏笔一卷　巏谷清风一卷　戴文进
江村雪霁图一卷　人物山水三卷　温日观葡萄一卷　竹
菊图一卷　杜桎居南宫雅致一卷　夜宴一卷　陶云湖杜

柽居诗画一卷　沈周昌黎记一卷　剑阁图一卷　墨花墨
妙八家二卷　山水雨雪等景九卷　虞山桧并题一卷　万
松松谱二卷　吴小仙白描神仙二卷　儒礼禅宗一卷　吕
纪翎毛一卷　唐寅兰亭一卷　李西涯真草墨迹五卷　陆
包山花卉一卷　文徵明袯褉画二十五卷　陈道复洛阳春
色九卷　眠云花卉一卷　顾仲颎雪梅一卷　陈子正四
时花一卷　正问水仙荷花二卷　时晴川真笔一卷　仇十
洲子虚上林一卷　孙龙百鸟朝凤一卷　颜宗江山图一
卷　三丰子张真人图一卷　郑元吉游仙诗一卷　宋克书
陶诗一卷　徐子仁赤壁赋一卷　乔白岩诗章一卷　俞紫
芝续书谱一卷　本朝名笔寿乐亭一卷　仙逸图一卷　西
园秋雨一卷　霓裳舞图一卷　瑞应图二卷　瓜瓞绵延一
卷　古今墨妙一卷　黄庭经一卷　公余闲赏一卷　契丹
纳款一卷　美女抚婴一卷　临戴文进溪山图一卷　溪山
雪霁一卷　珍蔬三昧一卷　桃源图二卷　玉衡呈瑞一
卷　画记一卷　千斛明珠一卷　吴中山水二卷　五岳
真形图一卷　离骚九歌一卷　造化元机一卷　武林湖
十景图一卷　东封观日一卷　溪山晚翠一卷　名贤翰
墨一卷　江山一瞬一卷　万里长江图一卷　玉台遗韵
一卷　人物花卉二卷　清玩二卷　墨竹三卷　小景山
水一卷　并头莲一卷　溪山小景一卷　五王春宴图一
卷　神京八景二卷　鹤山清玩一卷　精金美玉一册　景
星庆云一册　宋贤神品一册　宋元墨妙二十一册　白描

一册 金桦玉颗一册 观物余情一册 虞世南墨迹一册 元人百鸟一册 怀素帖一册 松雪真迹一册 张即之墨迹二册 锦囊佳制二册 集芳三册 宋元神品画二册 会美一册 云台灵剑一册 能品一册 古今名笔十二册 真赏一册 御府珍藏一册 宋夏马小横披图一册 马远小册一册 清玩一册 林静书谱一册 清玩六册 万山一瞬一册 落花流水一册 昆山碎玉一册 陈居中胡笳十八拍一册 牡丹谱一册 瀛洲妙选一册 瑶空云鹤二册 瑶台十二一册 三垣经宿一册 群雄聚艺一册 斗方圆光一册 鹤翎猎犬一册 元天游画一册 钟鼎临本四册 艺苑晶英一册 万斛珠玑一册 圣贤遗像一册 一天星斗一册 闲中清兴一册 化工机轴一册 天孙裁剪一册 五福一册 宣和花鸟一册 元九歌一册 元人小景一册 钱氏清玩二册 拟耕一册 宋七仙图一册 马和之毛诗二册 宋画一册 宣和御书一册 闲中清玩一册 永宝一册 王酉室花一册 翰墨清趣一册 杂英一册 二南诗画一册 陈白阳花草一册 百菜图一册 聚芳一册 陈道复诗画二册 国朝名笔二册 石田妙笔一册 仲山花卉一册 吴贤萃美一册 吴中二绝一册 政余清玩一册 董良史题画一册 阙里圣迹一册 寿域高登一册 乌金彩笔一册 潇湘图咏一册 万象回春一册 墨花八种一册 文徵明潇湘八景二册 大小诗画七册 吴下草圣一册 拙政园

十二篇一册　吴中山水一册　沈度书圣学心法一册　祝枝山文赋草圣二册　沈周画谱一册　芝谱一册　菊谱一册　燕寝怡情一册　静庵墨妙一册　小仙绝笔一册　梁孜笔意一册　耕织图一册　孙抑救亲一册

以上古今名画手卷册页，共计三千二百零一轴（卷、册）。

一、应变价绸绢布匹　各色改机二百三十六匹（每匹估银二两）　各色南京潮潞温苏云素绸六百五十九匹（每匹估银一两五钱）　各色嘉兴苏杭福泉等绢二千四百五十匹（每匹估银一两）　各色松江土绫一千零一十五匹（每匹估银一两二钱）　各色绉纱二百八十匹（每匹估银二两）　各色云素纱三千八百二十匹（每匹估银六钱）　各色丝布生丝绢一千五百六十匹（每匹估银八钱）　各色大小梭土绵布八千九百三十匹（每匹估银三钱六分五厘）　各色晒白刮白纻葛布五千八百九十九匹（每匹估银三钱）　各色毛褐五百一十七匹（每匹估银四钱）　各色碾光领绢一千八百五十四匹（每匹估银三钱）　坏烂绸绢六十八匹（量估银共二十六两九钱五分）

以上变卖绸布，计二万七千二百八十八匹，共估价银一万五千零四十七两六钱。

一、应变价男女衣裳　各色半旧织金圆领三十件（每件估银一两二钱）　各色缎罗绢纱丝布圆领二百二十件（每件估银一两三钱）　各色缎纱衬摆一百五十五件（每件估银六钱）　各色缎绢绫绸绒褐男女衣二千九百九十八件（每件估银八钱）　各色纱罗丝布男女衣三千九百一十件（每件估银五钱）　貂鼠羊狐等半旧衣裘一百三十五件（每件估银三钱）　各色布男女大小衣服四千二百二十三件（每件估银一钱七分）　各色夏布男女衣四千六百零四件（每件估银一钱三分九厘）　各样破烂小旧衣七百六十八件（每件估银五分）

以上变价衣裘，计一万七千零四十三件，共估价银六千二百零五两七分。

一、应变价扇柄　大小有柄扇九十四把　牙边襄扇三十一把　檀香等扇五十九把　襄扇一百把

以上各色扇，计二百八十四把，共估时价银八两六钱四分。

一、应变价铜锡器　铜器碎铜三千五百零六件（共重一万九千六百八十九斤零六两，每斤估银七分六厘）　锡器四千七百九十一件（共重六千九百五十四斤零一两，每斤估银六分）

以上铜锡，通共价银一千九百二十八两九钱三分。

一、应发儒学书籍寺观经典　经史子籍等书（计五千八百五十二部套）

以上应发各儒学贮收。

道佛各经诀（计九百一十四部套）

以上应发各寺观供诵。

一、应变价笔墨砚池文具等项　各样笔三百枝　各样朱墨五千九百三十块　银朱三匣　各样青紫石砚四十八方　藤字一十六幅　白手卷二轴　玛瑙象牙图书梳牌等项共计三百七十九件　拜帖匣十个

以上计六千六百八十八件，共估价银二百五十两零二钱五分。

笺纸三十四刀零八十张　大榜纸一十五刀　连四纸四十二刀

以上纸计九十一刀零八十张，共估时价银二十九两三钱。

二项共估价银二百七十九两五钱五分。

一、应变价螺钿彩漆等床　螺钿雕漆彩漆大八步等床五十二张（每张估价银一十五两）　雕嵌大理石床八张（每张估价银八两）　彩漆雕漆八步中床一百四十五张（每张估价银四两三钱）　椐木刻诗画中床一张（估价银五两）　描金穿藤雕花凉床一百三十张（每张估价银二两五钱）　山字屏风并梳背小凉床一百三十八张（每张估价银一两五钱）　素漆花梨木等凉床四十张（每张估价银一两）　各样大小新旧木床一百二十六张（共估价银八十三两三钱五分）

以上各样床，计六百四十张，通共估价银二千一百二十七两八钱五分。

一、应变价帐幔被褥杂碎等件　各色新旧锦缎绢

纱帐幔一百零一副（每副估价银一两，共一百零一两）　各色布帐幔四百零三副（每副估价银二钱，共银八十两零六钱）　各色新旧锦缎绫绢等被二百五十一床（每床一两，共银二百五十一两）　各色布被三百五十床（每床估银一钱，共银三十五两）　各色新旧缎绢绫布絮褥四百六十四床（共估价银九十二两八钱）　各色新旧锦缎虎豹坐褥三百三十二件（共估价银三十三两二钱）　各色新旧缎绢门帘轿帏一百十九件（共估价银二十九两七钱五分）　各色藤篾草簟席一百二十五床（每件估价银一钱二分，共一十五两）　毡条绒线毯一百四十八件（每件估价银四钱，共五十九两二钱）　各色新旧缎绢香珠桌围二百八十六件（共估价银八十五两八钱）　各色丝绦鸾带二十九条（每件估价银五分，共银一两四钱五分）　各色缎绢绸布膝裤一千一百四十一双（共估价银七十九两八钱七分）　各色绣花皮藤枕头枕顶三百十二个（共估价银九两三钱六分）　各色缎绢锦幅包袱一百零三条（共估价银一十两零三钱）　布包袱三百八十条（共估价银二十二两八钱）　各色花绣手帕八千四百七十六方（共估价银五百九十三两三钱二分）　新旧帕帐七百三十九副（每件估价银四钱，共银二百九十五两六钱）　各色汗巾包头二千五百四十二方（每方估价银三分，共银五十两零八钱四分）　各色手巾二千二百四十条（每条估价银二分，共银四十四两八钱）　各色男女绣补一百五十三副（每副估价银三钱，共银四十五两九钱）　香囊五十九个（共估价银五钱九分）　半旧坏貂獭剪绒等风领头围三十三件（共估价银六两六钱）　绫布袜一千双（共估价银七十两）　绒毡等袜一百二十双（共估价银三十六两）　新旧靴四十六双（共估价银十三两八钱）　各色鞋五百双（共估价银一百两）　各色女靴七十双（共估价银十两零五钱）　女鞋一千八百双（共估价银五十四两）　绣护膝袜口二十双（共估价银二两）　裹脚布八十五双（共估价银二两五钱五分）　线十一斤十两（共估价银一十四两九钱七分）

以上通共二万二千四百二十七件（双、副），共估价银二千二百四十八两六钱。

一、应变价竹丝骨花等轿　凉暖官轿八乘（内轿板二副）　藤竹丝卧轿十三乘　骨花竹丝女轿十乘竹丝女轿四乘

以上轿三十五乘，每乘估价银二两，共银七十两。

一、应变价桌椅橱柜等项　桌三千零五十一张（每张估价银二钱五分）　椅二千四百九十三把（每把估价银二钱）　橱柜三百七十六口（每口估价银一钱八分）　凳杌八百零三条（每条估价银五分）　几并架三百六十六件（每件估价银八分）　脚凳三百五十五条（每条估价银二分）

以上桌椅等项，共七千四百四十四件，共估价银一千四百一十五两五钱六分。

一、应变价盘盒竹木家火磁器等项　雕漆盘盒二百三十个　漆描金盘盒五百三十一个　抬盒抬箱一百九十三个　明角法蓝盘一百三十二个　书匣一百七十八个　各样果盒六十五个　天平八副　漆素木屏风九十六座　新旧围屏一百八十五座　竹丝盒二百一十个　竹箱三十四个　竹柜一十二口　竹帘二百零一副　竹丝茶橐五十个　竹丝旧攒盒二百七十五个　竹丝减妆六个　竹丝酒碟六百五十一个　各色冠带盒三十三个　竹丝茶盅二百二十个　竹丝果罩二百个　竹四十根　木箱二百零二只　木桶一百四十八个　木盘二百一十个　木灯檠四十三个　衣架盆架鼓架一百零五个　榆杉冠带盒二十四个　大小木盒一百五十三个　木减妆五十一个　木甑三十个　木仓四口　木杂碎家火五千零九十二件　各色杂木板九十片　各色杂木一百二十根　各色镜架七十五个　戒尺三十条　铁锅二百七十一口　法蓝并藤织茶盅酒杯碗碟五百三十个　乌木箸六千八百九十六双　斑竹箸五千九百三十一双　漆箸九千五百一十双　帘钩帐钩四百六十五副　磁大小炉瓶一百三十九副　磁大小花盆二百六十九个　磁大小碗一万五千九百零四个　磁茶酒壶二百三十九把　磁盘碟一万一千八百五十三个　磁茶盅六千八百九十八个　磁杯爵一万三千九百二十五个　处青杂磁器一百九十九件　磁印色盒八十六个　磁

笔床四十四个　磁罐八千五百五十个　磁渣斗五十五个　磁大小缸坛九百六十八个　磁大小香盒五十个　磁投壶三十六个　磁大小回青缸二只　云南坏损刀剑三十五件　香棋子一十一副　围棋子罐二十个　剪刀烛剪五十把　刀斧废铁九百六十九件　棕套五百九十一双（估银五两九钱一分）　各样镶银铜漆嵌骨马鞍二十九副（估银二十九两）

以上共计九万四千九百二十六件双（副）。

筒瓦檐瓦二千口（共估银四两）　黄白蜡十九斤（共估银二两）　鱼胶二斤（估银二分）　藤一捆计五十八斤（共估银一两）

以上通共估银一千二百三十五两九钱五分。

一、应变价筝笙板鼓等乐器皮纱等灯　筝笙琵琶弦子八十张　筝架二个　牙板一副　（以上每件估价银二钱）　大小皮鼓九十六面（每面估银一钱四分）　新旧羊皮并纱灯二百八十八个（又十七扇三围，每件估银五分）

以上共估银四十六两七钱四分。

一、应变价神龛　各色描金油漆神龛四十一座（每座估银一钱）

以上共估价银四两一钱。

一、应存留兵器　铁盔四顶　旧铁甲四领　铁斧四把　弓弩共一十五把　铁简二条　旧倭刀二把　铁刀二十八把　铁剑二十五把　铁叉二十一件　铜铁锤

六个 铁铳三十四管 鸟铳二十管 长短枪竿八十二根 大小标纛一十六个 各色旗二十三面 旧箭袋五个 各色法器皮袋五十件

以上兵器共三百四十一件,应给军士操备。

一、应变价第宅店房基地 江西省城内 大府第一所(坐落旧广积仓) 第一层百禄堂左大祠堂右大书院(原占仓基还官,应拆堂九间,大楼七间,左大楼五间,堂十五间;右大楼五间,堂十七间,估银一千五百八十两) 第二层中大厅堂二座大楼一座(并屋七十七间,共估银一千三百两) 左大厅堂二座、大楼一座(并屋七十八间,共估银一千三百十八两) 右大厅堂二座大楼一座(并屋五十五间,共估银一千零八十二两) 第三层宝翰楼正大楼五间大厅一座(周回走廊,栏杆石笋,东西夹巷,砖石牌楼,规制违式,士民不敢承买,偏僻难以变卖,相应留作公所) 左大楼二重东西横楼正厅一座(并廊房小厅共七十六间,共估银一千五百七十两) 右大花园池亭一处(并右小花园亭屋空地一带,又菜果园小亭空地一带,共估银一千两) 洗马池大宅一所(内除楼房厅堂东西耳房,退还原占儒学青云楼改造外,余铺店二十八间,共估银一千三百六十五两)

南昌府南昌县地方 广润门内大土库楼房三所(共估银六千五百两) 忠臣庙联璧坊铁柱等处(共屋二百八十五间,共估银五千三百两) 广润门外南浦驿递香巷新街(共屋二百间,共估银五千两) 惠民门内福神庙衮绣坊等处（共屋三百八十五间，共估银四千两）　惠民门外蓼洲等处（共屋五十四间，共估银一千九百两）　进贤门外百福寺司马庙（共屋二百三十间，共估银五千九百二十两）　顺化门内弼教坊建德观（共屋七十八间，共估银二千四百两）　大街空市基一带（估银四百七十八两）

南昌府新建县地方　德胜门内羊角巷都司口（共屋二十五间，共估银七百六十三两）　章江门内薇垣坊等处（共屋一十六间，共估银八百两）　章江门外边河等处（屋六十六间，共估银二千二百四十四两）　永和门内崇梵坊等处（屋二十四间，共估银一千零七十七两）　南昌县地方妙济观等处（典当房屋本银一千八百九十九两）

以上南昌地方第宅楼铺十二所，共一千六百八十间，共估银四万七千四百九十六两。

袁州府宜春县城内　旧大府第一所（坐落宜化坊）中门楼厅堂三层并花园桂亭（原占袁州府永丰仓地，俱应除出还官，余后厅左右厢房琼翰楼大小四十四间，共估银六百两）　新府第一大所（坐落旧府前，内包住屋三所）中厅楼并厢房回廊（系原占本府军器局地，俱应还官）东大楼一重厅一重（并回廊厢屋二百二十间，共估银一千三百五十二两）西前后大厅二重（并楼房厢屋共六十四间，共估银五百两）　东府第一大所（坐落淳化坊，内包住屋二所。案东府一作西府）右大官厅一重中堂一重大楼一重（并护房厢房小厅共五十四间，共估银一千二百二十四两）左厅堂三重（并楼房

厢屋小厅共四十二间，共估银一千零五十两）　南府第一大所
（坐落熙春坊，系原占五贤祠基，今将西花园屋补建）左堂正
厅并小厅厢房（共六十二间）右官厅楼房厢楼厢房花园亭
屋（共五十七间，连前共估银二千三百两）　北府第一大所
（坐落北外厢内）正宅并西转廊（系原古崇胜寺，今议改建府
学旧学基，估银六百两抵补）　东门外书屋四所（内大小厅房
一百零三间，共估银二百零五两）　湛郎桥书屋一所（内厅房
五十二间，共估银一百一十两）　东外厢书屋一所（共四十八
间，系占操场便民仓地，俱应还官改正）　东门外玉几楼一
所（屋三间，估银一十五两）　南宅左右房屋（共五十三
间，共估银三百四十八两）　务本淳化朝真坊等处（共屋
七百一十间，共估银一千三百两）　家人大房屋四十二处
（共屋八百八十七间，共估银三千五百七十四两二钱）　家人
店房九十处（共屋九百四十四间，共估银六千九百七十五两）

　　以上袁州第宅房店一十九所，共屋三千三百四十三
间，共估价银二万一百六十三两二钱。

　　分宜县城内　大府第一所　世德堂厅楼三重并亭
坊厢房（查系原占本县儒学敬一亭启圣名宦乡贤祠基地，应
还本学；又钤山堂集睦堂门楼空地，系原占黄子澄没官地，应
照旧还官，将集睦等堂折变，屋料估银九百五十两）　钤麓
书院一所并山阁碑亭（系原占钤冈寺基，合改作书院；又百
花亭一所，系原占水次仓基，应还官。其应折亭屋二十六间，
共估屋料银一百一十两）　观音阁上真观等处东门城外

216

碑亭一处（俱合改作道场公所；又严鹄住屋一所，系原占布政司基地，合还官仍作本司后屋；又祖居界桥祠堂房屋一所，系原占族人基地，今应给还）　东大祠堂一所（大小屋十一间，共估银二百两）　严鸿住屋一所（屋六十九间，共估银九百两）　界桥祖居瑞竹堂一所（屋四十四间，共估银四百两）　洛阳楼一所（屋一十一间，共估银二百两）　锡庆堂一所（屋三十间，共估银二百八十两）　东圃千户所房屋一大所（厅堂亭阁共屋六十一间，共估银一千两）　水南龙潭上屋一所（楼房二十一间，共估银五十两）　严绍庠住屋一所（屋六十间，共估银九百两）　潘家屋边新竖楼房一所（屋二十一间，共估银一百二十五两）　县城内外并昌山渡头（屋共二百四十间，共估银四千八百八十一两六钱）　家人等房屋十四所（屋二百一十八间，共估银四千六百五十六两）　各乡庄屋二百一十五处（共屋八百一十二间，共估银三千九百九十五两）

以上分宜第宅房店二十所，共屋一千六百二十四间，共估银一万八千六百四十七两六钱。

萍乡县地方　庄屋六所（共估银四十四两）

总计各处房屋基地，共估价银八万六千三百五十两零八钱。

一、应变价田地山塘　南昌县地方　严尚宝、严孝等户官民田土塘池山地一千四百九十亩（共估价银三千四百七十九两）　典当赵子海等田塘四十一亩七分

（共估价银四十二两三钱）　佃都司官濠（自进贤门至德胜门并县学官湖，共租银七十八两七钱）

新建县地方　严永兴、熊继秀等户官民田地山场湖塘一千五百四十亩（共估价银三千五百九十两）　典当许定松等田山六十亩（共估银六百二十一两三钱五分）

宜春县地方　附郭并乡村官民田地九千六百三十四亩二分九厘五毫（共估银一万六百六十五两六钱一分五厘）　各乡庄屋仓柜濠山塘碓（共估银四千四百七十两三钱）

分宜县地方　附郭并乡村官民田地一万一千六百八十一亩一分四厘四毫（共估银一万零七十一两四钱一分）　各乡竹木等山五百六十三片（共估银九千零九十二两三钱四分五厘）

萍乡县田地山塘一百一十一亩一分（共估银一百三十五两三钱六分）

新喻县田地山塘二千六百零四亩二分八厘（共估银一千七百二十四两八钱六分五厘）

清江县田地山塘一百八十亩三分五厘一毫（共估银一百八十二两二钱二分二厘二毫）

新昌县田地五十七亩（共估银三百四十两）

总计各处田土等项，共估价银四万四千四百九十三两四钱六分七厘二毫。

一、应变价船只板木　座船一只（估银五十二

两）　站船二只（系破烂，共估银一十五两）　杉松八十块
（共估银二百八十七两三钱）

一、应变价在仓稻谷　宜春县稻谷七千一百一十九
桶零一斗　分宜县稻谷五千三百四十桶　（连前谷共估银
四百二十一两三钱六分五厘）

一、应变价马牛等畜　各庄水牛黄牛马骡八百五十六
头匹（并鹤鹿猪羊鹅鸭鸡犬等畜，共估价银二千零二十二两一分
五厘）

以上三项，共该变价银二千七百八十七两六钱
八分。

通计净银并器皿首饰与变卖田产家私等项，价银及
寄借未完银，共二百三十四万二千七百三十一两七钱七
分七厘二毫。

一、续追　净金二两二钱五分　金杯二十二个（重
二十七两五钱四分）　金累丝镶嵌珠玉水晶头箍耳环排环
耳坠围髻七星顶大小簪花钗人物花筒八宝金字金钱果子
压尺共一百七十一件（重四十五两）

以上续追金，共重七十四两七钱九分。

净银七千零一十五两一钱九分二厘　乌银点翠急速
茶壶酒注，葫芦福寿美人仙人仙女波斯杏叶瓜棱桃柿等
壶并汤壶，仙人老人毕卓桃莲斗匜等杯并羽觞兕觥，方
圆菱葵等盘并茶盅汤碗饭碗香炉酒海茶罐流苏等项共
一千零九十二件（重六千八百八十五两七钱）

以上续追银，共重一万三千九百两零八钱九分二厘。

玉并菜玉雕花麒麟等带玉腰子杯螭虎盘玉双雁双猿螭虎等绦环玉椰瓢小盒洗笔池图书池狮镇纸扇坠笔架水滴八宝并玉镶镇纸拂尘玉石杯盘禁步数珠

以上续追玉器，共计六十四件（副）。

金镶束发冠朱砂珊瑚等带茶盅犀盘扇坠

以上续追金镶器物，共二十四件。

珍玩珊瑚琥珀水晶数珠纽扣琴足杯盘吉利并古雕漆鱼石斗象拍等件共七十五件　朱砂八十两　犀角象牙十二件又六块截　中书牙牌一面　苏州文具三副（每副内文具一百五十三件、副）　檀速香二百八十四斤　锁子甲四副　倭刀大小九把（内二把镶金）　银吞口刀三把　减银七星剑二把　减银剑四把

以上除朱砂香品外，共计珍玩兵器一百一十三件（副）。

一、续追应变价物件　半坏绸绫纱绢礼缎未成女衣斜纹绵布纻葛夏布共二千五百五十五匹　零碎缎绢一千零三十五片

以上共估价银七百二十一两六钱五分。

旧坏衣服丝绵九百零二件　白绵四十九斤

以上共估价银三百零四两八钱。

旧坏银镶器皿二十八件

以上共估银一十六两六钱六分。

牙箸牙杯等共三百四十五件（重八百三十二两）

以上共估银一百一十一两八钱。

各色铜镶带五十二条（副）

以上共估银一十七两三钱二分。

旧屏风扇画香木药材一万四千零六十四件（包）

以上共估银二百八十三两一钱。

铜鼓铜钱并损坏炉瓶等器共五千零三十件（副）

以上共估银六十两零四钱。

旧帐幔被褥鞋袜毡伞等项共四千四百六十一件双

以上共估银二百二十五两五钱四分。

皮鼓并旧坏马鞍共四十四件（副）

以上共估银二十九两四钱。

临川县庄田一十七亩三分五厘　新喻县田地山塘
（坐落四十等都，共七百零三亩九分六厘）　房屋铺店共
四十六间半　黄牛十头

以上共估银八百四十四两四钱四分。

连净银银器共一万六千五百一十六两零二厘，连先
报通共银二百三十五万九千二百四十七两七钱七分九厘
二毫。

　　　　　　　雍正五年岁在丁未秋八月二十一日

　　　　　　　　　录于耕石斋之南窗下

查理南昌官员

布政司左布政使侯一元 分守南昌道左参政季德甫 按察司按察使栗永禄 分守南昌道佥事杨美一 都司署都指挥佥事赵文奎 耿文光 王国光 南昌府知府叶应乾 饶州府知府顾章志 建昌府知府凌立 抚州府知府冯符 南昌府同知黄骅 通判蒋仲梧 建昌府推官孟宗孔 新建县知县钱贡 高安县知县杨乾知 弋阳县知县邓球 南昌府儒学训导余采 新建县儒学教谕杨敏政 南昌县儒学训导陈昌虞

查理袁州官员

袁州兵备佥事胡顺华 袁州府知府李寅实 同知杨自治

附录

籍没张居正数

　　万历抄籍故革职太师张居正。先于伊宅查有金二千四百二十六两，银十万七千七百九十两；金器皿六百十七件，重三千七百十一两；金首饰七百四十八件，重九百九十九两；银器皿九百八十六件，重五千二百四十两；银首饰三十一件，重一百十七两；金累丝、镶嵌玉、犀角、玳瑁、玛瑙、水晶、象牙、琥珀杯盘箸一百八十三件；双珠冠二顶，珠穿果盒一副，珠穿鉴妆一座，珠箍一条；各色蟒衣、纻丝、纱罗、绫布三千五百余匹，各色男女衣服五百余件，玉带十条。复将张居正子张敬修等刑审，又招银五万余两。

　　太监冯保令徐爵索江陵家名琴七张，夜明珠九颗，珍珠帘五副，金三万两，银十万两，其他珍玩尤多，俱江陵子简修亲送至保寓。居正在京住房，值价一万零六百七十两。

籍没朱宁数

籍没朱宁之数，金七十扛，共十万五千两；银二千四百九十扛，共四百九十八万两；碎金四箱，银十柜，金银汤盒四百件，金首饰五百十一箱，珍珠两柜，金银台盏四百二十副，玉带二千五百束，金绦环四箱，珍珠眉叶璎珞七箱，乌木盆花梨盆五，沉香盆二，织金鹤二对，织金蟒衣五箱；罗钿屏风五十座，大理石屏风三十座，围屏五十三座；苏木七十三扛，胡椒三千五百石，香椒三十扛；缎匹三千五百八十扛，绫绢布三百三十扛，锡器、镟器三百扛，佛像一百三十柜又三十扛，祖母绿佛一尊，铜铁狮子四百车，铜盆五百，古铜炉八百三十，古画四十扛，白玉琴船二，白琵琶一，铜器五十扛，巧石八十扛。江彬金宝之多，与朱宁相埒。严嵩之资，可谓极矣，而比之宁、彬二竖子，黄金不当三之一，白金仅及其半者，何也？严嵩用事日，每一白简至，世蕃辄辇数十万以贿左右，一也。从奴数百，女侍称之，皆锦衣玉食，而世蕃与朱陆诸贵酬酢，粪视金钱，二也。后先两逮，消息旷久，埋瘗寄藏，臧获剽窃，不可赀数，三也。所不如二竖子者，黄白金耳，古玉瑰宝以至书画之类，出其一可以当百者，二竖子所不敢望也。

　　严世蕃当籍没时，有金丝帐，累金丝为之，轻细洞彻；有金溺器、象牙箱、金触器之类，执政恐骇上听，令销之，以金数报而已。

右四则

录竹坞文氏所记

跋

儒者立身，莫先于义利之辨。义者何？此心之天理是也。利者何？此心之人欲是也。君子之心，天理光明，人欲净尽，知有义而已，不知有利也。是以居家为寒士，出仕为廉官，往往身苦而家穷。小人之心，人欲锢蔽，天理昏昧，知有利而已，不知有义也。是以居家为豪绅，出仕为贪吏，往往身荣而家富。究之为寒士、为廉官者，清风峻业，泽被天下，名垂万古。向之所谓身荣家富者，曾几何时，而已身戮家籍矣。嗟乎！天理未尝言利而有利如此，人欲终日求利而不利如此，此君子所以不以利为利，而以义为利也。观耕石斋一卷"冰山"之录，士君子慎勿纵欲，而以利为利也哉。

雍正己酉中秋

沈志雍

余读分宜诗，冲和萧远，无殿阁习气。又读其为汪宗伯《闲斋记》，语多见道，如曰："初，公以《乾》之九二闲其身，又以《家人》之初九闲其家。"又曰："君子身修而家齐，则国与天下治平由之。"抑何其于

《易》之闲邪存诚，明辨若此。且分宜当势焰熏灼时，其妻欧阳夫人有"不记钤山堂廿年寂寞"之语。殆事败谴逐，即分宜亦谓"还我一领青衫归去也"。向非骄子世蕃，恣行威福，揽权纳贿，谅不失为承平庸相。奈何纵无忌惮，造成弥天莫大之恶，酿成诛戮籍没之祸，为当时称快，后世恣骂，又何其于"《家人》初九"之旨相背戾耶！石林之手录抄撮也，岂欲垂千古贪墨之炯鉴钦。尝记眉公徵君云："太阳当空，冰山骤涣，可为朝士附江陵者诫。"石林名是录曰"冰山"，有以哉！有以哉！

鹊华游子书

余将赴京师，过鲍君以文话别，遂联舫至吴门，以文出《天水冰山录》相示。录中载严嵩籍没资产甚详。雍正五年，周石林因刊本残缺，手成此书，以昭炯鉴。前有沈志雍、严言、鹊华游子三序，乃吴郡吴枚庵弄藏，而以文借之者也。展卷若有余腥，何足污目。虽然，录此者有深意焉，固不可不终卷也。蒙庄有言："生，寄也；死，归也。"忽忽百年，若白驹之过隙，身后所须，较有生为受用矣。顾曩见簿录入官赀产，凡人世所应用之物，无论用与不用，靡所不备，而独不以金宝饰明器，豫身后之储，尝怪而笑之。客有为之解者曰："此其善自谋也，明器而饰金宝，能免发冢之惨乎？"或曰："不然，彼直不计身之必至于死也。"然而若此者，非惟不得其死，且其生也，亦未尝尽享备物之用，则甚矣其暗也。今尽观录中所记，自金银珠玉、异宝奇珍，及寻常玩好、服物田房之类，储藏毕具，而亦未有明器之目。嵩籍没后，孑然一身，寄养墓舍以终。向使柄国时，少念钤山读书初象，以名义自检，即事功未必逮古名相，亦不难以伴食终老，何至求一领青衫不可得乎？

昔吾邑有朱氏子，壮岁与某公同为丐伍。某公遭际通显，还乡之日，朱犹行乞于衢。某公赠以黄金，不受，醉之酒，令遍观所积曰："吾初愿何尝到此，而子穷老若是，吾岂有靳焉？"复出藏镪益之。朱笑曰："吾何须此，且若亦止赢吾五十金耳，何富焉？"某公大愕，朱曰："吾与若皆年七十余矣，且暮死，吾费他人薄松板数片，若则必以杪木周身，不且五十金乎？其他撒手俱空，与吾等矣，吾何须此？"终不受。呜呼！权要人解作此想，又安有籍没之祸哉！虽然，不独嵩矣。自班氏以来，诸史所载，黩货之臣，罔不亡其家以及其身，而覆辙相寻不可计数。《传》曰："象有齿以焚其身。"古今通义。大臣贿败，固历历不爽，小臣不廉，幸免者亦复有几。悖入者悖出，岂谋之不臧，盖有天道矣。观是录，能不悚然惕乎！因归录以文，而识此以自儆云。

乾隆丙午三月十八日

汪辉祖跋于万年桥舟次

钤山堂书画记

［明］文　嘉

目　录

法　书

魏

钟繇戎路兼行（顾砚山本，后有黄长睿跋，已剪去。别本云，唐摹本，妙。）　荐关内侯季直表（华中甫本。别本云，初藏吴中张氏，后归石田先生家，复在王元美处。吴匏菴定为真迹，然非元常笔也。）

晋

王羲之眠食帖（一。范鸿望本绢帖，用章草法，后鲜于等跋。真迹也。别本无此帖。）　此事帖（一。旧藏陆俨山家，予屡见之，唐摹本也。别本云，震泽王氏本，乃金章宗故物，几二十字，纸墨如新，精神焕发，传世之宝也。）　裹鲊帖（一。亦摹本，有米元章跋。别本无此帖。）　思想帖（一。有赵松雪小楷书跋，先待诏亦有跋，许仲器本亦唐人所摹，纸墨与通天进帖无异。别本无此帖。）　月半帖（一。真迹也，亦曾入唐时内府者。此帖据别本补入。）　大热帖（一。吴中王氏所藏，墨彩脱落，略存笔意耳。此帖据别本补入。） 黄素黄庭内景经（一。字类元章所临，清逸绝世。或云杨羲书也。此帖据别本补入。）

王献之鸭头丸帖（一。上题"永和真迹"，内附献之十三行，鸭头亦绢本，真迹。别本无此帖。） 奉书帖（一。献之真迹，传世不多，此书曾在吴中见之，盖其得意笔也。余尝摹一过。此帖据别本补入。）

索靖出师颂（一。宋内府本，前有高宗书签，吾家所藏本也，余兄弟皆有跋。此帖据别本补入。）

六　朝

陈大建真草千文（一。不全。别本无此帖。）

唐

虞世南夫子庙堂碑（一。此帖据别本补入。）

欧阳询千文（一。褚纸楷书，每行间用刀微勒，盖古人藏书多置竹筒中，恐致折损字画，故预为之计，虑亦远矣。）

唐人双钩十七帖（一。唐摹晋帖，世所少有，此十七帖，奕奕逼真，大是佳迹。此帖据别本补入。）

赵模集晋字千文（一。史明古藏本。史氏法书第一，亦天下法书第一。此帖据别本补入。）

褚遂良倪宽赞（一。余所见凡三本，陆水村家一，顾砚山家一，并此大略相同，惟诸跋语皆真迹。别本云，真笔上上，吴中大家本。或云褚书系思陵所临，纸非唐纸，亦一证也。）

柳公权小楷度人经（一。李蒲汀本，初疑经生书，细解年月题名，字字不苟佳品也。别本云，项史部所藏，名迹也。亦曾摹刻停云馆帖中。）

颜真卿书朱巨川诰（一。一真一伪，真本乃陆氏旧物，黄绢缜密，真佳品也。但笔觉差弱，诸法皆备，亦不易得。别本云，黄纸上所书略无毫发动，名迹也。曾刻入停云馆帖。）　送刘太冲序（一。碧笺上行书，纷披老笔，真迹也。别本无此帖。）　送裴将军诗（一。锡山安氏藏本，其家已刻石行世，怪怪奇奇，前无古人矣，盖鲁公剧迹也。此帖据别本补入。）　争坐位帖（一。全本马抑之故物，宋米芾所摹也，后有袁桷跋尾，毫发悉似，几于乱真。吾家所藏半本，亦元章本，不及多矣。此帖据别本补入。）

孙过庭书谱（一。上下二卷，全上卷费鹅湖本，下卷吾家物也。纸墨精好，神采焕发。米元章谓其间甚有右军法，且云唐人学右军者，无出其右。则不得见右军者，见此足矣。别本云，真本，惜不全。）

林藻深慰帖（一。吴文定公家本，乃宣和内府所藏。别本云，匏菴先生家物。宋宣和御府录藏林公书，仅此帖耳。）

李怀琳绝交书（一。妙。此帖据别本补入。）

吴通微千字文（一。楮纸上书，专拟圣教序，干浓毕备，古意溢目，唐人书世不多见，此真可喜者。）

张旭春草帖（一。旧藏无锡华氏，其家有春草堂，盖取诸此。笔虽真，惜纸弊墨渝，略存梗概，犹隔雾看花，惟想象神妙耳。）

怀素自叙帖（一。旧藏宜兴徐氏，后归吾乡陆全卿氏，其家已刻石行世，以余观之，似觉跋胜。）

绢本草书千字文（一。初藏海盐姚氏，其家云，此帖一字值一金，故号千金。不知几传失去，余以善价得之。通用黄绢八幅，丝理精细，纤毫无损，交接处用军司司马印钤记。亦曾摹刻于停云馆，后归史氏，自史氏归严氏，今已入内府矣。盖晚年书也。此帖据别本补入。）

盛唐墨宝（一。此帖据别本补入。）

钟绍京墨迹（一。即灵飞六甲经。）

韦庄借书帖（一。余尝在王懋夫家见之，真迹也。）

宋

徽宗书女史箴（一。绢本，瘦筋书。） 大字诗（一。真迹。）

高宗书度人经（一。澄心堂纸书，真迹。） 临禊帖

（一。此帖据别本补入。）

蔡襄进御诗表（一。宜兴吴氏本。）　茶录（一。王槐雨藏本。）　小简（一）

苏轼亲书前赤壁赋（一。纸白如雪，墨迹如新，惟前缺四行，余兄补之。吾家本也。）　小楷芙蓉城诗（一。孙鸣岐本，真迹，上上。）　大字书渊明饮酒诗（一。金小溪本，笔力刚劲，奕奕有神。）　简帖（一。以上四卷俱真迹。）　九歌（一）　赤壁前后二赋（一）　长公真迹（一）　跋陈氏家教（一。以上四卷俱不真。）

黄庭坚诸上座帖（一。前作草书，师怀素颇逼真，皆神语也。旧藏于一佛寺，李范菴获之。祝枝山草书多出于此。）　松风阁帖（一）　百字令（一。字体全仿瘗鹤铭。）　懒残和尚歌（一。以上四卷俱真笔。）　山谷墨迹（一）　伏波神词诗（一）　山谷草书（一）　山谷千字文（一）　文节墨翰（二）　黄太史真迹（一）　山谷真迹（一）　山谷遗笔（一）　黄庭坚墨迹卷（一）　草书（一。以上十一卷俱不真。）

米芾天马赋（一。纸书大字。旧在张子京处，后归南桥范氏。祝枝山尝称其妙，然不及余所见小字本，韵度颇胜此，犹带黄华父子笔意耳。）　草书九帖（一。父书子跋，法多从晋。旧在张子京处，余借摹刻于停云馆帖中。元章剧迹也。）　易说（一）　手简（一）　金山赋（一）　大字诗（一。以上六卷俱真迹。）　茶歌（一）　蔡苏黄米（一）　苏黄米卷

（一）　苏黄米墨妙（一）　苏黄米蔡墨迹（一）　宋四大家书（一。以上六卷俱不真。）

文彦博真迹（一。真笔，上上。）

欧阳修真迹（一。皆金石录跋尾。）

陆游词翰（一。旧在吴中袁永之家，屡见之，皆诗草也。）

朱子和张敬夫诗（一）　小简（一。二卷皆真本。）

张即之大字诗（一。不真，乃绢本双钩者，真本在昆山张氏永清家。）

释静宾百咏梅花诗（一。诗字皆佳。静宾，宋末僧也。）

晋唐宋墨迹（一）　唐宋墨迹（一）　集宋名笔（一。以上三卷皆伪迹。）

藏经（二卷）

元

赵孟頫六体千字文（一。真草篆隶并钟鼎章草为六体，松江顾氏所藏也。）　三体千字文（一）　千字文（二）　行书千字文（一。西涯题。）　写绝交书（一。即范半醒所藏，后有先待诏小楷跋。）　临十七帖（二）　临兰亭（一）　补唐人不全帖（一）　小楷洞玉经（一。纸高五寸，字大如黍，后有虞伯生题，南京王南原家物，归松江曹氏，为吾友翰林孔目何柘潮得之。余所见松雪小楷，惟永嘉赵氏马蹄篇及此，然马蹄绢本，多渴笔，此用澄心堂纸，精洁滑润，笔精墨妙，毫发无遗恨矣。石刻者字大如黄庭经，与吾家道德经无异。又陆俨山亦有道德经一卷，然远不及吾家者。）　心经（一）　书右军四事（一）　临东方朔画像赞（一）　洛神赋（一）　临洛神十三行（一）　常清净经（一）　写渊明诗（一）　亲笔（一）　寿乐堂记（一）　慧聚寺藏殿记（一）　金书道德经（一）　金书金丹诀（一）　大字四言诗（一）　文敏真迹（一）

赵雍篆书千字文（一）

冯海粟字（一）

钱良右书小字麻姑坛记（一。即江阴徐兼山本。兼山，江阴老儒，尝宝一铁砚及此。）

钱逵篆书黄庭经（一。逵，良右之子，吴人，能四体书。余家有其小楷《辨乌赋》一轴，先待诏宝爱终世。）

郑元祐等游仙诗（一。元祐，字明德，遂昌人。少时右臂脱骱，用左手书，号尚左生，博学能诗文，国初时流寓吴中，与诸文士甚狎。）

段天祐临十七帖（一。天祐善诗文，书不甚工，此十七帖迥异常作。）

俞和书白石续书谱（一。和，字子中，号紫芝。少尝作松雪书，几于逼真，松雪见之，遂留门下。续书谱松雪尝书之。有阴阳二刻，其阳字木刻者，尤妙，先待诏购得一本，以为珍玩；偶失去，后遍求不可得。紫芝晚年专临晋帖，及见献之十三行真迹，刻意摹仿，渐亦名家矣。）

国　朝

　　宋克书陶渊明诗（一）

　　名贤翰墨（一。皆滕权、解缙书。）

　　沈度圣学心法序（一。小楷精谨。）

　　李东阳草书诗（一）　春兴八首（一）　西涯墨迹（一）　西涯诗字（一）

　　乔宇诗字（一）

　　祝允明秋兴八首（一）　文赋（一）　草书（一。前后赤壁赋，藏经纸上所书，真迹也。陈白阳大书其前，曰枝山草圣。歙人汪西山藏。）　枝山翁卷（一）　枝山字（一）

　　徐霖篆书赤壁赋（一。霖，金陵人，字子仁，号九峰，又号髯仙。真行篆皆能，而篆尤妙。）

　　文徵明词翰（二）　诗卷（一）　翰林诗字（一）　杂诗（一）　太史诗（一）　诗字（二）　离骚九歌（一）　千字文（二）

名　画

晋

顾恺之卫索像（一。有钱舜举题。）

晋人画张茂先女史箴图（一）

六　朝

陆探微道相图（一）

展子虔游春图（一。精妙绝伦。）

唐

吴道子观音变相图（一）

李思训海天落照图（四。内惟一卷为真。有跋者乃沈文和笔，颇逼真；余二卷，乃仇英所临者，不及多矣。）

李昭道洛神图（一。子昂书。）　春山图（一）　明皇幸蜀图（二。俱摹本。） 明皇游月宫图（一。高头长卷，布景设色皆异常笔。佳物也。） 汉文帝幸细柳营图（一） 醉道图（一。与吾家藏本小异，亦旧笔也。） 十八学士图（一）

阎立本职贡图（一） 西旅献獒图（一）

王维三峡图（一） 雪溪图（一） 辋川图（一） 写伏生像（一）

摩诘本辋川图（一。图与旧传辋川不同，乃郭忠恕所摹也，笔法高古，尝在吴中见之。）

韩滉晋公演乐图（一） 移家图（一）

卢鸿草堂十志图（一。十图既精妙，而诗词又作十体书之。乃金陵杨氏物，后归吾苏王氏，又在丹阳孙氏。按米元晖诸公所录，已逸其二。今十志皆全，又有杨凝式、周必大跋语，尤可宝也。）

周昉醉妃图（一。即世传杨妃上马图。笔力纤弱，疑舜举所摹。） 白描过海罗汉（一。临吴道子。）

韩幹圉人呈马图（一） 马性图（一） 马图（一）

吴虔番族图（一）

胡瑰番马图（一）

唐人杂画

捕鱼图（一）　群龙云会图（一。案《冰山录》作陈所翁。）　九龙图（一）

五　代

支仲元三仙图（一）

顾闳中写韩熙载夜宴图（二。一真本，上上，有宋元诸跋。一临本。）

黄筌百雁图（一）

宋

徽庙秋禽图（一）　果篮图（一）　翎毛图（一）　荔枝图（一。四卷皆真笔，其果篮、荔枝二图尤精妙。）　草虫图（一。近人伪造。）

周文矩文会图（一）　倦绣诗意图（一。李后主云："辽阳春尽无消息，夜合花开日正西。"书画皆精古。但余所见三四本皆同，岂当时所作，非止一本，而后主皆题之耶？） 十八学士图（一。近时临本。）

王齐翰勘书图（二。其一为吾苏吴文定公家物，后有东坡跋语，图作挑耳状，曲尽态度。其一则摹本也。）

张择端清明上河图（一。图藏宜兴徐文靖家，后归西涯李氏，李归陈湖陆氏，陆氏子负官缗，质于昆山顾氏。有人以一千二百金得之。然所画皆舟车城郭桥梁市廛之景，亦宋之寻常画耳，无高古气也。） 烟雨风雪图（一）

文同细竹图（一。吴中王氏物，上有与可章草题名，后有匏菴诗跋。）

苏东坡木石图（二。其一真笔。）

李公麟孝经图（一） 龙眠山庄图（二。一真本，大约本辋川图为之，而笔墨清润，神采焕发，公麟得意笔也。其一仇实甫所为，颇能逼真。皆松江顾氏所藏。） 辋川图（一） 九歌图（一。绢本，白描，凡六段，真笔，上上，有曹吴等跋。） 洛神赋图（三。一宋高宗书，一子昂书，一范润甫本。图字皆精妙，惟范本不全。） 女史箴图（一） 草堂图（一。即吴中张氏所藏独乐园图也，旧题为卢鸿草堂，今尚仍之。笔法既精，设色尤妙，余尝摹一过。） 莲社图（一） 明皇演乐图（一） 忠节图（一） 西园雅集图（一。设色亦佳品。） 摹顾恺之斫琴图（一。旧在吴中，尝屡见之，稿颇古雅，非龙眠笔也。） 明皇醉归图（一） 江山万里图（一） 汴桥会盟图（一） 白描罗汉图

（一） 海会图（一） 百马图（一。笔意颇似唐人。）

李成盘车图（一） 渔乐图（一） 山水图
（一） 寒鸦图（一）

董源山水图（一）

范宽关山雪渡图（一） 万里江山图（一）

郭熙山水图（一） 江山万里图（一）

米南宫研山图（一） 春山烟霭图（一）

米元晖大姚村图（一。图藏吴中大姚陈氏。盖元晖有妹
嫁大姚村，故时有其迹。）

赵大年春禽图（一） 江卿雪意图（一）

郭忠恕钓鳌图（一。真笔，上上，即吴中王氏所藏图，皆
界画楼阁甚古雅，但钓鳌义，不知所出。中作一王者凭栏，用丝
牵一木鱼置水中，岂避暑水殿时，用以适情者耶？） 越王宫
殿图（一）

王诜烟江叠嶂图（二。其一有东坡诗，乃后人配上者，
前画或云是唐人笔，设色用笔，信有不同，原吴中王氏所藏。其
一乃晋卿真笔，金陵姚氏物也。）

杨补之墨竹图（一。即王疑鹤所藏，后归蔡林屋。匏菴诗
云："补之旧擅梅花手，忽向人间见竹枝"者，即此也，今其诗
犹在。）

苏汉臣货郎图（一）

赵伯骕桃源图（一。伯骕乃伯驹之兄，高宗时尝奉诏写天
庆观样，命吴中依样造之，今元妙观是也。其画世不多见，此图

旧藏宜兴吴氏，尝请仇实甫摹之，与真无异，其家酬以五十金，由是人间遂多传本，然精工不逮仇作矣。）

赵伯驹后赤壁图（一。伯驹，字千里，其画传世甚多。此卷后有高宗亲书苏赋，而布景设色亦非余人可及。）　文会图（一）　桃源图（一。大约与伯骕所作不甚相远，其后亦有高宗书渊明诗文，盖当时画院中，每一图必令诸人互作，皆以御书系其后耳。）　鸟雀图（一）　青绿山水图（一）　孟明归秦图（一。图用白描法，亦金陵姚氏物，然非千里真迹也。）

贾师古归去来图（一。笔法古雅，绢素精好，殊可爱玩，亦自龙眠翻出，宋卷中之不易得者。）

李唐长江雪霁图（一）　独钓归庄图（一）　虎溪三笑图（一）　香山九老图（一）　高逸图（一）

赵士遵溪山深秀图（一。笔法纤细，类王晋卿，金碧绯映，非寻常人可及，题曰士遵，盖宋宗室也。）

李潼川下蜀图（一。即先待诏在翰林时曾摹者，摹本至今犹存，后录宋张浚跋语。）

马远孝经图（一。高宗书。）　四景图（一）　柳塘聚禽图（一）　女孝应图（一）

夏珪溪山无尽图（一。匹纸所画，纸长四丈有咫，纸墨皆佳，精神焕发，神物也。图藏石田先生家，后归陈道复氏，复在吴中徐默川家，余屡获见之。）　溪山奇观图（一）　山川钟秀图（一）　山水图（一）

马和之唐风十二图（一）　毛诗图（一）　国风图

248

（一）　甫田十篇图（一）　小雅六篇图（一）

陈居中胡笳图（二。二图俱吴中张氏物，图各不同，俱有高宗书。）　百马图（一）　志公像（一）

阎次平溪山深秀图（一）

萧照中兴瑞应图（一。图凡六段，笔法全师李唐，几于乱真。照画余见惟此及读碑图耳。）

刘松年西湖图（一）　九老图（一）　宫蚕图（二。乃稿本。）　阳关图（一）　出塞图（一）

李嵩工作图（一）

赵芾江山万里图（一。芾居镇江之北固，画亦有神韵。）

李迪百犬图（一）

宋人杂画

花鸟图（一）　八圉图（一。解学士有赞。）　宋绣龙舟争标图（一）　晋文春秋图（一。笔意全似李唐。）　獐图（一）　明皇马上击球图（一）　明皇太真对弈图（一）　白描佛像（一。别本作番王礼佛图。）　董宁传图（一。二卷。或云李公麟笔。）　柳塘飞鹭图（一）　小雪图（一。妙。）　花灵效顺图（一）

元

赵子昂五马图（二）　十马图（一）　白描太真上马图（一）　幼舆丘壑图（一）　人物图（一）　浅装马图（一）　秋浦征鸿图（一）　妇织图（一）　题梅花图（一）　墨梅图（一）　写渊明归去来图（一）　烟江叠嶂图（一。此卷从别本补入。）

管仲姬竹图（一）

赵子固兰蕙图（一）　水仙花图（一）

赵仲穆西戎献马图（一）　百马图（一）　二马图（一）　凤头骢马图（一。右图先叔祖白湖中丞所藏，真迹，上上。）

王振鹏金明池图（一。此卷从别本补入。）

钱舜举青山白云图（一）　汉宫春晓图（一）　人物图（一）　杨妃上马图（一）　授剑图（一）　石勒参禅图（一）　秋江渔隐图（一。此卷从别本补入。）

龚翠岩钟馗嫁妹图（一。用浓淡墨涂写，然用笔亦精妙，此法古人所未有，后亦无能传者，盖龚乃奇士，故所作亦怪怪奇奇如此。）

赵元初关山胜概图（一）　白描兰亭图（一。真笔。）

盛子昭吹箫图（一。真笔。此卷从别本补入。）

汤叔雅霜八千林图（一。一卷皆水仙，作梅花一枝，横贯其中。真迹也。）

王若水竹雀图（一）　花鸟图（一）

郑所南兰花图（一。郑本宋之遗民，其所作兰不写土，人有问之者，答云："土被番人夺去了。"此本乃吴中沈氏物。）

温日观葡萄图（一。日观亦异僧，所作葡萄枝，用草书法，鲜于伯几草书本此。）

黄大痴山水图（一）　天池石壁图（一。此卷从别本补入。）

高尚书夜山图（一。图已亡，惟诗跋皆胜。）

任月山马图（一）　百马图（一）　松鼠图（一）

李息斋竹图（二）

梅道人竹图（一）　真迹诗画（一。此卷别本无。）　溪山图（一）　竹谱（二）　渔父图（一。笔法全师荆浩。此图从别本补入。）

王叔明溪山逸趣图（一）

孟玉涧释像（一）

孟玉潭商山四皓图（一）　吴闲闲像（一）　莫月鼎像（一）

鲜于枢诗画（一）

元人杂画

松竹墨雁图（一） 靖节图（三） 太真上马图（一） 十八学士游春图（一） 罗汉图（二） 白描佛像（一。此图从别本补入。） 白描罗汉图（一） 白描过海罗汉图（一。别本无。） 松竹梅图（一） 文姬归汉图（一） 明皇幸蜀图（一） 杨妃出游图（一） 击壤图（一） 齐人图（一） 公余闲赏图（一）

国　朝

戴文进山水图（四） 江村雪霁图（一） 山水人物图（一） 手卷山水图（一） 溪山长卷（一。临本。） 江山清趣图（一。此图从别本补入。）

李在水墨山水戏笔（一）

边景昭翎毛图（一）

孙隆（案《冰山录》作龙）百鸟朝凤图（一）

颜宗江山万里图（一）

顾仲颎雪梅图（一）

吴小仙白描人物图（一） 神仙图（一） 儒礼禅宗

图（一）

杜古狂韩熙载夜宴图（二）　南宫雅致图（一）　云湖栝居诗画卷（一）

夏仲昭巘谷清风图（一）

沈石田剑阁图（二）　墨花图（一）　写韩文公画记（二）　溪山暮雪图（一）　万山飞雪图（一）　松谱图（一）　山水手卷（一）　雪景图（二）　墨妙八家（一。真笔吴中袁氏物也。）　吴中佳胜十景（一）　溪山秋色图（一）　溪山雪霁图（一）　万松图（二）　遇雨图（二）　千古高风图（一。假。）

唐子畏兰亭图（一）

文衡山天池袚禊图（一）　诗画（三）　赤壁前后赋图（一）　水墨云山图（一）　四时渔乐图（一）　石湖诗画（一）　醉翁亭记并图（一）　写竹并题（一）

陈白阳山水图（一）　青山白云图（一）　花枝图（一）　百花卷（一）　四季花图（一）　洛阳春色图（一）　赤壁赋图（一）　真迹诗画（一）　牡丹图（一）

陆包山花草卷（一）

王毂祥（案《冰山录》作王问）荷花图（一）　水仙花图（一）

仇十洲汉宫春晓图（一）　子虚上林二赋图（一。昆山周六观所请，经年始就，酬以百金，复请先待诏小楷书二赋于后。）

沈青门花草图（一）

陈子正四时花草图（一）　眠云花草图（一）

袁孟德万山风雪图（一。柳庄孙所写，皆钩竹也。）

国朝人杂画

千斛明珠图（一。俱美人。）　神京八景图（一）　武林十景图（一）　造化元机图（一。修真。）　仙弈图（一。临冷启敬。）　江山一瞬图（一）　溪山图（一）　玉台遗韵（一）　江南夜宴图（一）　三丰张真人图篆（一）　瑞应图（一。国初。）　五岳真形图（一）　桃李园图（二。俱近人所临，一为吴江赵口笔。）　九龙图（二）　西园秋雨图（一）　人物花草图（一）　吴中佳山水图（一）　瓜瓞绵延图（一）　美人戏婴图（一）　契丹纳款图（一）　金字瑞应图（一）　寿乐亭诗画（一）　珍蔬三昧图（一）　东封日观图（一）　玉衡呈瑞图（一）　清玩（一）　霓裳舞图（一）　尧民击壤图（一）　墨竹图（一）　小景（一）

扇　面

名人诗画扇面卷（二）

　　嘉靖乙丑五月，提学宾涯何公，檄余往阅官籍严氏书画，凡分宜之旧宅，袁州之新宅，省城诸新宅所藏，尽发以观，历三阅月始勉毕事。当时漫记数目以呈，不暇详别，今日偶理旧箧，得之重录一过，稍为区分，随笔笺记一二，传诸好事，明窗净几时一展阅，恍然神游于金蹊玉躞间也。

隆庆戊辰冬十二月十七日

茂苑文嘉书于文江草堂

留青日札（节录）

［明］田艺蘅

目 录

刘　瑾

刘瑾，陕西西安兴平人，景泰初以净身进，坐内臣李广奸党，充南京海子净军，夤缘取用。乾清宫灾，复发配，又召回金书。正德元年十月，掌司礼监事，提督团营。与马永成、谷大用、张永、罗祥、魏彬、丘聚等为八党，肆恶无忌，伪传诏纸，变乱成法，谋为不轨。五年八月，张永憾瑾，因征宁夏安化王归，疏瑾大奸一十七罪，伏诛，籍没家产。

平天冠一顶。衮龙袍四领。蟒衣四百七十袭。八爪金龙盔甲三十副。金甲二副。金钩三千。金丝碧玉带五条。玉带四千一百六十条。玉印一颗。玉琴一张。宝石二斗。牙牌二柜。穿宫牌五百面。金银汤鼓五百件。金二十四万锭。碎金五万七千八百两。银元宝五百万锭，约银二十五千万两。零银一百五十八万三千六百两。余物不可胜计。

钱 宁

钱宁，幼名福宁儿，云南李巡检之家生子也。太监钱能镇守云南时，养以为子，故名钱宁。后得宠于武宗，赐以国姓，号为义子，因称朱宁。正德八年，以左都督掌锦衣卫事，干与国政，钳制百司，罪恶贯盈。十四年七月，以宸濠事败下诏狱，伏诛，籍没家产。

金七十扛，共十万五千两。银二千四百九十扛，共四百九十八万两。碎金银并首饰五百二十箱。珍珠二柜。金银台盏四百二十副。胡椒三千五百担。苏木七十扛。缎匹三千六百扛。余物不可胜计。

江 彬

　　江彬者，大同游击也。正德时，刘瑾既诛，余党逃窜，义子刘六、刘七、赵风子、邢老虎、杨寡妇倡乱内地，号为流贼。官军屡败，因调边兵入御。彬亦建功，渐谋进用，赐姓朱氏。凶悍横行，公卿屏息，导上逸游，祸几不测。十二年冬，以左都督冒应州功，封平虏伯。明年，上自称威武大将军、太师、镇国公朱寿，以朱彬为威武副将军，欲巡行天下，以穷逸乐。十六年春，驾崩，三月，以皇太后懿旨下狱，伏诛，籍没家产。

　　金七十柜，共一十万五千两。银二千二百柜，共四百四十万两。金银首饰五百一十箱。金银汤鼓四百个。余物不可胜计。

严 嵩

　　严嵩，江西袁州分宜人，弘治乙丑进士，仕至少师、太子太师、吏部尚书、华盖殿大学士。诈伪百端，贪酷万状，结交内侍，杀戮大臣，干儿门生，布满天下，妖人术士，引入禁中。三十年来，流毒华夷，盖古今元恶巨奸罕与匹俦者也，议者以为李林甫、秦桧不啻过焉。其子严世蕃，起白徒，官工部左侍郎，助父肆虐，欺君误国，为祸尤甚。言官竞劾嵩，罢职，世蕃充雷州卫军，后与罗龙文等怨望谋叛。奉圣旨："这逆情，你每既会问的确。严世蕃、罗龙文便会官决了。盗用官银，财货家产，着各该巡按御史严拘的亲儿男，尽数追没入官送部，不许亲识人等，侵匿受寄，违者即便拿问。严嵩父子欺君，大负恩眷，并伊孙见任文武职官的，都削职为民，有司拘管当差，余党逆邪，尽行逐治，毋致贻患。其余俱依拟行。奏内不言逆本，是何法制？且不查究。"所云逆本者，指贼嵩也，积焰所及，死灰余烬，犹能焚灼台察之吻，况当炎炎炙手之时乎？有其君无其臣，古人痛惜，良不诬也。巡按御史林润等抄没江西家产，略载其大纲。嘉靖四十四年八月也。

诰敕翰器等项共二百二十四件。金共一万三千一百七十一两六钱五分。纯金器皿共三千一百八十五件，重一万一千零三十三两三钱一分，内有金海水龙壶五，金龙耳圆杯二，金龙盘三。金镶珠宝器皿共三百六十七件，共重一千八百零二两七钱二分，内有龙盘、凤杯、龙壶。镶金器共二百五十三件，内有金牌十二面，金人三个，共重四百零三两九钱二分。

连前各项金器三千八百零五件，共重一万三千三百三十九两九钱五分。

金镶珠玉首饰共二十三副，计二百八十四件，共重四百四十八两五钱一分，内有猫睛六颗、祖母绿二件。金镶宝珠首饰共一百五十九副，计一千八百零三件，共重二千七百九十二两二钱六分，内有猫睛二十颗，有"天上长庚""人间寿域""庆无穷寿""永喜心字"等名件。金玉珠宝头箍围髻共二十一条，共重九十九两六钱三分。金玉珠宝等耳环、耳坠、耳塞，共二百六十七双，内有猫睛二颗，共重一百四十九两八钱三分。金镶珠玉宝石等项坠领坠胸禁步事件，共六十二件，共重一百七十九两八钱四分。金玉镶嵌珠宝等镯钏，共一百零五件，共重四百二十两一钱。杂色金玉首饰，内有美人夜游玲珑掩耳，共七百七十六件，共重九百四十九两七钱六分。金镶珠宝石帽顶共三十五个，共重七十七两一钱七分。金镶珠宝绦环二百零八件，共重一千一百一十三两零九分，内有"海内英雄""五龙玩月""福寿康宁"等名色，猫睛二十颗，内墨猫睛一颗。圆月大珠不计。金镶嵌珠宝绦钩六十八件，共重二百三十五两七钱五分，内有猫睛二颗。

连前首饰等项共三千九百三十八件，共重六千五百五十八两二钱。

通共净金净器皿首饰等项，共重三万二千九百六十九两八钱。

净银二百零一万三千四百七十八两九钱。银器皿共一千六百四十九件，共重一万三千三百五十七两三钱五分，内有满池娇银山二座。银嵌宝首饰事件六百二十八件，重二百五十三两八钱五分。

连前银器共计二千二百七十七件，共重一万三千六百一十一两二钱。

通共净银银器共重二百零二万七千零九十两一钱。

玉器共八百五十七件，共重三千五百二十九两五钱，内有汉始建国元年注水玉匜，晋永和镇宅世宝紫玉杯，永和镇宅世宝玉盘；紫玉，墨玉，碧玉，黄玉，荒玉，花玉等；名番字玉板一片，重一十三两七钱；千岩竞秀玉山一座，重一十二两三钱；玉带二百零二件。

金镶玳瑁犀角玛瑙银瑚珠钿牙香等带，共一百二十四条。金摺丝带环等项，共三十三条，内有猫睛二颗。金镶珠瑚犀象玳瑁器皿，共五百六十三件，共重一千三百三十一两七钱。金银镶牙箸二千六百八十二双。金镶双龙龙卵壶一把，镀金双龙龙卵壶一把，金镶龙卵酒瓮二个（连座），未镶龙卵一枚，共龙卵五个。珍珠冠头箍等项，内有五凤、三凤等冠，共六十三顶，共重三百零六两三钱。珍珠宝石琥珀，共重二百六十两五钱。珊瑚犀角象牙等项，共六十九件，内有大学士司丞牙牌二面，除珠不计数。珍奇、玩器、珠宝、水晶、珊瑚、玻璃、玛瑙、哥窑、嘉峪石斗、龙须席、西洋席，共三千五百五十六件（副、双）。象牙签，计八十五根。

　　洪熙宣德古渜水熊胆空青蔷薇共十三罐（盒）。矿砂三百八十五两。朱砂二百五十斤六两。檀沉降速等香二百九十一根，重五千五十八斤十两。奇南香三块。沉香山四座。

　　织金妆花缎共一千一百五十一匹，内有大红妆花五爪云龙过肩缎二匹。绢七百四十七匹。绸八百一十四匹，改机二百七十四匹。绒五百九十一匹，内有西洋铁色褐六匹。锦二百一十四匹，内有宋锦一百一十七匹。绫一十一匹。琐幅一百零六匹零一段。葛五十七匹。布五百七十六匹，内有西洋红白棉布。以上共一万四千三百三十一匹零一段。织金妆花男女衣服缎绢罗纱绸改机绒宋锦葛貂裘丝布洒线，共一千三百零四件。丝绵四百八十七斤。刻丝画补四十副（件）。

267

金银铰扇二万七千三百零八把。古今名琴五十四张，内有"月下水玉琴""咸通之宝""清庙之音""乡泉""霜钟""清流激玉""玉壶冰""苍龙喷玉""一天秋""万壑松""秋涧泉""雪夜钟""玉琮琤""寒玉""秋月""春云""调古""冰泉""垂（《冰山录》作乘）月""松风""鸣雷震殿""九霄鸣珮""流水高山""寒江落雁"等名。大理石古铜琴。

古砚一十六方，内有未央宫瓦砚，铜雀瓦砚，唐天策府砚，贞观上苑砚，苏东坡天成砚，宣和殿砚，文文山砚。都丞文具六副。

屏风围屏一百零八座（架）。大理石螺钿玳瑁床一十七张。古铜器一千一百二十七件，重六千九百九十四斤零二两。铜钱九千四百七十五文。钞二捆。

古今书籍八十八部，二千六百一十三本。石刻法帖墨迹三百五十八册（轴）。古今名画刻丝纳纱纸织金绣手卷册（叶），共三千二百零一轴，内有唐九成宫避暑图、阿房宫图，宋周文矩学士文会图、金谷园图，唐阎立本职贡图、杏坛图、越王宫殿图，宋张择端清明上河图、西湖春晓图、南屏晚钟图，刘松源西湖图。

变价绸绢布二万七千二百八十三匹，共估价一万五千零四十七两六钱。变价男女衣裳一万七千零四十一件，共估价银六千二百零五两零七分。变价扇柄二百八十四把，共估价银八两六钱四分。变价铜锡器二项，共估价银二百七十九两五钱五分。变价螺钿石床六百四十张，共估价银二千一百二十七两八钱五分。变价帐幔被褥共二万二千四百二十七件（双、副），共估价银二千二百四十八两二钱。轿三十五乘，共价银七十两。桌椅橱柜七千四百二十四件，共价银二千四百零五两。盘盒家伙九万四千九百二十六件（把、双）。瓦蜡胶藤，通估价银一千二百三十五两九钱五分。乐器神龛，共四百二十件。变价第宅房屋共六千七百零四间（所），共价银八万六千三百五十两。变价田地山塘约三万余亩，共价银四万四千四百九十三两四钱六分七厘二毫。变价船板、稻谷、马牛等畜，共价银二千七百八十七两六钱八分。

通计净银并器皿首饰与变卖寄借银二百三十四万二千七百三十一两七钱七分七厘二毫。续追金七十四两七钱九分。续追银一万三千九百两八钱九分二厘。续追金玉器物共二百一十三件（副）。又朱砂八十两。檀速香二百八十四根。中书牙牌一面。续追变价物件共估银八百四十四两四钱四分。连净银银器共一万六千五百一十六两二厘，连先报通共银二百三十五万九千二百四十七两七钱七分九厘二毫。

又直隶巡按御史孙丕扬抄没严嵩北京家产。五彩金龙罗缎等一千六百七十九匹。金四百八十三两二钱。金珠宝首饰六百五十件，重六百三十四两。金镶玛瑙象牙金玉宝带四十七条。银一万二千六百零五两。珍珠宝石二十四两五钱。宝石犀角珊瑚象牙器皿三百三十斤。降真等香一千五百三十斤。牙笏三十七根。牙牌三面。牙箸四百三十一双。图书古画三千六百零五部（轴）。织金妆花衣服翠物，二百一十三箱。房屋共一千七百余间（所），内有雕刻香十间。金彩铜锡器皿，共五千五百余件。地一百五十余所（亩）。寄出银三千八百余两。

传闻二处所抄，不及十四五，盖行赂于权要者十二三，顿寄于亲戚者十三四。郿坞久营，兔窟多术，安能根连株拔，风剪霆灭，如我高皇帝籍没胡蓝二党时邪？其籍中龙卵猫睛诸奇货，皆得之仇鸾、海上将领，并贼汪直求和易者。越王宫殿图，乃仁和丁氏物，文会等图，乃钱塘洪氏物，皆总督胡公以数百金转易者。清明上河图，乃苏州陆氏物，以千二百金购之，才得其赝本，卒破数十家。其祸皆成于王彪、汤九、张四辈，可谓尤物害民也。嵩贼生辰，总督诸公皆以紫金镂为文字，缀以锦绮，以珍珠为璎珞，以珊瑚为栏杆，杂以宝石，袭以香药，网罗围绕，彩绣灿烂，眩目骇人，以供一时之玩，以悦奸臣之心，罪不容诛矣。又闻有八宝溺器、金丝帏帐及违禁诸异具，先已毁灭。而嵩当斥逐时，身负奇珍，踉跄道路，为人搜夺，卒至乞食殒躯。世蕃又纵姬妾宣淫，以系荫袭，饰美人队伍以代拷捕。

其孙严绍庚、严鹄等，尝对人言一年尽费二万金，尚苦多藏，无可用处，于是竞相穷奢极欲，鬼唾神号，而祸败立至矣。所恨者，不父子祖孙骈斩藁街，以为天下后世快耳。论者又曰：若并其婿妇之家，及鄢懋卿诸党，而尽发之，则所得又当百十此也。足国裕边，斯亦良策，又何必丈量疆土、加赋困民也哉。

鄢懋卿

　　鄢懋卿者，江西丰城人，嘉靖辛丑进士，贼嵩义子也，又结婚姻之好。嵩之牙爪羽翼，固未易屈指数，而阴谋盗行，则皆懋卿助之。科道论劾，自知难容，而贪噬之心，尚未餍足。于是乞为好差，以图归计。乃以都御史经理东南盐课诸务，声势赫奕，晔记所未有者。每历淮扬诸大镇，则馈索不下二三百万金，风力所加，甚于诏旨。及至吾杭，则三司望尘而詟慑，府县闻风而奔走。如点选妇女以充内人，八轿之夫役，多至百名，置造金银汤鼓器皿以充筵席之供，亦费千百两。猛如倭寇，室家惊皇，山岳震摇。又受灶户赃私六万，为之奏乞分外优免田丁，贻害平民，万死有余辜矣。呜呼！冰山一倾，今不知其所积竟何如邪。

民抄董宦事实

［明］无名氏

目　录

五学檄

（前缺）人心谁无公愤。凡我同类，勿作旁观，当念悲狐，毋嫌投鼠，奉行天讨，以快人心。当问其字非颠米，画非痴黄，文章非司马宗门，词翰非欧阳班辈，何得侥小人之幸，以滥□名。并数其险如卢杞，富如元载，淫奢如董卓，举动豪横如盗跖流风，又乌得窃君子之声，以文巨恶。呜呼！无罪而杀士，已应进诸四夷，戎首而伏诛，尚须枭其三蘖。呜呼！畴昔金阊凌宦，只因一士之仇，今日玉峰周家，亦非通国之怨，较之此恶，不啻有差，若再容留，决非世界。公移一到，众鼓齐鸣，期于十日之中，定举四凶之讨。谨檄。

十五十六民抄董宦事实

董宦父子，既经剥裈虐辱范氏，由是人人切齿痛骂，无不欲得而甘心焉。又平日祖和、祖常、祖源父子兄弟，更替说事，家人陈明、刘汉卿、陆春、董文等，封钉民房，捉锁男妇，无日无之。敛怨军民，已非一日，欲食肉寝皮，亦非一人，至剥裈毒淫一事，上干天怒，恶极于无可加矣。

斯时董宦少知悔祸，出罪己之言，犹可及止，反去告状学院，告诉抚台，要摆布范氏一门。自此无不怒发上指，激动合郡不平之心。初十、十一、十二等日，各处飞章投揭，布满街衢，儿童妇女竞传"若要柴米强，先杀董其昌"之谣。至于刊刻大书"兽宦董其昌""枭孽董祖常"等揭纸，沿街塞路，以致徽州、湖广、川陕、山西等处客商，亦共有冤揭粘贴，娼妓、龟子、游船等项，亦各有报纸相传。真正怨声载道，穷天罄地矣。

时署府黄同知、署县吴推官俱以公事出外，至十三日始归。百姓纷纷，将谓府县风力，可以擒治。不知其昌在苏州，先以虚词与二府尊说过，即诸生进讲哓哓，无益也。自此民怨益甚，日多一日。又次早十五行香之期，两府见百姓拥挤街道两旁，不下百万，而骂声如沸，知民情怒甚。因生员之讲，遂拘陈明，责二十五板，羁捕。百姓聚集不散，自府学至董宦门首，拥挤不得行，骂者不绝口。董宦之堂兄董乾庵、董光大等，犹持董宦冤揭分送，被百姓各出扇于袖中，或拾砖块乱打，一时忿声激几里。董仆知事不济，雇集打行在家看守。而百姓争先报怨者，至其门先撒去旗竿。防护者将粪溺从屋上泼出，百姓亦上屋将瓦砾掷进，观者群持砖助之，而董宦门道俱打破矣。百姓皆曰："陈明横甚，先破其居可也。"于是一人挥手，群而和之，数十间精华厅堂，俱拆破矣。午后稍稍散去，至未申时分复集，欲起火烧房，而天适雷雨，百姓料雨可灭火，今夜无益，姑止之。至次日十六日，百姓仍前拥挤，加以上海、青浦、金山等处，闻知来报怨者，俱夜早齐到。于本日酉时，两童子登屋，便捷如猿，以两卷油芦席点火，着其门面房。是夜，西北风微微，火尚慢缓，约烧至茶厅，火稍烈而风比前加大，延及大厅，火趁风威，回环缭绕，无不炽焰。时百姓有赤身入火中，抢其台桌厨椅，投之烈焰中以助火势者。东边唐宅、杨宅，西坐花庵与王宅，俱大书此系某宅房，此系某姓房，又将灯笼高揭，树立于屋房。百姓见火稍侵及他家者，即群为救灭，只烧董宦一家住宅。且拆且火，数百余间，画栋雕梁，朱栏曲槛，园亭台榭，密室幽房，尽付之一焰中矣。对河陈明之居，先经拆毁者，亦一燎而尽。明之妻不过一黥刺贼奴之妇，乃其死，以百金沙板盖之，被多人舁至火中，破而焚其尸。孰谓"服之不衷，非身之灾"也。噫！董宦平日美居室，凡珍奇货玩金玉珠宝，与夫丽人尤物，充牣室中，今俱一时窜取于他人之手，而若妻若媳若子女流离奔窜，闻有窃负而逃。前以此施，今以此报，天道好还，何不爽乃尔哉。

时海防欲点兵出救，登轿于理刑厅前，吴四尊差人禀止，曰："不必出救。百姓数万，恐有他变也。"虽云老成之见闻，亦云不满于董宦虐范之事耳。

是夜，火彻夜不止，厥明而祖源之居又焚矣。祖源雄于父赀，而其妻又为徐相国玄孙女，苏州申相国甥女，奁资极盛。初辟居时，止数十椽，以后广而大之，乃尽拆赁房居民之居而改造焉。亲见其未迁居之小户，被董仆揭其屋瓦，露居雨立，逼逐搬徙而无奔者。造堂房约有二百余间，楼台堂榭，高可入云，粉垩丹青，丽若宫阙，此真仑奂之美也。乃落成未半载，一炬成灰，澌灭殆尽，仅遗故宫遗址，令人叹息于荒烟断石之间而已。令祖源复过此，安胜禾黍之痛哉。时祖和一宅介其间，巍然独存，盖以平日稍知敛戢，民怨未深故也。至愚之民，报施不爽，三代遗直，犹可想见斯民云。

白龙潭书园楼居一所，坚致精巧，十九日，百姓焚破之，抛其楼之匾额"抱珠阁"三字于河，曰："董其昌直沉水底矣。"

坐化庵正殿上，有一横书"大雄宝殿"，旁写"董其昌书"之匾，百姓见之，争抛砖乱掷。寺僧慌登殿拆下，诸人持刀碎铲削之，皆曰："碎杀董其昌也。"

府学明伦堂，有会魁牌匾一座。十五早天未明时，被人拆下打破。其昌事平后，复自做安置。

十七日，有一戴巾穿月白绸衣者，年可五十许，手持扇遮日，扇乃董其昌写者，被一人扯破之，其人犹争嚷不已，立被四五十人痛打，扯破巾服而去。

时董房尚有粉墙未尽倒者，被人争写淫渎之言，独有一老翁题诗于其上曰："福有胎兮祸有机，谁人识得此中机。酒酣吴地花颜谢，梦断鸳鸯草色迷。敌国富来犹未足，全家破后不知非。东风惟有门前柳，依旧双双燕子飞。"

府　示

　　署松江府事海防同知黄，示：为严禁事，照得朝廷立法，万民有怨，本府正以行法伸冤者也。除豪奴陈明已经差拿正法，尔百姓宜各静听如平时，受冤许即具状赴府陈告，代尔申雪，不得乱行，自干法纪。牌到即刻解散，赴府鸣冤。特示。

又　示（一）

　　松江府为严禁事，本府备知陈明贯恶，已拿正罪，一面通申院道，照法严惩。我百姓各归家安生，不得仍前拥聚，自罹法纪。故示。

又　示（二）

松江府示：董宦平日敛怨于民，陈明昨又肆恶于范，本府正痛恨而思大惩创之。今尔百姓，焚其房屋，搬其家资，令宦一门鼠窜，亦足惩其恶而暴其罪矣。今即宜各归家，静听院道详处，毋得再拥挤生端，致干官法。特示。

县 示

　　署华亭县事理刑推官吴为禁约事，照得豪仆陈明虐辱范妇，已蒙本府责监正罪。董宦素多招怨，致被尔等一夕焚抄，其罪两足偿矣。闻尔百姓尚未解散，喧阗杂遝，意更欲何为？纵本宦与豪奴尚有未尽之辜，本府现申院道，另有详处，尔辈止宜静听，亦非旦暮蜂集所得了也。示到即各归生理，若再拥挤，府县捕官带领兵快一一锁拿，即以乱民论矣，毋贻后悔。特示。（十七日示，贴坐化庵。）

府申各院道公文

　　松江府为地方事，本月十四日，合郡士民因生员范启宋受乡宦董其昌冤害，愤愤不平；随该署印同知黄与同推官吴，用言慰谕，已各心释。至十五日，复称本宦家人陈明等，平时助虐罪状，随行拘责监候。士民旋即解散。不意次早午后，有平日受害上海人民并卫所军民复至，鼓集三县百姓，喧称报怨，填满街道。先烧陈明房屋，后烧董宦两宅，其非系宦房，一椽不动。各学生员并无一人在彼，第百姓众多，恐致激成大变，屡经出示，严谕安辑，理合呈报，伏候详夺施行。

十七日董求吴玄水书

四宅焚如，家资若扫，弟业抱恨。及见申文与诸告示，语语侵弟，以弟为三县恶人，洗宅抄家之外，别有锻炼，弟有死不瞑也。兄翁苦心，虽轲离却步，至为弟筹，尤出儿曹盛气雄心之表，不谓一念愤激，卒罹此殃。今幸终教此辈如蛇虎，官法所不及者，天谴自及之。典之用重用轻，犯之用众用寡，悉听之于有司。今两台必须上疏，上疏恐铺述府文，民抄之名曷避也。今求许、陆、徐、杜诸公之书，未求正法，先求正名，归其衅孽于学校，而宽求于民，弟庶有解焉。即乞兄翁雄笔属草，以速及兵尊为贵。如其不可，另行一路也。弟在泖庄，小儿亦往报邃初舍侄，调停揭到学院为急。倘兄翁有路，亦望多方及之，总祈不失鄙意，不必弟会过也。感悚！笔不能尽。

府学申复理刑厅公文

松江府儒学为地方事，奉本府署府事理刑推官吴、开奉督学宪牌，查为首讲事生员，等因奉此。遵依，就经会同本学训导冯等，从公备细查得董宦于旧年八月内，因生员陆兆芳家使女继养宦仆之家，此女探生母未回，董仆陈明纠众打毁陆兆芳家资，将女抢去，街坊传闻共怨，致有流言《黑白小传》并丑詈曲本。董宦告府严缉，并无主名，捕得说书钱二，口称生员范昶，因号呼告冤，颠蹶求白，董仆又逼至董宅，本宦复令跪庭，与钱二面对；昶归，遂不胜愤激而死。伊母冯氏，因媳龚氏系董宦内亲，孙媳董氏又系董宦族女，带义妇三人，偕往辩诬分理。董宦群奴，将冯氏、龚氏异入僧寺，其随从妇女，去裤打辱，旁人目击，咸切齿不平。于是三月十五日，生员齐集明伦堂，本学行香时，众口一辞，归咎董仆陈明，恳府究治。本府牌拘陈明，即时散去，并无聚众扛帮、攘臂喧逞等情。不意本月十六日，三县军民乌合万余，共称报仇，忽于本日酉刻，烧毁董宦第宅，并家人陈明房屋。其时并无生员一人在彼。今据始末根由，为生员范启宋称冤者，五学之生员，火烧董宦者，三县之百姓，禀府申理，并无首难，百姓喧聚三日，岂由主使。今蒙信牌查究生员倡首一二人，因事起一时，议出众口，并非纠众狂逞，实难安指首从。今将始末缘由，合行具复，伏乞照验施行。

府学申复学院公文

　　松江府儒学为地方事，奉钦差督学御史王宪牌，前事备仰卑职细查等因到学，奉此。遵依，查得三月十五日行香时，五学生员在于明伦堂为生员范启宋，众口称冤，俱系作揖，从容跪禀。随蒙本府许捉陈明，原无龃龉颜色，诸生亦皆欣然谢散，并无哄众攘臂。况董宦及范启宋俱不在家，彼此已无对理，则诸生不过一禀为了事，治一陈明为完局。而十五日即蒙本府捉陈明责过二十五板，又羁候正法，诸生咸颂本府昭雪之速矣。又每月朔望，诸生集候本府行香，时以为常，实无聚众扛帮。至于传檄一节，或暗贴通衢，或撒遗在地，此必平时抱怨深者所为，深属影响无据，更难臆及。再照百姓放火，在董宦受祸已烈，府县牌禁示禁不下十数次，而此侪犹若罔闻。在卑职受事虽浅，窃见士子彬彬雅驯，遵奉学规者，家至户到，屡奉宪札行宣，焉敢绝无一报，诚以纵之既未得首事之人，枉之适以重滥及之害，实难以为首曲徇妄报者也。今奉行查，合行从实回复，伏乞照详施行。

290

署府理刑吴初审申文

审得王皮、曹辰一系凶徒，一系恶少，而所谓"一条龙、地扁蛇"等，则皆郡中打行班头也。此辈蜂聚蚁合，实繁有徒，幸地方有变，以逞其狂，盖日夜几之望也。昨岁生员陆兆芳与董宦家，因一婢竞口，道路辄有歌谣流播，无怪董仆陈明之根究耳。及蔓延范启宋之父范昶，昶故与董有衿雅，心不相甘，盟于城隍，控于董宦，愤郁发病而死。死之后，昶八十三岁母冯氏，挈昶妻龚氏，偕三女奴造董第，且哭且詈，其被群奴丑辱，要亦自取焉耳。董奴纵不为无罪，告之宦府，固有三尺在，五学辄传札而起，三月十四日鸣于府，十五日鸣于庠，若见为义激然者。时府署印海防厅理谕之，法竦之，拘责陈明下狱以谢之，诸生唯唯敛手而退，政堪结局耳。而孰意甫越一日，王皮、曹辰诸人，遂乘此为烧抢之资也，因摩而呼，先骋而倡，海邦之民，轻剽易利，刹那之顷，聚者万余。始之焚陈明之庐，起火于贮米之芦席，继而烧董宦之堂屋，盖自西戌迄于黎明，飙起熛发，势不容扑，画栋雕梁，奇珍秘玩，尽为祝融之所有，仅于一宅，未及燃毁。会本府差捕官兵快，星驰

291

赴救，又屡出严示高牌，大呼禁遏，而后渐次散去。此
等景象，岂清平之世所宜有邪？夫董宦夙有文望，名重
乡邦，缙绅中咸以为今之米南宫、苏玉局；物外玄襟，
夷然有所不屑，不知何时贾于闾闬而得此奇祸邪！岂真
有含冤难复者，乘机遘会，一倡百应，聚蚊成雷，惊司
马之家，爇负羁之宫，有所不恤邪！

本职承宪发问，节次严审，放火芦席者，出王皮
手，当堂质之里邻，众目咸识认矣；放火董宦房屋者，
出自多人，而纵爇于两未冠手，其一上海声音面肥者，
现缉未到，其一华亭声音面麻者，为曹辰，当堂质之里
邻，众目咸识认矣。鞫王皮向与盛心洲构讼，陈明居中
受钱摆布，怨之刺骨；曹辰先事前一日，偶立董门，被
董仆推跌，不逊，董仆擒进，持砖剥衣重殴，怨之亦刺
骨。其报仇之情可知。且二凶当官不能自辩，只云"董
宦罪恶深重，人人要民抄，非我一二人"。其为魁首无
疑矣。"一条龙"即胡龙，"地扁蛇"即朱观，嗜枪如
饴，走险若鹜，固其素习，尤不足惜。如赵二，则董仆
执之戎首，本犯诉无干涉。金留，初审供认已明，及再
审，含吐不尽。董元（即其昌伯祖大理寺少卿之嫡孙，与其
昌为从兄弟。因元平日得罪于陈明，明计令子婿毒殴之，又陷于
抢，使其毙于狱中。元之堂兄董敛庵再四求救，陈明执不放。族
人董光大等不平，痛骂董其昌，至焚冤单于大理公之墓所）、储
天卿、沈石粦（此辈皆平日陈明所说事诈钱者），则或与抢

而未必抢，或抢而未必烧，又当细谳情实，再正厥辜。讨阉臣而无须误诛，灭胡羯而高鼻滥死，不可不监矣。

至于生员，宜守卧碑，自爱其鼎，一言一动，小民将则而象之，而一人有衅，众友不平，似出狐兔之悲，实类鸒斯之党。虽放火之夕，委无一人至者，而肇端之咎将谁执乎？范启宋十四日告状姑苏，十七日告状江阴，固不能分身号召，而陆兆芳先事起衅，且据董仆有"畅哉畅哉"等语，虽审尚未确，始祸之端，安所解乎。

据各学教官所申，合郡缙绅所论，与诸生了不相干，董宦弘襟广量，亦云冰消雾释。乃本职窃谓作乱之民，固宜诛之以惩悖逆之萌，兆乱之衿，亦不可不惩之以杜嚣陵之渐也。明有法度，幽有鬼神，通国有公评，昭代有法守，杀人媚人，有人心者不为，纵奸长恶，司法纪者不敢，惟是事关重大，非本职愚暗所能胜其任。且自争婢之初，以迄焚屋之后，或分授远行，或辞篆卧病，总未亲经其事。海防厅时署印务，见闻较真，查访必确。伏乞宪台批示该厅，本职会审，或委别府精明官一二员前来会问，敬当告之文庙，誓之神明，于公廨处所集一郡士民，从公处断，庶足以定应重应轻之典，而服匹夫匹妇之心耳。至若府县巡捕陆哨练兵等员役，非不共有守御之职，然哆口既易，当局实难。兵快几何，不足以御千万人也明甚。未奉宪令，不敢擅称兵伤残小民也又明甚。矧救护心力已尽，保全仍有一二，非卑职所敢擅便也。

学院驳批道申

　　据详，行凶恶少，不过为打抢财耳，岂可即指为民抄。此事衅孽，原起学校。查该府原申，十四日，诸生称范之冤，已露甘心于董之意，十五日持札声董之罪，不挈正其仆不散，显肆要挟之词，况暗中遭祸，更不可知，二三广文，尚欲以空言塞责，即据申文，自相矛盾。更可异者，临变束手，则称千百，定乱正法，则以无赖数人了事。公堂上持札的是何人，一得主名，则单札从何而来，便确，何今月余未报。保奸废法，是谁之责，该府且然，何况广文。倘再推委，本院素行不孚于士类，法故见挠于所司，奉职无状，便当自劾而去，此际即欲为诸执事宽假，得乎？该道速行理刑官，会同海防，并责各教官，将肇乱青衿，多多开报，一面先行报院，一面解道，确招详解。

兵道驳批

看得董宦被祸之烈，其所不甘者"民抄"两字，即谓为"士抄"，亦应坐以确据。今据刑官之审，已得其详，乃此一变也，岂悻悻无赖数人，遽可塞责邪。况金留当众夸诩，自谓葛成，因而有乘机肆抢者，即轻重有间，不可一执问邪？虽鼓倡原非多众，而哄乱实繁有徒，此而徒防株累，不顾网漏，得无讳奸长乱，且恐无以谢地方也。至生员前一日之聚讲观望者，业已填塞，惟兹多口，乃起戒心，即曰"众生咸在"也，而倡首传札者、厉辞动众者，必自有之。群聚颇类扛帮，传札又似挟制，学院以学政严札查访，寂无一报，又难以模棱终局者，若以护惜为作士气，岂其然邪？除批该厅会海防细审明确，勒限招解，复审另详。

学院奏疏

钦差提学御史王以宁一本，士官因事忿争，棍徒乘机煽祸，先据实上闻，恭候敕旨，以饬法纪，以杜乱萌事。臣奉命提学江南，一禀敕书及钦定条约行事，臣既不敢逾法以坠职掌，各属士子亦不得明犯以干宪条，此臣日夜所饮冰共矢者，乃不意昆山有乡宦周玄時之乱纪公行，松江有乡宦董其昌之谴祸惨烈也。除周玄時一事，先经抚臣王应麟会同题请伏候圣裁外，看得参政董其昌，始以女奴与府学生员陆兆芳讦讼，继因传奇小说与生员范启宋父子争怨，各抱不平，遂开衅端。二姓越数百里赴职投状，而事外之人，辄从中鼓煽，构此奇变。狂生发难，恶少横起，董氏主仆之住房，一夕成烬。杀死三命似虚，烧陈明之母一棺是实，此诚浙省民变以来，所再见者。

臣即欲具疏奏闻，亟查主名，无奈有司掣于旁挠，展转支吾。除衅始陆兆芳先行黜革，同范启宋候问外，札催再三，经苏松兵粮道高出招详，仅获凶犯王皮等八人，首难青衿无一人。详申驳催，而后报有郁伯绅等五生为首扛帮。又提两学教官面查，而后报有姚瑞徵等五生协投冤揭。即无"民抄"一事，应按法行黜矣。先将该道开报者，分别革问，将该学开报者，发道复核定罪。至于行凶恶少，据报挈五名，则脱逃见捕者不与焉。

是变也，白昼大都，焚抢无忌，非直一方之变，所关风俗纪纲甚大。职叨司风纪，惟应朝闻难而夕正法，以早杜乱萌。惟是驳行严鞫，屡催未解，谨会同巡抚王应麟，先将查报情略，据实奏闻。至若变起之日，束手敛足，全不为地方担当，变定之后，半吞半吐，只知为青衿卸脱，畏旁掣甚于畏法纪，迁延至今，该地方有司实不能逃其责者。候各犯俟该道招明解到，并应参官员，另行酌议，请旨定夺，伏乞敕下，再加复议行，臣等遵奉施行。奉圣旨：已有旨了，该部院知道。

学院驳牌

　　督学御史王为学政事，照得本院奉命江南督理学校，遵奉敕书与钦定条约，颁行恪守，綦甚重也。不意松江各学生员，弁髦法纪，传札聚众，当堂要挟。如董宦一事，业已明犯敕旨矣，该学教官犹谓与诸生无与，不知所职何事？所遵奉者是何学政？试问考行簿为何而设？札查再三，如聋如哑，如抗违不报，溺职殊甚。凡教官不职者，轻则戒饬，重则提问，钦定教条内开载甚明，本院岂敢一再姑息，废坠职掌，合行提考。牌仰本府，即提本府及华亭县两学教官，限五日内解院考察，以凭面审，毋得迟延，须至牌者。

298

合郡乡士大夫公书

公启，董思白焚宅一事，变实异常，然皆三四辈利抢之徒，乘机局讧，与学校毫不相涉也。先是旧年，董氏与陆生争使女，寻已中解，而陆生含忍杜门矣，此一案也。久之，《黑白小传》起，莫得其所从来，蔓延范昶，昶以愤死，昶之母妻，伤焉泣往，而陈明辱之，诸生鸣于庠，陈明下狱，诸生散矣，又一案也。松之人每遇一奇闻，辄聚观如堵，不逞之徒，乘观者为声势，焚而抢之；势不可止，董宅为烬矣，又一案也。

夫含忍之陆生，于谤书起火无与也；倡言之诸生，于越宿之焚抢无与也。事已三截，情各不蒙，万目昭彰，已非一日。况焚抄渠凶，似应严缉；胁从诸党，易涉非辜。而必欲指杜门含忍者为首事，波明伦聚讲者为祸先，无论陆生可悯，众青衿可原，而揆之事理，蔓延株连，恐后来终无了局。

董思白高明闲旷，乡党所推。安陆生所以安董，安学校正以安郡城。若台台不加怜察，夺陆生之衣冠，坐诸生于一网，甘心士类，为一家全胜之局，则他日有叵测之患，生辈居城者，置不一言，亦与有责焉。向以远

299

嫌，并未通启，兹且事不获已，敢合词以请，实为地方，非关游说也。倘片涉虚，神明殛之。谨启。（此张侗初笔）

王孙熙	王明时	徐三重	张希曾
许乐善	吴 炯	钱大复	李叔春
陈所蕴	王 焯	李益亨	杜士全
郑 栋	洪 都	何三畏	陆彦章
张翌轸	莫是豹	徐祯稷	张 鼐
陆懋修	陈敏吾	潘大儒	陈国是
王元瑞	钱龙锡	钱士贵	张肇林

（以上共二十八人）

合郡孝廉公揭

揭为僭陈舆谕，上白士冤，以全乡绅，以安地方事。

董宦焚宅一事，实远迩骇闻，然祸因利抢棍徒，闻有报怨之民，乘机蜂起，与学校绝无干涉。旧年八月间，董宦为一使女，误信仆言，与生员陆兆芳为难。乡绅何节推、吴祠部劝解，陆生甘心含忍，自秋迄春，抱病杜门，此临讯时旧仆陈明之面吐可质也。迨《黑白传》起，董宦根究无迹，意疑生员范昶。昶不胜愤惧而死。其母妻恃属姻亲，挈三女奴往诉，不意遭陈明等剥裈丑辱。遂致道路不平，诸生义激，因十五日升散之期，为范生昭雪之举，随蒙府县署印公祖温谕，且下陈明于狱，诸衿旋即解散，而民情尚未释然。三县军民，各出冤单，军以拖赖三仓粮为辞，民以兜揽公事为辞，粘贴墙壁，穷乡委巷，无所不到。署印黄公祖急命地方涂抹揭去，而"若要柴米强，先杀董其昌"之谣，已遍传闾阎矣。时董宦见万民汹汹，祸在旦夕，纠郡中打行恶少捍卫，而此辈利于有事，先飞瓦砾，撒粪溺，致观者愈众，人情愈愤，而董宅父子巨宅，付之一烬矣。夫始难为聚观奸民，已与诸生无涉：焚抄在十六酉时，其去讲期又远，所以本府本学申文，皆言并无生员一人在彼。今董宦急欲鸣冤，而讳言民变，辄归罪于学校，先加起衅于陆生。不知根由衅端一起于范昶之冤死，再起于董奴之凌寻，而速祸于打行捍卫之人。若杜门含忍之陆生牵连在词，已出不意，即吴公祖庭鞫两次，未有诬执，至十三日复审，而董仆与硬证始有"畅哉畅哉"之语，此仇口所诬，其为不足信明矣。况合郡缙绅与董宦岂无狐兔之感；反出公言与陆生申理，则起衅不在学校又明矣。伏乞台台稍采末议，奠辑一方，俾士民得见天日，斯真再造之恩矣。若语涉文致，鬼神实鉴临之。谨揭。

唐有家	姜云龙	王献吉	张汝开
杜士基	张方升	董中行	曹 蕃
吴克昌	雷 迅	董复初	杨汝成
沈匡济	姚元胤	张元复	张尔侯
王秉冲	金以鲁	谢秉谨	冯明玠
严中立	许士奇	何万化	张荩臣
金时扬	奚时申	胡开文	姚 镗
陈所闻	王应伯	倪家泰	沈可绍
宋懋澄	张瀛选	张宾选	王 台
顾伯骐	张拱端	张轨端	谢应聘
蒋尔扬	王昌会	李继元	莫道醇

王　坊　高秉经　朱绍元　黄廷鹄

　　　陈肇元　张方建　陆起龙

（以上共五十一人）

学院回书

伏读台教，深荷发蒙，匪直计安桑梓，所嘉惠于不佞者，德意甚厚。窃思事之颠末，原有三截，衅从何起，难言尽不蒙。不佞与董宦向无一臂之交，因于役贵郡，才接片谈，诸青衿皆吾子弟，而敢左右袒？惟是变出创见，远迩骇闻，决难草草结局。奉行学校，岂是甘心，三尺未申，先坐一网，不佞不敢受。倘云他日叵测，而应务姑息以安地方，恐渐不可长，或亦非名区之福也。俟该道详至，谅有处分，敢此布复。

吴理刑回书

恭承隆札，见示已晰，士民情形，但洗冤奉法，五载来兢兢自矢，宁于兹事而渝之。昨申文尾有"杀人媚人，有人心者不为；纵恶养奸，司法纪者不敢"句，实鄙意所寓矣。但学台怒形于色，见间语涉谩骂，不肖实不能堪，便有顷刻挂冠之念，而道尊慰藉甚婉，恐此事祸民祸士，以致祸官，株连蔓延，未有所底也。在不肖申文，多方调护，以祈消之于平，化之于小，尤祈各位老先生俯垂体察，俾玄宰平心平理，而大难可次第平耳。冗次草复，其就里种种，非笔所可吐，统希台照，不宣。

又请教各士夫书

昨承列位老先生公札见示,所以为青衿苍生请命者至矣。但通郡公论如此,而上司与告者之言又如彼,水火星渊,迥不相似。且院道开口辄曰"诛乱民,治乱生,不许漏一人",是松江合府无可赦之民、可赦之士也。其责有司,不曰"蔽护",而曰"模棱",是松江合府无可信之官也。稍有骨气者,谁能堪此!黄老先生欲去,不肖义不独留,未仕者裹足而不敢入贵乡,其为不守之邦乎!有司所据为公者,民情耳,士论耳,民不足信矣,士又不足信矣,幸有列位老先生在事局之外,有司纵不信人,亦不敢言通郡缙绅尽不足信也。谮言先入,难于拔山,竟使不肖辈何以仰承之,今用言求教,乞台台再详示烧抢之为士为民,构难之谁非谁是,有冤抑之情而下或未伸,有幽微之状而上或未达,皆望缕指眉列以剖焉。一郡大难,在仁人君子,决不忍守寒蝉之操,视父母之邦,胥而为祸也。宪牌一日三四至,积威如火,谨将四张台览,乞勿靳指陈,下吏幸甚,地方幸甚。

道尊回书

　　不肖出于役云间，则诸老先生辱随之，而开诚海督若以出为可教也者，是明不鄙而回出之感德可知也。董思白事，固已闻教于大君子矣，陆生之革，学台止据原呈之罣误，而督责未已，不肖反复禀白，终不见信。乃思白复投一呈，又以为烧三宅，杀五命，焚二棺，种种訾词。其言深有憾焉，以致抚、学二台，坚信地方为隐匿，鄙言为庇护，而切责深求之札如雨下矣。学台必欲以学政难诸生，谓十五之聚讲，即坐以衅端，安得云无涉？不肖备述舆论，且道思老平日的有召怨致抄，而益不见信也。殆不知此局之所终矣。至于乱民乘机者，原多苟免，株累无太网疏，且轻重自有分，恐数人无以塞四方之口，盖此事之惊传者大矣。敢实布复，仰希裁察，原俟嗣音，以发愚复。不宣。

抚台回书

　　恭领大札，地方事已若列眉，昨即有数言，移会学院，料亦无分外之督矣。兹巡历金山，一信宿可到贵郡，自当面悉罗缕，谢教，不宣。

抚台示

都察院右佥都御史王为督抚地方事，照得董宦与生员构讼，初俱静听处分，未欲创起大祸也。突有喜乱奸民，乘机烧抢，事出异常，已经札行该府，访得渠魁，密拿监候，听道府审明招解外。今本院巡历兹土，遍访乡绅孝廉及诸父老，颇得其概，大都修隙本宦者，果有其人，而闻风切齿者，遂拥至千万，虽云奇祸，实出无知，姑与维新，免其查究，合行晓谕。为此仰地方军民人等知悉，以后各宜安分守法，自保身家，毋遇事风生，亦毋见影生疑。倘有指称府县捕差人役前来，拘拿焚烧董宦人民者，不拘有无印信牌票，许本境里排人等，协拿送所在官司审明，解院重处，决不轻贷。其生员亦各潜心肄业，本院行即移会学院，必不致为雉罗之祸也。特示。

本府复审申文

看得董宦一事，原词而外，青衿之被议者凡十有二，郁伯绅、张复本、翁元升、李澹、孙肇元，则各学教官，遵学札开报于本府者也；姚瑞徵、冯鼎爵、沈国光、张扬誉、冯大辰，则两学教官面报于学院者也；姚麟祚、丁宣，与前张扬誉、冯鼎爵、张复本、翁元升、姚瑞徵，则又为首郁伯绅呈报于院道者也。

以理参之，该学与诸生相习，其开报者似真矣，然就中如孙肇元，三月十三日在学院衙门伺候批回，岂十四五两日遂能越几百里入讲事之列哉？原其故，缘肇元补考之后，与董宦遇于江阴城门，疑其护范启宋告状，口语刺刺，闻于卫学，学去府辽远，因据宦书，以应上之命也。即此一生推之，该学之所报者，未足尽凭也。

至郁伯绅自相攻击者似真矣。然就中如冯鼎爵，则三月十四日往迎伊叔冯宦于嘉兴，不在家也，合堂诸生俱云："十五日鼎爵实未到学也。"本学教官亦云："止见本生曾一日在府与范启宋同立，未见十五日到学也。"而开为毁匾，不亦冤哉？原其故，缘鼎爵眇一目，伯绅欲牵以自代，为自全计也。即此一生推之，郁伯绅所呈者，亦未足尽凭也。

且不特此也。郁伯绅之指冯鼎爵与姚麟祚毁匾也，引倪文蛟口供，及讯之文蛟，则云县学书手，绝不知府学毁匾之事，从无一言与伯绅说及矣。伯绅指张扬誉挑激挽抬妇女也，引何邦文见证，及鞫邦文，则云范妇之往，实冯氏命，不由人挑激矣。郁伯绅之指翁元升倡议，引胡教授回文可查，及吊胡教官之文卷，则止云五学齐集，并无一字涉元升矣。伯绅之指姚瑞徵、丁宣、姚麟祚之传札也，引丁继南为证，及鞫继南，则云男丁宣与麟祚等，手只得一札，齐拥聚观，并非传札矣。

且又不特此也。姚瑞徵等极称札系伯绅手分，万目共睹矣。翁元升等极称行香后，伯绅倡言勿脱公服，再进府一禀。而百姓王庵、万心齐等，刻揭丑詈董宦，倡言民抄，亦系伯绅怂恿成事矣。伯绅男生员郁浚，觌面质问，不能置辩矣。

将以为诸生交恶之语，未可深信。及严知事系当日往董处救范妇之官，亦云扬誉止来府求救，未随到董门，伯绅言妄也。冯、赵等训导系当日伺候行香之官，亦云毁匾系天未明时，不知何人打毁，并未闻鼎爵在内，伯绅言误矣。

将又以衙官教官之语，未足深信。乃持札递府者，明明为伯绅之手矣，本府与众所共睹也。禀府丑詈董宦，细述本宦平日父子主仆作恶罪状者，明明为伯绅之口，本府与众耳所共闻也。会审日，自供十四日有不识姓名一人，持帖一封，内写"公札若干，乞共声击兽臣"等句，投之伊家者，明明为伯绅之言，本府与众所共记也。何曾有罗织之说乎，何可卸罪于人乎？伯绅欲卸罪于人，诸生尤而效之，一卸二卸，以至十千百卸，将五学人人波及，犹未已乎？且闻伯绅自恃炙毂悬河之口，巧行下水拖人之术，以含糊嗫嚅作诡脱之符，以东扯西攀网渔人之利，富生粟监受诈者不少，其风讵可长乎？夫书生非犯大逆，安有十族连坐之条，周亲苟有急难，万无一足不顾之理，其情俱自可原。凡学政所宜处者，传札耳，扛帮耳，以此召罪，无如伯绅之甚，亦无如伯绅之确。其张复本、翁元升之流，不过随类进言；丁宣、姚麟祚、姚瑞徵之辈，不过因手得札；冯大辰、张扬誉为亲，故受伏羹之灾；李澹、沈国光为友，故召同舟之祸。事体皆明，情形莫掩。

谓是无妄，则人人若有涉，谓是不枉，则人人又有词，本职不得不以所闻所见者，录之爰书，而以人证文卷赍于台前。若应重应轻应昭应雪，则自有宪断，非下吏所敢饶舌矣。

批　申

据申，郁伯绅之为罪魁明矣，下惟诸生夹攻，即该府证之甚确，百喙难辩，倘"民抄"一事，果出其谋，即应从重治罪，然得无有溢恶之言乎。张复本、翁元升既随伯绅之类以进言，同一首倡无疑矣；姚麟祚、丁宣、姚瑞徵等，各诉得札根由，明从陆石麟来，而府又云出自伯绅之手，是何辞有矛盾，然亦传札之的证也。矧姚瑞徵本学开报，为首讲事罪，更浮于麟祚等；张扬誉赴府求援，是亦一重公案，然扬誉、冯天辰尚可以亲故末减，沈国光、李澹人人有涉，恐非无辜，似难与孙肇元同宽者也。惟是冯鼎爵可疑，如止出伯绅之口，以眇目自代，似也，然而教官开报在先矣；本院诘各教官，一人未确，当注劣考，俱云矢心共盟而后开报，倘鼎爵可宽，则报者奚解，须提教官再与董文一对质，庶无枉纵。据麟祚所供陆石麟，既经到官，系其传札，严查是否造札之人，作速提发苏、常、镇三府会审，解道确拟详夺。此外非凿凿可据者，不得再听转卸，以长刁风。孙肇元行令复学肄业。

苏、常、镇三府会审断词

会审得：国家三尺法，士与民共之，故士范于庠，罔敢捍纲以犯清议；民式于野，无敢作匿以干王章。自非然者，士非士而民非民，法均无贳。

董宦之祸，始基于士，终凶于民，亦綦烈矣。事关地方，政属风纪，频繁宪札，盖其慎也。其衅孽颠末，各犯填词，黄同知、吴推官先后申报，亦已详明。乃宪犹督过诸生，必欲丽于法者，夫亦以士首庶民，严于民自不得宽于士乎。

然情罪固殊，难以一律齐也。除陆兆芳先蒙褫革，孙肇元先蒙昭释外，今审得郁伯绅好刚任侠，口若悬河，率众鸣学，持札禀府，人人共见共闻，诸生佥云："无伯绅则无今日。"虽"民抄"一刻，难以悬坐，而首难何疑也。张复本、翁元升、姚瑞徵、沈国光皆当先讲事，鼓如簧之舌，而附之翼，虽在讲事之列，然不过逐队而趋耳。若李澹则诉称茅山进香，回过无锡，遇启宋偶语，董文见而憾之，因报焉，然学师证其同讲事矣。张扬誉、冯大辰均启宋至戚，挟持控告，同投冤单，事实有之，然非传札讲事之列，此三生者，罪又其

314

次也。究陆石麟之札文，则自方小一来，小一供称方正学世派，十五日行香祖祠，从门上揭之，归过文庙，遇其师马或，送阅陆石麟，姚麟祚从旁接观之，至丁宣遂丸而投于河，于是遍出，莫知所起。而此一纸独出自方小一之手，不无可疑，乃严拷至再，不肯招服。复拘刻匠顾心旸严行对质札文授受来历，亦抵死不认。法穷于无可加，情亦无可求矣。此数子者，在姚麟祚、陆石麟年少负气，不无喜事之心，稍示降惩，亦不为过；若丁宣投札于河，犹知畏法；马或、方小一则朴讷之夫，亦非知情，是宜并末减者也。冯鼎爵则江教官报称，前一日见爵于府门首，十五日未之见，亦未闻其讲事也；毁匾，则江教官称天未明时，不知何人打碎，难坐鼎爵，则郁伯绅诬攀不足信明矣。是宜为昭雪者也。

夫董宦凤擅文望，名满寰中，今以使女之故，被造《黑白传奇》，玷其闺阃，此即贤者难堪。范昶以钱二妄指作传，遂誓神忿懑以死，此莫致之命，于董何尤。至其母妻藉内戚之情，登门诉骂，随从婢女四五人，暨被剥打虐辱，昶之母妻羞窘逃回，则奴辈之不法，而或董宦未之知也。

诸生一时过信启宋之词，以耳伺耳，以目伺目，忿激成仇，扬袂而起，五学若狂，秽词加遗，骋一时之意气，忘当机之隐祸，宜其有今日耳。然诸生为启宋发愤，第传札讲事已耳，诣明伦堂、诣府堂禀官已耳，虽似有甘心于董之意，只为口说之腾，并未至于董之门也；至该府责监陈明，旋解散矣。夫何奸民王升、金留，久包祸心，乘机而动，以报怨为名，以陈明为指。夫明黠奴，诚多招怨于外，然主未必知，抑独不可鸣官就理乎？何乃一呼百应，先爇陈明之居，继焚董宦之宅，并城外书馆，打毁殆尽。抢夺者数十人，而闻风踵至，蜂屯蚁聚，将至千万人，董氏合门鼠窜，毁室攫子，祸诚烈矣。董宦既受子衿之诉，不旋踵而离乱民之殃，无惑乎抱恨焦土，即不能忘情于子衿，而干宪不已也。

参看得郁伯绅等，并游黉序，罔守准绳，意气虽激于同袍，利害弗顾其所止，扛帮传札，似违钦定之条，率众禀官，殊符挟制之例，狂澜既逝，惩创宜严。王升、金留等，残贼性成，打抢机熟，速祸喜乱，瞋目而语，虽蹈瑕抵隙，憨不畏死而兴戎，魑魅肆逞于青天，焚掠公行于大郡，此乃非常之变，王法所不宥者。故论诸生事有因激而招祸，首事之郁伯绅与翁元升、张复本、姚瑞徵、沈国光并应杖革；李澹、张扬誉、陆石麟、冯大辰、姚麟祚并应杖降；马或、丁宣、方小一并应杖惩，冯鼎爵似应议释。至焚抢诸犯，如王升、董元已登鬼录；金留、曹辰皆首恶，骈斩不枉；胡龙等未与放火之事，特乘机抢掠，与钱二唱书阶厉，徒各允宜。惟是吴观宝呶呶称冤，谓系同犯金留仇攀；又邱福与邱五为兄弟，当日焚抢，邱五在场，邱福门外观望，邱五逃而福被获，具诉，董宦原而宥之（陈明吓福问斩，福卖田房，并凑银二百两送其昌，批揭宽之），此二犯者，相应改杖；范启宋父死非命，门庭被辱，与被告家人情俱可原；董祖常屋被焚抢，姑免深求；陈明召祸主，身亦受殃，姑杖之。五命俱虚，一棺焚毁是实，所抢家资，法应追给，第煨烬中，无可究诘，众口苦不招承，姑免追。未获凶犯，严缉另结。

此一狱也，祸虽因士胚胎，士实未尝与乱同事，民虽乘机肆横，罪自不得与士同科，既挽风会者防其流，杜乱萌者穷其源，而定公案者期于得情无枉，则何敢徇私情为低昂，借公法为报怨也。谨会鞫具招，确详施行。

生员诉状

　　松江府辩冤生员翁元升、张复本、姚瑞徵、沈国光、张扬誉、冯大辰、陆石麟、姚麟祚、丁宣、马或、李澹、陆兆芳诉为豪宦积怨民抄，避名杀士，恳彰公道，以平学政，以服人心事。

　　伏读钦定条约，生员骂詈官长者有禁，而从容跪稟，不激不亢者，未尝禁也；鼓噪聚众者有禁，而依期升散，不约而集者，未尝禁也；言涉利害、假公济私者有禁，而事干学校、情关狐兔者，未尝禁也。况未达之士与已达之士，均当奉祖宗之宪章，寒素之士与贵介之士，均当受府县之约束，未有此独严而彼独宽者也。

　　吾松豪宦董其昌，海内但闻其虚名之赫奕，而不知其心术之奸邪。交结阉竖，已屡摈于朝绅；广纳苞苴，复见逐于楚士。殷鉴不远，不思改辙前人；欲壑滋深，惟图积金后嗣。丹青薄技，辄思垄断利津；点画微长，谓足雄视当路。故折柬日用数十张，无非关说公事；迎宾馆月进八九次，要皆渔猎民膏。恃座主之尊，而干渎不休，罔顾劳观之清议，因门生之厚，而属托无已，坐侵当局之大权。谋胡宪副之孙女为妾，因其姊而奸其

318

妹；扩长生桥之第宅以居，朝逼契而暮逼迁。淫童女而采阴，干宇宙之大忌；造唱院以觅利，坏青浦之风声。膏腴万顷，输税不过三分；游船百艘，投靠居其大半。收纳叛主之奴，而世业遭其籍没；克减三仓之额，而军士几至脱巾。诈富民邱福银千两，而一人命也，此偿倏为彼偿（此事漕院已奏参，郑中尊后复抄抢，陷福得银二百两，其昌批揭宽之）；诈生员蒋士翘银百两，而一田产也，加价浮于原价。

兼以恶孽董祖常，一丁不识，滥窃儒巾；万恶难书，谋充德行。倚藉父势，玩亵官常，用刺贼陈明等为爪牙，托帮棍施心旭（即代董文出官者）、夏尚文（即诬执陆兆芳者）等为耳目，打听消息，包揽居闲；或袤服而入后堂，或更余而进书帖，或供招已出而复审，或罪名已定而潜移。又且招集打行，肆行诈害，温饱之家，则挪债而盘折其田房；膏粱之子，则纠赌而席卷其囊橐。囹圄怨气冲霄，阛阓怨声载道。他不具论，止论其凌虐同袍者，即如青浦生员洪道泰，以杯酒不从，灌马粪于府门（有卷在府）；金山卫生员陆调阳，以游园闭门，毁家资于白昼（成讼被寝）。去岁九月间，复诱淫生员陆兆芳家使女绿英，臧获耸计，遣奴二百余人，二更时分，打进兆芳之内室，惊散其家人，掳掠其什物，以致合郡闻之不平，造为《黑白传》诸书。

在其昌父子，只宜自咎，以息谤端。何乃信谗，而疑内戚，掠生员范昶于庭，喝奴詈骂，逼与说书钱二同跪赌誓，羞忿成疾，不旬日而身死。昶之母妻，恃托姻亲，造门哭诉，揆之情理，岂曰非理，况止随三四妇女，宁有他图。其昌父子不思自反，辄肆凭陵，毁轿于河，闭门毒打；将州守公之命妻推委于沟壑（即昶母冯宜人），将给谏公之孙女裂去其缧裳（即昶妻龚氏，与其昌妻为姊妹）；惨辱随从之妇女，更不可言状，大都剥裤捣阴，四字约而赅矣。打后大开重门，祖常南坐，对众呼为榜样；复将诸妇舁入坐化庵中，泥涂满面，上无蔽体之衣，血流至足，下乏掩羞之布。观者摩肩，人人指发，咸谓董氏之恶，至此极矣。嗟此诸生，谁无罔极之爱，谁无狐兔之悲，以缙绅辱缙绅之妻，固乡评所不齿；以生员辱生员之母，亦黉序所不容。桀纣之恶，至于炮烙，未至辱及仕门，官府之刑，非犯奸淫，原无概褫裤服。况龚氏实祖常母姨，而可淫刑以逞者乎。

于是三月十五日，在城生员齐集明伦堂，候海防黄公祖、理刑吴公祖行香毕，跪禀平日虐儒数端，细陈本日辱范情状，恳正祖常、陈明之罪（时范启宋正在江阴告状）；蒙黄、吴二公祖虚心倾听，温言慰谕，各拜谢散去。随因县学生员郁伯绅，入府送札，禀拘陈明，蒙即牌拘，责监候审，合郡欢呼，幸白冤有日矣。不意当晚喧传范母已死，董奴闻之，虑范氏有登门哭打之事，遂招集打行吴龙等百余人，连夜入宅防御。十六日，打行之徒，自负其勇，在门首耀武扬威，示莫敢犯。而观者骈集，不下万人，壅塞街道，遂有抛砖撒粪以逐之者，激怒众心，而平日含冤之军民，乘机而起，先毁陈明之居，外火方起，内火应之，而祖常、祖源之宅俱为烬矣。祖和宅介其间，以敛怨未深，纤毫不动。谁谓乌合之民，漫无公道哉。若五学生员，并无一人至者，本府密访后申文也，于士何尤。会有盗名小人，与其昌同恶相济者，聚谋于泖庄，谓杀一百个百姓，不如杀十个秀才，方免民抄之名；又谓借陆兆芳之头颈，略痛一回，可免民抄之名；又谓出名董告，不免对理，而人数不多，诳上行查，可以深居而一网打尽。遂虚词厚币，密揭学院，学院乃借咎聚讲之故，行牌本府，以陆兆芳为起衅，先革衣巾，又行牌各学，开报首事诸人。幸赖府学胡师长，灼见当日事情，委无倡首之迹，两次申文回复，不忍妄报一人。及抚台巡历云间，遍访密察，亦明知与生员无与，出示安心，即合郡缙绅孝廉，俱各具揭抚、学二院，为诸生鸣冤。乃学院不知何故，犹屡次移札，必欲开报，以慰董心。不幸斯时胡师长升任，其昌始得以遂其谋，而郁伯绅、张复本、翁元升、李澹、孙肇元，俱革衣巾矣；复提府县学师，督令面报，其昌始得以肆其毒，而姚瑞徵、冯鼎爵、冯大辰、张扬誉、沈国光，行道提审矣。其昌又以学师开后，拊心悔过，虑有他变，见伯绅素行卑污，可以威胁，可以利诱，于是托令心腹，许之重赂，许之免罪，令其同类相攻，始必无宽免，而十人之外，又波及丁宣、姚麟祚、陆石麟、马或，亦并褫革逮鞫矣。虽俱蒙吴公祖审系伯绅诬陷，而学院祖奸已深，霆威不霁，解审之日，不由分诉，并遭杖责矣。复将诸生与焚抢重囚，同发苏、常、镇三府会审，虽俱蒙矜恤，然不得不仰承上意，而拟革拟杖拟降矣。夫学台之必欲学师开报者，以闻见真而查访确也，然就初报之五人，则有如孙肇元因江阴考复，董祖常遇之于途，疑其帮范而坐名开报矣；就次报之五人，则有如冯鼎爵自在嘉兴迎叔，而学师既报以与讲，又云十五日未之见矣。即此二人观之，学报果可凭乎！在城之目击者如此，而况外学之风闻者乎！大都董氏之所以寄目耳者，不过三四辈豪奴帮棍，借此以修怨，而其昌因以中伤；学师之所以寄目耳者，不过三四辈吏书门役，借此以要，而学师因以开报。此局可信，则琐琐小人皆得以操诸生黜降之权矣。若谓因讲致抄，诸生亦与有责，则自有明伦堂以来，青衿之负冤禀事者多矣。不闻抄他姓，独抄董氏何也？假使其昌父子，平日毫无罪状，虽使五学诸生执途之人而号召之，其谁与我？今其昌之所藉口者，不过曰果系冤民，报仇何不赴官告理，独不思螳螂之臂，果可以当车辙乎？且既已抄矣，而罗织之惨犹未已，况在赫焰之时乎？且今范启宋之状告学院，告抚台，告兵道者，非不准矣，而剥裈捣阴之祖常、陈明，从来未尝到官也。已抄之后如此，未抄之前可知。是即一启宋，而小民之含冤无告者，不知其几何矣！今而后得反之，其昌又何尤焉！而归咎诸生，诸生实有口，其谁肯为百姓代罪哉。嗟嗟！同此学政也，于祖常则听之处堂，于诸生则吹索不已；同此王法也，于陈明则纵之出柙，于诸生则屡讯不休。且提学师两次，与董文同跪面质，学校夷于奴隶矣。羞哉！有原无被，何以服启宋；有被无原，何以服升等；隔年旧事，指为起衅，何以服兆芳；两造不备，何以服听断之诸人。书生之口可钳，而王士王臣之义不可废也；其昌、祖常之欢司奉，而杀人媚人之事不可为也；学政之体面可坏，而夜气平旦之良不可灭也。且事已奏闻，宁容偏袒若此哉。今穷其昌之计，大都有四，曰远交而近攻也，借上以虐下也，因局外以撼局内也，卸其罪于己而归其抄于士也。萋裴成贝锦之章，三言致虎市之信，闻者竞谓士习之不美，莫云间若也，至欲与周玄玮之事，同类而共观之，岂不冤哉！夫昆庠之公呈有据，而松士之风闻不实，况彼亦一公举，此亦一公举也；彼无一士之褫革，此乃十人之株连。宽严既以悬殊，权衡宁无倒置，升等不敢以己意辩，请以当事之文移，及合郡之公揭辩。夫胡师与冯、赵均师长也，使诸生果犯学规，胡师长何以再三不报，而必待于冯、赵诸学师也；黄、吴二公祖亲临而目击者也，使诸生果符挟制，何不当时指名申究，而必待学院之查报也；抚台巡历而周访者也，使诸生果干三尺，何以不问而反出示以安心也；缙绅孝廉，又皆与其昌为同侪也，使诸生果似倡率，何以不徇其昌之请，而反为诸生称冤；吴尔成，其昌之心腹友也，使诸生果为衅始，何初八日未讲之前，即有"万口诟詈，一家机阱"之语也。此数者皆不足信，而必偏信其昌之密揭，董文之诬执，何也？又况其昌与祖常，非官长也；跪禀，非骂詈也；明伦堂，非衙门也；朔望偶集，非聚众也；辱生员之妻与母，非民间利病也；合郡之公论，非扛帮也；恳求正法，非挟制也。而且降之，而且黜之，而且杖之。假令诸生果犯前项，又将何以加之乎？况以上数端，皆郁伯绅为倡，今伯绅以跪门请罪，代董鹰犬，反为之救援，仅止杖革；而升等止以明伦一讲，亦遭杖革，能无免爰雉罹之悲乎！且讲事与剥裤捣阴之罪孰重，观札与聚敛激变之罪又孰重？今讲事者黜，观札者降，而祖常犹俨然为学校中人，将以闻于朝，曰正士风、申学政也，其孰信之。近学院亦见公论不容，良心稍悔，复行牌，有"祖常阶祸，成案无拘"之语矣，倘亦公道昭明之一机乎？伏望当路大人，欲正士风，勿以缙绅逢掖而分轩轾，欲申学政，弗以贵介寒素而恣重罪，使众怒之首，罪不得漏网于吞舟，无辜之孱儒，不致冤沉于肺石，庶汉唐党锢之祸潜消，而祖宗培养之意不泯。学校幸甚！升等幸甚！

　　此本得于奉贤陈礼园家，董文敏居乡颇不理于人口，盖亦是时吴下乡绅习气，即徐文贞不免云。

　　　　　　　　　　　　　戊子正月十七日

附录：《权斋老人笔记》载《定陵纪略》董氏焚劫始末

（《笔记》，归安沈炳巽雪渔著。《纪略》，

明长洲文秉荪符著。）

董其昌登己丑进士，由馆选授编修，历官礼部尚书。仲子祖权，倚势横行，民不堪命。同里陆生者，先世有富仆，陆诛求无厌，仆乃投充祖权作纪纲，为护身符。陆生复至需索如旧，祖权统狠仆攒殴之。次日，陆生之兄，率诸生登其堂，面讨其罪，惶恐谢过乃已。又有范某者，其昌姻也，将此事演为词曲，被之弦管丝索，以授瞽者，令合城歌之。其昌闻之怒，执瞽者究曲所由来，瞽者以范对，范因称无有，乃共祷于郡神，设誓焉。未几，范某死，范妻率仆妇数人，造董讪骂。祖权拥诸狠仆突出，踞高坐，阖门，执范妻及仆妇，裸其体辱之，髡其发，并及下体，两股血下如雨。合城不平，群聚鼓噪其门约万余人。董家人登屋飞瓦，掷下击诸人，诸人愈忿，亦登屋飞瓦，互相击斗，复有受害者，乘机纵火焚其家。其昌尽室逃避，家业为之一空，半载之后，方得宁息。

又御史杨鹤疏言周玄晔事，末及于董云：周玄晔之事未了，而华亭效尤。原词臣董其昌不知何事，得罪乡人，纵火烧房，几于阖门俱烬。其昌起家中秘，列籍清华，即有不赦之条，宜赴所在有司官告理，或因而奏请处分，何至举家百口，尽欲付之烈焰。一时汹汹不靖，通国若狂，放火故烧官民房屋者，律有明条，不知当事何以处此。今三吴世家大族，人人自危，恐东南之变，将在旦夕云云。

董心葵事记

［明］无名氏

董心葵事记

董心葵，武进人，农无力，商无本，工无艺，士无学，见贫贱人怜之，见富贵人骄之。复嗜赌呼卢，客盈座，以朱提之多寡次上下，谓之曰："你见吾有银百万，与天子坐讲金华殿也。"其志念如此。年逾三十，糊口几不周，乃为一友坐粮艘至京，且携家室，借寓于长巷中，时盖熹庙初年也。与一篦头刘姓者，各内室而合外门。心葵之妻与刘之妻结为姊妹，彼有一女，董有一子，盟有婚媾。心葵即游浪以度日，给口之外，不能赢一铢。

刘姓者，魏忠贤微时素为栉沐，得时后则无从望见颜色。一日，魏游海甸，为野便，刘适过其旁，亟呼之曰："刘篦头不来服事我。"刘跪禀云："不敢。"魏最喜与故人话旧，亦喜所识穷乏，示恩施与，乃问曰："尔识字否？"对曰："不能。"曰："数目字可能？"曰："幼时曾读《千字文》《百家姓》，十百千万，能举笔搦之。"魏曰："可矣。吾今欲于琉璃桥北，盖造无梁药王庙一座，尔主收砖收灰，发价记数，明日到衙门领银。"刘叩首而去，归商之心葵，与共肩其任。

为之召窑户，课灰商，构匠工，画规式，擘画董率，期年而后成。在魏费银二万，而支放领取，刘俱自为主裁，不与心葵分权，在心葵亦无从稽其羡入。事成之后，刘仍为旧业而已。一日，京师中有姓冉者，事关人命，词入东厂，魏心利其富。冉因刘篦头介绍，通冉驸马为一族，以驸马而寝其事。魏心衔之，细访驸马之来由，则刘之指教也；因大怒，唤入东厂，拳勇致其命，竟不得归其尸。心葵与刘妻无从询耗。一月后，妻亦殒于室。心葵襄理丧事后，并其室为一家，忽见床下覆金，一釜三千金，方悟刘为大有心人，其以我为浮浪，共事一年，而不同心以示也。家计虽窘，不敢轻发。

一日，偶入顺成门，过石虎胡同，见有延陵会馆门敧墙折，入内纵观，草满阶除，壁扫龙蛇，坐屋见天，倾廊积地。盖缘神、熹二宗四五十年，连为道学先生居内，初则门楣为薪，继而椽柱不惜，前人苇席遮穿漏，后人则折三并二，俭啬鄙陋。官于此屋争品，屋亦因此官而告颓，风雨之际，立为走出，以避狂骤，更防倾倒，以全生命。心葵曰："此奇货可居也。"乃罄其三千而整葺焉，门楣仑夬，堂宇宏深。邃室仍分内外，卧榻各有东西，秋窐之半间，牙签之架可抽，郿坞之金穴，百万之藏莫窥。真是金马玉堂之紫府矣。

延陵尊爵，屈指伊谁，时阳羡之周，将介枚卜，敦请而奉为主室，始而骇，继而感，后则安焉。敬之爱之，尊之好之，千金万金之托，一言九鼎之信，内外事委任而授教焉。由是三公八座，上揖其履，翰铨台省，恭听其声，戚畹勋班，常为好会之爵，厂司珰卫，时领樗蒲之旺。考选讲盈千盈万，金唶有神手挽回，厂审系出生入死，当场惯微言解散。凡进长安之牍，必投之为主人，凡与解鞍陈情者，趾相错也。然心葵亦温温自守，绝不作矜张状，大小礼节必曲致，以友朋之谊至其家，和好如归。宿之再宿，必恳留，穷途亦肯赠，仕官中往还，甚有负其千百者。干办之能，周后知之，内廷衣饰，时敕尚衣咨其料理，皇亲周云路则又倚为左右手，如是者数年。又最所不可及者，不愿以一官羁其身，布衣而已。

十五年壬午十月初十日，大兵入塞，十三日始知确报，帝震怒，御文华殿，有献策者，许直入，阍卒阻之者斩。董心葵以布衣进，赐坐赐点，问修练储备外，州县果否实做，今何堵御，趋勤王。心葵亦无他策，以套语奏，即辞。宣谕："事急再进。"竟成礼退，向日梦语，竟如其言也。

延儒再召，曾再遗橐归，公即每责赍橐之仆，谓贿致多金，必奴辈诳诱；后留京邸，尽寄心葵家，三年中亦不计数矣。延儒于十六年六月初一日出都，行李故为萧减，筐箱几件，所藏于心葵家者无限也。后尽归之流贼。当蒋拱宸疏参延儒，上提问心葵："延儒得银起用为几人？"曰："不记也。"时御案有《缙绅》一部，上自掷下，心葵即指一叶曰："福宁道施元徵是也。"缇骑逮问，心葵遂下狱，城陷而狱释。

顺治三四年，有外来马兵，不过三十余人，宿其外庭，索食索料。心葵应不给，因相哄。心葵曰："尔杀我。"彼即曰："杀则何如？"遂杀之。兵亦他去，不知何来也。

震泽纪闻

[明]王　鏊

震泽纪闻

宋学士濂，洪武中以文学承宠渥最久，后以老致仕，每值万寿节，则来京贺上，与宴，恩数尤洽。一日，与登文楼，楼峻，陟级踬焉，上曰："先生老矣，明年可无复来。"濂稽首谢。至明年，万寿节前数日，上曰："宋先生其来乎？"盖忘前语也。久之不至，曰："其阻风乎？"使使视之江口，不至。曰："其有疾乎？"使使视之家，濂方与乡人会饮，赋诗。上闻大怒，命即其家斩之。已而入宫，上食，孝慈命左右置蔬膳于侧，上问："后何为食素？"曰："闻宋先生今日赐死，故为蔬食，以资冥福。"上感悟，遽起，命驾前双马驰赦之，曰："不及，罪死。"会前使阻风钱塘江，得稍延后。使至，则已榜至市矣。宣诏，得免。久之，孙慎获罪，复执来京，将杀之，后复力救，曰："田舍翁请一先生，尚有终始，濂教太子诸王，可无师傅之恩？且濂居家，必不知情。"乃免逮。之四川，憩某寺，寺有老衲，高僧也，濂与语曰："吾闻内典，善恶必以类报，吾平生所为自以无愧，何至是哉？"僧曰："先生于胜国尝为官乎？"曰："编修。"僧默然。濂是夜自经死。

王行，字止仲，少有异质，而苦无书。阊门有徐姓者，家多书，乃佣于其家。主药肆，每出药帖，习书殆遍。主人见之，问谁书者，曰："药肆中博士也。"召问之曰："汝欲读书乎？"因取数帙授之，数日问之，响对无穷。主人叹曰："吾家有书，无人读；若欲读，无书乎。"乃命至楼中恣其观览，仍厚给之。行三年不下楼，忽一日辞去，曰："书读已遍矣，且往仕乎！"主人曰："此岂求仕之时哉？"行曰："虎穴中可以游戏。"遂往南京，主于武臣家，为其教授。后武臣见上，怪其识曰："岂遇异人乎？"武臣因言其塾师朝夕讲论，因召见之。语不合，赐死。

李徵臣，扬州人，元时翰林待诏，洪武中不肯屈，家属尽死，终不屈，乃戍宁夏。永乐间，有丁学士某为上所重，一日召问曰："少从谁？"学士以徵臣对，且言其德学，上即密遣使取至京，入对称旨。上问丁："欲见汝师乎？"丁叩头谢，即出与相见。且欲官之，徵臣对曰："臣于洪武中既不受官，则今日义不得复受。"上曰："然则若欲何如？"曰："愿还行伍。"曰："朕既已召卿，何可复从戎。"乃遣还家，曰："臣已无家，惟吴中有一故人，曰盛景华，愿依之。"景华乃馆之家，遣其子弟从学。久之，谓景华曰："吾将与君永诀，何以处我？"景华曰："先生若不讳，当殡之先人冢旁。"徵臣厉声曰:"朋友死于我,殡将复归之也。予无归者,尚何殡为?"景华谢曰:"某言过矣,当葬于先人之旁。"徵臣曰:"得之矣。"抗手相谢而逝。今其冢犹在盛氏先陇。

詹徽,性残忍,尝命与懿文太子同录重囚,太子屡欲有所出,徽争不从,间以言于上。上曰:"彼所执是也。"太子因言治天下当以仁厚,上怒曰:"俟汝有天下,为之。"太子惶遽,自投金水河中。左右遽入水抱持者,免死,解衣而救者,皆死。太子从是得疾,语皇孙曰:"我之死,徽为之也。无忘我仇。"他日复与皇孙录囚,问:"死囚当加何刑?"曰:"断其手足。"遂叱徽曰:"汝罪当死,速即此刑。"

姚广孝,吴之相城人也,少祝发为僧,尝从高季迪诸人游,工诗善书。洪武中以十高僧分赐诸王,广孝得燕府,以靖难功封太子少师,终不肯留发。尝赐宫人二人,不能辞,逾月犹处女也,上乃召还之。所居蓄一巨鸡,每鸡一号即起,朗然诵经。后治水还吴,往见王光庵宾,闭门不纳,再往复不纳,三往乃见之,曰:"渠曷为此事?"广孝惭而退。尝肩舆过阊门,见酒望书甚工,问谁书,乃一少年。召与相见,曰:"若相当贵,能为吾子乎?家何有?"曰:"惟老母与妹。少师见怜,愿以身事。"乃辞其母,复来,广孝迎之曰:"惜也,年不甚永,官止四品。"归以见于上曰:"此行得一子。"上为赐名曰继，使侍东宫读书于文华殿。后广孝复以使事归，途中得疾，抵城门不入，命其下为幄曰："上将来视。"已而驾果至，抚劳备至，赐金唾盂，且问有何言，广孝以手加额曰："溥季潭在狱久，愿赦出之。"即坐中使人出季潭，则发已盖额。广孝复以手加额谢。数日，驾复至。及薨，继讣于上，上曰："汝父死，有何言？"曰："愿陛下厚恤臣家。"上即大怒，曰："汝父平生与吾语，何尝及私家？"乃逐继，使使至相城取其弟侄来京，赐第，金帛充溢。然二人皆农夫，愚骏特甚。上尝忆广孝言为僧者不顾家，且逻者于其家往往得帖亦云，乃复还二人于家。继于仁宗初召为太常少卿，谒告，还至张家湾，卒年四十二。广孝之先自汴扈，宋来吴家相城，世业医，父曰震卿。广孝初名天禧，幼白父曰："某不乐为医，但欲积学以仕王朝，显父母，不则从佛为方外之乐耳。"年十四，遂出家于里之妙智庵，名道衍，游学湖海，刻意为诗文超古作者。洪武四年，诏取高僧，以病免。八年，诏通儒学僧出仕，礼部考中，不愿仕，赐僧服还山。十五年，孝慈高后丧，列国亲王各奏乞名僧，僧归国修斋，于是左善世宗泐举道衍等三名。太祖亲选道衍住持庆寿寺，参太宗于潜邸二十余年，礼遇甚厚。后有诏取赴京，寻还之。太宗靖内难，宾于幕下，暨即位，授左善世。已而曰道衍有功于国，宜蓄发加以官爵。时年已七十二，赐今名并冠带朝服，升资善大夫、太子少师。六月往苏松赈济，赐玉带一。广孝虽官于朝，仍清净自居，仁宗朝以配享太庙云。

景清，陕西真宁人，洪武末进士第二人，为翰林编修。慷慨有才器，擢为都御史。文皇渡江至金川门，百官皆出迎，拜于江次。清植立骂不已，上徐责之曰："且不说为天子，即为亲王，若敢尔，其罪云何？"清骂愈甚。乃命左右抉其齿，且抉且骂。顷之近前，若有所启，则含血直喷上衣。乃命醢之，罪及九族。久之，上昼寝梦清入，绕殿追之，曰："清犹能为厉耶！"乃命籍其乡，转相攀染者数百人，谓之瓜蔓抄，其村至今无人焉。

王权，陕西人也，改名朴。洪武中为御史，数与上争曲直，上怒，命斩之。反榜至市，寻赦之，反榜还见上。上曰："汝其改乎？"朴曰："陛下以臣为御史，岂可戮辱至此？且以臣为有罪，安用生之？无罪，又安得戮之？臣今日愿速死。"上复命反榜至市。过史馆，大呼曰："学士刘三吾听之，某月日皇帝杀无罪御史王朴。"朴临死作诗云云。行刑者复命，上恻然问朴死云何，以诗闻，上曰："彼有片言亦当以闻。况诗耶？"行刑者数人俱坐死。盖上惜其才，欲折其气，实无意杀之也。

隆平侯张信，初为北平指挥使时，建文疑忌诸王，忌燕尤甚，密敕信擒以来。信意未决，日以为忧，而不敢言。其母问曰："子何忧之甚也？"信曰："儿统军千万，能无忧乎？"其母曰："吾观子之才，统御有余，非忧此也。汝毋瞒我。"信乃屏左右言曰："今有敕取王，为之奈何？"母惊曰："是不可也。吾闻燕王当有天下，王者不死，亦非汝之所能擒也。汝不忆尔父之言乎？"盖其父常言王气在燕分也。信益忧，不知所出。未几，复有敕令趣之。信艴然起，曰："何太甚乎？"乃启欲见王，不可。又启，不可。三启，终不可。乃乘女车径诣王府求见，王素忌信，见其挺身来造，乃入之。信拜于床下，王佯风疾不能言。信曰："殿下无疾，然有事，当以告臣。"王复曰："我真有疾，何不也。"信复曰："殿下不以诚语臣，今朝有敕令信执王。王果无意乎，信当执以献；如有意乎，当以告臣。"王见其诚，不觉下拜曰："子救我一家之命。"呼为"恩张"。乃召姚广孝共谋靖难。语未几，檐飘瓦坠地碎，王以为不祥，不怿。广孝曰："祥也。"王骂曰："子又妄言，若此何祥为？"广孝曰："祥也，天欲易黄瓦耳。"是日，谋乃定。

王璋，河南人，永乐中为右都御史。时有告周府将为变，上欲及其未发讨之，以问璋。璋曰："事未有迹，讨之无名。"上曰："非也，兵贵神速，彼出城则不可制矣。"璋曰："以臣之愚，可不烦兵，愿往觇之。"曰："若用众几何？"曰："得御史三四人随行足矣。然须敕臣巡抚其地乃可。"遂命草敕，即日起行，直造王府。王愕然问所以来者，曰："人告王谋反，臣是以来。"王惊跪，璋曰："朝廷已命邱太师将兵十万将至，臣以王事未有迹，故来先谕王，事将若何？"举家环哭不已，璋曰："哭亦何益？顾求所以释上疑者。"曰："愚不知所出，惟公教之。"璋曰："能以三护卫为献，无事矣。"从之，乃驰驿以闻。上喜，璋乃出示曰："护卫军三日不徙者处斩。"不数日而散。复令其下微行，有司有贪酷者，遣以重法，人情震雪。归省其母，其母以本知州为托，璋曰："公法不可私也。"顷有丐者至，母以俊与之。明日至府，御史以俊献璋，即丐者也。璋曰："职当如此。"其母自璋去，遂卧不复言，亦不食。璋闻之，驰往跪问，母终不言，不食。璋曰："得非以知州之故乎？当闻于上，为母赦之。"其母始言始食。

靖难师至城下，建文阖宫自燔，或传自火逃出，或传蜀府援兵窃载以去，竟莫得其实，故遣胡濙巡行天下，以访张仙为名，实为建文也。终莫知所之。正统间，有御史出巡，忽一僧当道立，从者呵之不避，问之，乃献诗，云："吾建文也。"御史奏之朝，诏廷臣询，亦不察虚实，后卒于狱。诗曰："牢落西南四十秋，萧萧华发已盈头。乾坤有恨家何在？江汉无情水自流。长乐宫中云气散，朝元阁上雨声收。新蒲细柳年年绿，野老吞声哭未休。"

铁铉，色目人也。建文中为山东布政，靖难师至城下，攻之，百方随机设变，终不能下。以炮击其城，城将破，铉书太祖高皇帝牌悬城上，遂不敢击。铉终不下。后姚少师献计曰："师老矣，不如舍之而去。"文皇正大统，擒铉至，不屈被杀。其家属发教坊司为倡。铉有二女，入教坊数月，终不受辱。有铉同官至，二女为诗以献，文皇曰："彼终不屈乎！"乃赦出之，皆适士人。长女诗曰："教坊脂粉洗铅华，一片闲心对落花。旧曲听来犹有恨，故园归去已无家。云鬓半绾临妆镜，雨泪空流湿绛纱。今日相逢白司马，尊前重与诉琵琶。"其妹诗曰："骨肉伤残产业荒，一身何忍去归倡。涕垂玉箸辞官舍，步蹴金莲入教坊。览镜自怜倾国貌，向人羞学倚门妆。春来雨露宽如海，嫁得刘郎胜阮郎。"

平保儿，名安，不知何许人。建文中从军，与王师战于白沟河。安枪几及上马，忽蹶，乃免。文皇既正位，问："白沟之战，窘我为谁？"或曰："平安也。"召至，问曰："前日之战，汝马不蹶，其杀我乎？"安曰："杀之。"上命缚出，斩之。将至市，复曰："忠臣也。"赦之，命为都司。久之，上见安，曰："汝犹在乎？"乃缢。

王府尹，忘其名，尝梦人授之书曰："读此可衣绯，不读此止衣绿。"觉而异之。数日于路得一书，乃青乌家说也。玩读久之，以善地理闻，为钧州佐。时汉府遣人购之，辞曰："吾非诏旨不往汉。"以名闻时。太宗有事寿陵，乃召见于房山，上指示其处，对曰："此公侯地耳。"扈从至窦家庄，盖窦十郎故址，曰："势如万马自天而下，真龙穴也。"乃定，即今长陵。前有小阜，欲去之，曰："恐妨皇嗣。"上问："无后乎？"曰："非也，但多庶出耳。"上曰："庶出亦可也。"遂不去。后累世皆验。其人官至顺天尹。

皇甫仲和，河南睢州人，精天文推步之学。文皇北征，袁忠彻以相、仲和以占从。师至漠北，不见虏，上意疑，欲还师，召仲和占之。曰："今日未申间，虏至。"问："自何方？"曰："自东南。""胜负如何？"曰："王师始却终胜。"召忠彻问之，一如仲和之言。上怒曰："汝二人朋比欺我乎？"即械之，曰："今日虏不至，二人皆死。"乃命狗太监往哨之。日中不至，复召二人，占对如初。顷之太监奔告曰："虏大至矣。"时初得安南神枪，一虏直前，即以神枪中之，二虏继进，复以神枪中之，虏乃按兵不动。顷之，虏众齐发，上登高望之，召总兵谭广曰："东南隅不少却乎？"广率精兵舞牌往斫马足，虏稍却。已而疾风扬沙，两不相见，虏引去。上欲乘夜引还，二人曰：

"不可，明日虏必来输款。俟其降也，整师而去。"明日虏果诣军门，伏曰："不意乘舆在是也。"诏以币帛赐之，乃还。正统十四年，仲和老矣，内阁学士曹鼐与邻。时有旨亲征，鼐急归，召仲和与议曰："胡、王两尚书方率百官谏，尚可止乎？"仲和曰："不能止也。紫微垣诸星皆动矣。"曰："事将若何？"仲和曰："不如立储君而后行。"曰："东宫幼，且未易立也。"仲和曰："恐终不免于立。"后皆如其言。土木之难，虏骑逼城下，城中皆哭，仲和登高望，谓家人曰："云头南向，大将气至，虏将退矣。"明日，杨洪自宣府，石亨自大同，将兵入援，虏遂遁。仲和一日出朝，有卫士求相，仲和不肯，固请之，仲和曰："若不能正内，何相为？"卫士怒，曰："何以知吾不能正内也？"曰："汝不有妻妾乎？"曰："然。"曰："二人在家正相斗不解。"卫士不信，至家，果然。后人问仲和何以知之，终不言所以。固问之，乃曰："彼见问时，两鹊正斗于屋上，是以知之。"其术如此。

王振专权，公卿皆屈于门下，天子亦以先生呼之。三殿初成，宴百官。故事，宦官虽宠，不预宴。是日，上使人视王先生何为，振方大怒曰："周公辅成王，我独不可一坐乎？"使以闻，上命东华门中间由以出入。振至，问故，曰："诏命公由中出入。"振曰："岂可乎？"及至门外，百官皆候拜，振始悦。

宣宗一日于禁中阅画，见龙有翼而飞者，讶之，诣阙下问三杨等，皆不能对，上顾诸属官曰："有能知者否？"时陈继官检讨，独出对曰："龙有翅曰应龙。"问所出，曰："见《尔雅》。"命取《尔雅》视之，信然。

景泰中，王文用事，忤者必死。吏科给事中林聪独上章劾之，文衔之。适聪乡人有事吏部，应答，聪为嘱文选郎中，郎中出其手书。文欲置之死，会官廷议，比拟大臣专擅选官，廷臣畏文，无敢违者。尚书胡濙谓文曰："给事七品官拟以大臣，嘱微事而拟以选法，二者于律合乎？且人臣以宿憾而欲杀谏官，非理也。"遂拂衣而出，曰："此议我不预，公等自为之。"于是罢议。公归，遂卧病不朝。数日，景帝问："胡尚书何不朝？"左右以疾对，使太监兴安问疾，曰："老臣前日议事惊悸，至今不宁耳。"安问何为，曰："谏官有小罪而欲杀之，此所以悸也。"安以告于上，既而法司复以比拟上，诏曰："比拟杀人，可乎？"聪得免死。

薛瑄有理学，以佥事董学山东，人称薛夫子。王振一日问三杨曰："吾乡亦有可为京堂者乎？"三杨以瑄对，乃召为大理少卿。瑄初至京，宿于朝房，三杨先过之，不值，语其仆曰："可语若主，明日朝罢即诣王太监谢。若主之擢，太监力也。"明日朝退，不往，三杨使人语之，亦不往。时振至阁下问："不见薛少卿？"

三杨为谢曰："彼将来见也。"知李贤素与瑄厚，召贤至阁下，令辄致吾等意，而振又数问之。贤至朝房，道三杨意，瑄曰："原德亦为是言乎？拜爵公朝，谢恩私室，吾不为也。"久之，振知其意，亦不复问。一日会议东阁，公卿见振皆拜，瑄独直立。振先揖之，曰："多罪，多罪。"自是衔之。会指挥某死，妾有色，振侄王山欲娶之，妻持不可，妾因诬告妻毒杀夫。都察院问，已诬服，大理驳还之。如是者三，都御史王文大怒，又承振风旨劾瑄得贿，故庇死狱。诏逮至午门会问，瑄呼文字曰："若安能问我？若为御史长，自当回避。"文奏强囚不服问理，诏榜西市杀之。门人皆奔送，瑄神色自若。会振有老仆，素谨厚，不预事，是日泣于厨下，振问其故，曰："闻今日薛夫子将刑，故泣。"振问何以知之，仆曰："乡人也。"备言其贤，振意解，传诏赦之。系锦衣卫狱，终不屈。

　　王翱，高迈孤峭，人不敢干以私，镇守辽东，还朝，馈贻一无所受。有某太监者，与同事久，持明珠数颗馈之，公固辞。某曰："公于他人之馈固不受，我之馈亦不受，吾有死而已。"公不得已受之，乃自缀于衣领间，卧寝自随，虽其妻不知也。居数年，太监死，其犹子贫甚。公召问之曰："何不买第宅？"曰："贫不能也。"公曰："第买之。"其人惊讶，公自衣间解其珠与之，直可千金，尚有余云。诏营第于盐山，有司承媚，于分外多列屋若干，公悉拆去之，曰："非诏旨也。"每朝退，正然独行，不与人言。时马昂为兵书，崔恭为吏侍，公直以名呼之。

本朝自三杨后，相业无如李贤，其得君最久，亦能展布才猷。然在当时以贿闻，亦颇恣横。岳正自内阁出贬，后召还馆中，贤欲以为南京祭酒，正不欲，或谗之，正曰："吾阁老也，乃欲逐吾于外？"都给事中张宁有时名，因言失贤意。吏部拟二人京堂，乃皆出之于外。叶盛巡抚广东，或谗之曰："盛自负其文，常指公某文为不善。"因以韩雍易之，其敕曰："无若叶盛之杀降也。"罗伦疏贤夺情，贤怒甚，欲贬于外，王翱劝其依文彦博故事留之，贤谢曰："吾不能矫情如此。"及卒，人有作诗诮之者，其末句有云："九泉若见南阳李，为道罗伦已复官。"

万安，蜀之眉山人，长身魁颜，眉目如刻画，外宽然长者，而内深刺骨。初，戊辰进士在翰林者八人，各为党友，惟安有所交。李泰，内臣养子也，安专与相结为腹心。内阁缺人，且欲用泰，泰推安，曰："子先为之，我不患不至。"故安得先入。未几，泰暴死。安在内阁，初无学术，日以嘱托贪贿为事。时昭德宠冠后宫，安认为同宗，又多结宦官为内援。见所属，无问贤愚，惟有内援者则敬之用之。时内阁三人，刘珝、刘吉，珝狂躁，吉阴刻，皆为天下所轻。时昭德恣横，好奇玩，中外嗜进者结内臣进宝玩，则传旨与官，以是府库竭，爵赏滥，三人不出一语正救。故时有"纸糊三阁老，泥塑六尚书"之谣。吏部尚书尹旻、都御史王越与珝皆北人，为一党，安与学士彭华为一党，互相倾诋。久之，安以计排珝去之，越与旻亦相继罢去，北人在朝者去之一空。有倪进贤者，少无行，而安独取为庶吉士，擢为御史，日与讲房中之术，由是秽声益彰。宪宗晏驾，内竖于宫中得疏一小箧，皆房术也，悉署曰"臣安进"。太监怀恩袖至阁下，示安曰："是大臣所为乎？"安惭汗，不能出一语。已而科道劾之，有"心如九曲黄河，面似千重铁甲"之语。怀恩以其疏之内阁，令人读之，安遑遽，跪而起，起而复跪。恩令摘其牙牌，曰："请出矣。"乃奔出，索马归第。初，安久在内阁不去，人或微讽之，安曰："惟以死报国。"及被黜，在道犹夜看三台星，冀复用己，其无耻如此。安贪贿至巨万，安死，妾媵子妇悉怀以奔人，无子余矣。

李秉为都御史，巡抚宣府。张鹏以御史巡按，有武臣私役士卒，公将劾之。故事，都御史不理讼狱。公以属鹏，亲诣之。鹏不可，曰："鹏非公问刑官也。"强之再三，不可，公乃自为奏劾之。事下御史，鹏曰："今日乃可理耳。"其后，鹏与杨瑄俱以言事得罪，谪戍两广，诏词严峻，曰："亡则杀之。"命锦衣林千户监行。二人同手梏，行坐有妨，朝夕莫保。时公以都御史巡抚南畿，瑄咎鹏曰："若于是时少贬李公，今日能不少视我乎？"言未毕，公至，见二人同桎，哭不能起，命左右释之。二人不肯，曰："吾二人死则已矣，其敢累公？此门锦衣亲封在，有逻者在，后事且不测。"公曰："何伤，如朝廷有谪，吾自当之。"即前访林千户，跪请之。林曰："此诏旨也。"公曰："有事吾自当之。"林乃从。二人得释，于是所过州县以公故，皆厚给饮食，或馈之赆，公自解其带以贻二人，二人乃得安然至戍所。

李秉、王竑俱号一时名臣，及二人俱致仕，居乡，竑高自标，致非其人不与交。秉出入闾巷，每与市井人对弈，终日无忤。竑曰："李执中朝廷大臣，而与闾巷小人游戏，何自轻之甚？"秉曰："所谓大臣者，岂能常为之？在朝、在乡固自不同，何至以官骄乡人哉？"其不同如此。

景皇即位，杨翥以郕府长史来朝，主刘铉家。时翥以旧学，数入见内殿，其还也，手疏言铉及吕原可大用。上以授太监宋某曰："俟有缺，言之。"久之，莫问也。会宋病，召医盛叔大治之，病愈，问医何许人，曰："苏之长洲人也。"曰："长洲有刘先生者，识之乎？今为何官？"盛以为刘草窗也，曰："为吏目。"曰："非也，翰林学士耳。"盛曰："刘学士古板人也。"太监曰："上亦知之，且将用之矣。"盛退，以告铉，且邀与同见。铉谢曰："见之何为？"既而怒曰："上奚从知我哉？必巂之言也。主于我而害我如此哉！"时易储之议渐萌，而礼部两亚卿俱缺，议必得有力者为之。宋乃出手疏于上，上令进阁下，曰："可用学士为之。"时大学士陈循等乃拟铉以进，江渊不悦公，乃退与内侍曰："铉素不能干事，不可用。"乃用编修萨琦。铉闻渊言，曰："此深知我者。"久之，铉为国子监祭酒。一日报易储，诸司无大小俱劝进，司业言于铉曰："百司俱劝进，国子监独无。"铉曰："国子监谏止则可，劝进则不可。"遂止。后英庙复辟，日阅诸疏，见劝进无国子监名，问徐有贞曰："祭酒何人？官几年矣？"有贞以铉对，上曰："吾欲识之。"乃召对于文华殿。上曰："卿可遂傅东宫。"乃擢少詹事。其后铉以完名终，卒谥文恭。今上以宫傅见录其孙荣至尚宝少卿，人曰："此不能干事之效也。"

钱溥之居，与陈文邻也。溥尝教内竖，后显，来谒，必邀文与共饮。天顺末，英庙不豫，中外危疑，内侍王纶，溥之所教，伴读东宫。一日来谒，文意必召己，竟不召，乃使人微诇之。纶言："上不豫，东宫未纳妃，如何？"溥言："当以遗诏行事。"已而内阁草遗诏，大学士李贤当笔，文起夺其笔曰："无庸，已有草之者矣。"贤问为谁，文言溥。纶定计将退贤，以溥代，退兵部某，以韩雍代，故俱及于贬。

陈文，江西人，以编修选侍经筵展书，与商辂为偶。景泰中，大学士高毂荐钱溥可入阁，文可为部侍；王直在吏部，皆格不行。奏以文为云南布政使，文时为侍讲矣。英宗复辟，见商辂曰："曩经筵与卿为偶，长而伟者为谁？今安在？"辂曰："陈文也，任云南布政。"即召还，为詹事。久之，内阁学士吕原卒，上问大学士李贤谁可代者，贤曰："柯潜可。"贤出吏部，尚书王翱问内阁之缺为谁，曰："已于上前举潜也。"翱曰："潜固好，然陈文年资皆深，用潜，置文于何地？"贤曰："然。然业已举之。"翱曰："复见上言之何妨？"明日，贤见，如翱言，上曰："汝昨已举潜。"贤固陈，乃许。及文入阁，与贤日争事，曰："吾非汝所荐也。"

景泰中，选内侍之秀异者四五人，进学士文华殿之侧室，倪谦、吕原实教之。上时自临视，命二人讲，倪讲《国风》，吕讲《尧典》，讲罢，问二人何官，倪时以左中允兼侍读，吕以右中允兼侍讲。又问几品，皆曰正六品。上曰："二官品同，安得相兼？"命取官制视之，乃命二人以侍讲学士兼中允。上既临幸，二人因改坐于旁，他日上至，讶之，二人对："君父所坐，臣子不敢当。"上曰："如是乎？"其后至馆中，惟立谈，或东西行，不复坐云。

时淮上大饥，于棕轿上阅疏，惊曰："奈何百姓其饥死矣？"后得王竑奏，辄开仓赈饥。大言曰："好都御史，不然饥死吾百姓也。"

土木之难，张益以学士从死焉。后四十余年，其子某市马北边道土木，设祭悲泣。是夜，梦其父衣冠来，曰："以红沙马与我。"既觉，未甚异也。忽从者来报，云："后队红沙马一匹，夜来无病暴死。"始异之。及归，询之父老，益初从驾，乘红沙马云。

冯宝，处州人，叔父让以少监镇福建，进灯有宠。时修《寰宇通志》，宝求入书办，内臣舒良、王诚因唉内阁大臣，得各举一人，于是王文举驿丞某，陈循举乡人周某，萧镃举监生温良，高穀举其婿王清，商辂举其姻蒋铭，良、诚因举宝。及文等所举皆不用，宝独擢为典籍。天顺二年，乞升锦衣副千户，理镇抚司刑。成化二年，进指挥金事。巡江，擒江贼刘显文等六十余人，诛之。宝内倚中贵，外任枢要，富侈骄盈，荒于声色，一日暴卒。

林俊之劾继晓也，诏下狱，事且不测，怀恩叩头诤曰："不可，自古未闻有杀谏官者。我太祖、太宗之时，大开言路，故底盛治。今欲杀谏官，将失百官之心，将失天下之心，奈何？臣不敢奉诏。"上大怒曰："汝与俊合谋讪我，不然，彼安知宫中事？"举所御砚掷之，恩以首承砚，不中，上怒犹未已。恩脱帽解带，于御前号哭不起，曰："不能复事陛下。"上命左右扶出，至东华门，使谓镇抚司曰："若等谄梁芳，合谋倾俊。俊死，若等不得独生。"乃径归。取于家，曰："中风矣。"不复起视事。上悟，命医调治，使者旁午于道，俊狱得解。

时星变，黜传奉官，御马监太监张敏请于上，凡马坊传奉不复动。敏袖疏来谒，跪于庭，恩徐曰："起，起。病足不能为礼。"问："何为？"曰："已得旨，马坊传奉不复动。"恩大言曰："星之示变，专为我辈内臣坏朝廷之法也，外官何能为？今甫欲正法，汝又来坏之，他日天雷将击汝首矣。"指其坐曰："吾不能居此，汝来居之。"敏素骄贵，又老辈也，闻其言不敢吐气，归家中，气而死。

章瑾以宝石进镇抚司，命怀恩传旨，恩曰："镇抚掌天下之狱，极武臣之美选也，奈何以货得之？"不肯传。上曰："汝违我命乎？"恩曰："非敢违命，恐违法也。"上乃命覃昌传之。恩曰："倘外廷有谏者，吾言尚可行也。"时俞子俊为兵书，恩讽之曰："第执奏，吾为汝从中赞之。"俞谢不敢。叹曰："吾固知外廷之无人也。"时都御史王恕屡上疏，切直，恩力扶之，卒免于祸。每恕疏至，恩则叹曰："天下忠义，斯人而已。"及弘治初，言路大开，进言者过为激切，或指内臣为刀锯之余。覃昌大怒，恩曰："彼言是也，吾侪本刑余之人，又何怒焉？"

初，内帑积金凡十窖，窖凡若干万，盖累朝储之以备边，未尝轻费。景泰末，颇事奢侈，英宗在南内闻之，叹曰："累世之积其尽乎！"甫复位，既往视之，则金皆在，缺其一角耳，旋节他费补完之。成化中，梁芳、韦兴等作奇技淫巧，祷祠、宫观、宝石之事兴于是，十窖俱罄悬。久之，上一日指示芳等曰："帑藏之空，皆尔二人为之。"兴惧不敢言，芳仰言曰："臣为陛下造齐天之福，何谓藏空？"因数三官庙、显灵宫之类，曰："此皆陛下后世齐天之福也。"上曰："吾不与汝计，后之人必有与汝计者。"盖指东宫也。芳等退而惧，寝食俱废。时上钟爱兴王，或为芳计曰："不如劝昭德劝上易之，立兴王。是昭德无子而有子，兴王无国而有国。如此可保富贵于无穷，岂直免祸哉。"芳然，言于昭德。昭德劝上易储，时怀恩在司礼监，曰："此事只在怀恩。"上间召怀恩，微露其意，恩免冠叩头曰："奴婢死不敢从。宁陛下杀恩，无使天下人杀恩也。"伏地哭泣不起。上不怿而罢。未几，诏往凤阳守陵。恩既去，次及覃昌。昌曰："以怀太监之力量尚不能支，我何能为？"忧不知所出。或曰："不如谋之阁下，使分其责。"昌以为然，于是各赐金一箧，乃诣阁下言之。万安默然不对，次刘吉，亦默然。上又质责昌，昌无以容，屡欲自经死。会泰山震，内台奏曰："泰山东岳，应在东朝得喜。"乃解。上曰："彼亦应天象乎？"曰："陛下即上帝，东朝，上帝之子也，何谓无应？"上首肯，始诏为东朝选妃，不易太子矣。

英宗蒙尘，袁彬实侍上，同卧起，天顺初授锦衣指挥，甚有宠。已而门达得幸，忌彬，潜之，改南京所部，官校皆送之门外，共言其冤。有一少年独奋曰："我能还之，但吾母老无所托耳。"众许之。明日上疏，具言达不法事，上以疏示达，达出召少年曰："我平日待汝若何，而汝劾我？"谢曰："非我之为，乃阁老李贤使某为之。"盖知达平日素忌贤故也。达喜，即言于上曰："此非某为之，乃李贤实害臣耳。"乃诏会官廷辩之。少年曰："达教我指李耳，其实李不相涉也。"众论快之。

戴元礼得丹溪之学，避名吴中为木客，时为人治病，但疏方而不处剂，甚有大验。时王光菴宾等谓曰："元礼名医，盍往访之。"至则一见倾倒，饮酒赋诗，久之，宾谓元礼曰："若宾年长，医亦可学乎？"元礼曰："君家固素医，亦何难乎？""然则当从何始？"元礼曰："君能读《素问》《难经》《伤寒论》等书则可。"已而别去。期月，元礼复至，因复请问医曰："《素》《难》之书已读否？"曰："已读。""能记忆否？"曰："公试举问。"元礼摘问，宾随口背诵如流，虽笺注异同亦能口述。元礼叹曰："坏吾医名者，此人也。"然终不授以方。宾归，处剂漫不知要，固叩之，元礼曰："吾固不求贽，独不能以礼事我乎？"宾曰："吾春秋已高，官尚不欲为，又肯为人弟子乎？"一日诣元礼，值元礼不在，窃其书八册以归。元礼回，叹，固求不得。宾自是得其传。宾不娶，无子，与其弟不相能。弟尝戍北边，归颇诧其富，宾曰："得吾医耳。"明日，其弟彻其药，独署外科曰："吾自得之异僧。"示非其术也。宾将死，以其书授盛启东、韩叔旸云。

盛启东初从王光菴学古文，因传其医。启东一日治一热症，用附子，光菴惊曰："汝遽及此乎？此反治之道也。但少耳，加之而愈。"及光菴卒，竟授以书，为本县医官。以事逮至南京，时与吴江梅某者偕行。驾幸北京，发云南为吏，梅某曰："至云南死矣。"乃为盗其家庙祭器，首之，中途追还，免死，天寿山拽木。启东长髯伟姿容，时监工某侯见之，曰："有貌如此，为小官乎？"乃令左右自随，主书算。初，启东在吴，有内使督花鸟来苏，主其家，甚习。尝病胀，药之而瘥。至是偶值之途，内使惊曰："盛先生无恙乎？予太监患鼓胀，无能治者。"急往安乐堂见之，药数投，愈。太宗狩西苑，太监病新起，步往观焉。太宗遥望见之曰："彼人死久矣，安得复生？"曰："得吴医盛启东而生。"太宗喜曰："明日与来。"启东与梅某散步长安门外，中使传曰："宣吴医盛某。"乃以平巾入见，称旨，遂留之御药房，寻授御医。启东为人慷慨，敢直言。一日，雪霁召见便殿，韩叔旸等俱在。语次偶及白沟河之战，上曰："彼时为长蛇之阵，击其首则尾应，击其尾则首应，予乃从中冲之，遂大胜。"启东曰："是天命耳。"上不怿，起视雪，启东又曰："此瑞不宜多。"既退，叔旸曰："上前安得如此，汝并吾斩首矣。"须臾，赐御膳。一日，与叔旸弈于御药房，上猝至，不及屏，曰："谁与棋者？"对曰："臣与韩叔旸。"遂命弈于御前，连胜者三，因命赋诗。启东曰："不材未解神仙着，有幸亲承圣主观。"叔旸诗不成。数日，上赐象牙棋盘并词一阕，棋留置院中。永乐中，东宫妃张氏十月经不通，众医以为胎也，而胀愈甚。一日，上谓曰："东妃有病，汝往视之。"东宫以上命医也，导之惟谨。既诊出，便疏陈其病状早若何，晚若何，一一如见。妃遥闻之，曰："朝廷有此医，不早令视我乎？"及疏方，皆破血之剂。东宫视之大怒，曰："早晚当诞皇孙，此方何也？"不用。数日，病益急，乃复召诊之，曰："后三日，臣不敢用药矣。"仍疏前方，乃锁之禁中。家人惶怖，或曰死矣，或曰将籍没家矣。既三日，红棍前呼，赏赐甚盛。盖妃服药，下血数斗，疾平也。时启东与袁忠彻俱为东宫所憾，至是自度可释矣。一日，上谓曰："若见东宫，可少避之。"乃知憾犹未释也。忧之，谋于忠彻，忠彻密曰："无伤也，彼相安能久。”及榆木川之变，启东归取洞宾瓢，未至，闻讣，乃求南京太医院避之。宣宗即位，问左右曰：“盛御医安在？”曰：“在南京。”即诏南京守备太监陈巫伴宿食以来。甚信用之。

邱濬，琼州人，其学甚博，而尤熟于国朝典故。议论高奇，人所共贤，必矫以为非；人所共非，必矫以为是，能以辩博济其说。其论秦桧曰：“宋家至是亦不得不与和亲，南宋再造，桧之力也。”论范文正，则以为生事；论岳忠武，则以为亦未必能恢复。其最得者，绝元不与正统，许衡不当仕元，亦前人所未发也。性好著述，虽老，手不释书。性刚褊，不苟取，亦恬于仕进，年七十，犹滞国学。孝宗即位，乃进《大学衍义补》，得迁尚书。时李广幸于上，因之得入阁。在阁与同僚争议，每事欲有纷更，众不谓善也。时王恕有重望，濬每憎之。会刘文泰劾恕，或以为濬所嗾，士论少之。

宜兴徐溥，在翰林不以文学名，及入阁，承刘吉恣横报复之后，溥一于安靖，调和中外，用人行政，不以己私，时称其有大臣之度。溥尝希范仲淹作义田以赡宗族，其子不肖，多夺乡人之田以充之。溥没未久，争讼纷纭。

汤鼐，寿州人，为人抗爽，喜直言。弘治初，诣内阁会救，万安、刘吉、尹直时为大学士，谓鼐等曰：“近者诏书里面不欲开言路，我等扶持科道，再三陈说，方添此一款。"鼐即上疏："人臣之义，善则称君。过则归己。安等乃归过'里面'，而又令臣等以扶持之说。不知安所谓'里面'者将何所指？谓内臣耶？谓朝廷耶？乞追究所指，且治其欺君误国之罪。"鼐俟命，司礼监宣入内，令跪听命。鼐曰："令跪者，奉旨耶？太监命耶？"曰："奉旨。"鼐乃跪。乃宣："若疏留中不出，可归矣。"鼐乃以手拍地大言曰："臣所疏，皆经国大事，何为不见施行？"

成化、弘治间，翰林声望最重者吴宽、谢迁二人，皆状元及第，仪干修整。宽温粹含宏，迁明畅亮直；宽诗文俱有古意，迁亦次之，故一时并有公辅之望。及邱文庄卒，宽适以忧去，迁服将阕，遂用迁入阁，十余年间，号称贤相。宽遂逗留，终不获入阁，人颇为不平，而宽处之裕如也。时刘健为首相，迁数言宽当入阁，健曰："待我去，用之。"他日又言，健答如故，迁争之不得，至声色俱厉曰："吾岂私于宽耶？顾宽之科第先于予，年齿先于予，闻望先于予，越次在此，吾心惭焉，故言之。而公终不入，何耶？"健但笑而已。其后天变，师保皆上章求退，迁上疏求去，不得，复上疏举宽及鳌自代。健不悦，宣言于内，以迁为立党也。

吴惠，东洞庭人。正统六年七月以行人使占城，立嗣王。十二月，发东莞。次日，过乌猪洋。又次日，过七州洋，瞭见铜鼓山。次至独猪洋，见大周山。次至交趾洋。山有旧矶横截海中，怪石廉利风横舟，碍之即伤，舟人恐甚。须臾风急过之。次日，至占城外罗洋校杯墺口。廿九日，王遣头目迎，诏入国。宝船象驾，金鼓笳管，旌麾暗霭，氍衣椎髻，前后驰至行宫。侯官设宴，番王躬迓国门前，戴金花冠，缠璎珞，环帐列刀戟、象卫、盔牌，稽首受命。上元夜，其人欣赏烟火，爇沉香，火树高然，娇娥舞，蛮乐奏。五月六日回洋，舟至七州洋，遇风几覆，惠为文以祭祝融与天妃之神，申时尚雨，至酉戌开霁，月明当空，贺神之灵验也。五月十五日，瞭见广海诸山，遂收南门，以道广东。其国腊月犹暑，民多袒裸，士著纻衣；南阡稻熟，北秧犹寒，其树多槟榔、红蕉、椰子，夜鼓八更为节。